تقييم الأداء المؤسسي
في المنظمات العامة الدولية

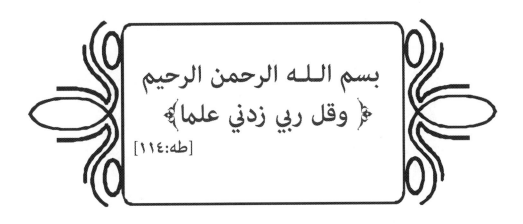

بسم الله الرحمن الرحيم
﴿ وقل ربي زدني علما ﴾

[طه:١١٤]

تقييم الأداء المؤسسي

فى

المنظمات العامة الدولية

الدكتورة

أيتن محمود سامح المرجوشى

دكتوراه الفلسفة في الإدارة العامة

كلية الاقتصاد والعلوم السياسية

جامعة القاهرة

بطاقة فهرسة

فهرسة أثناء النشر إعداد الهيئة العامة لدار الكتب والوثائق القومية

إدارة الشئون الفنية

المرجوشي، أيتن محمود سامح

تقييم الأداء المؤسسي في المنظمات العامة الدولية/د. أيتن محمود سامح المرجوشي. ط ١ - القاهرة: دار النشر للجامعات، ٢٠٠٨.

٢٤٠ص، ٢٤سم.

تدمك ٣ ٢٥٨ ٣١٦ ٩٧٧

١- تقييم الأداء

٢- المؤسسات العامة

أ- العنوان   ٦٥٨,٤٠١٣

تاريخ الإصدار: ١٤٢٩هـ - ٢٠٠٨م

حقوق الطبع: محفوظة للمؤلف

رقم الإيداع: ٢٠٠٨/٢٧٧٢

الترقيم الدولي: ISBN: 977 - 316 - 258 - 3

الكود: ٣/٢٣٥

تحذير: لا يجوز نسخ أو استعمال أي جزء من هذا الكتاب بأي شكل من الأشكال أو بأية وسيلة من الوسائل (المعروفة منها حتى الآن أو ما يستجد مستقبلًا) سواء بالتصوير أو بالتسجيل على أشرطة أو أقراص أو حفظ المعلومات واسترجاعها دون إذن كتابي من الناشر.

دار النشر للجامعات

ص.ب (١٣٠ محمد فريد) القاهرة ١١٥١٨

ت: ٢٦٣٤٧٩٧٦ - ٢٦٣٢١٧٥٣ ف: ٢٦٤٤٠٠٩٤

E-mail: darannshr@link.net

إهداء

إلى كل من له حق علي

إلى والدتي الحبيبة ... أطال الـلـه عمرها

إلى زوجي الحبيب ... ورفيق دربي

إلى قرتى عيني محمد وياسين .. أغلى ما عندي

إلى كل من ساعدني في هذا العمل

اعترافًا بالجميل

شكر وتقدير

الحمد لله حمدًا طيبًا كثيرًا مباركًا فيه، والشكر له سبحانه لما مَنَّ به علىَّ من نعمة للقيام بهذا العمل، آملة منه سبحانه أن يتقبله خالصًا لوجهه الكريم، وأن يجعله في ميزان حسناتنا يوم نلقاه .. آمين.

عرفانًا بالجميل أتقدم بخالص الشكر والتقدير إلى أستاذي الأستاذ الـدكتور/خليـل توفيـق درويـش أسـتاذ ورئيـس قسـم الإدارة العامـة بكليـة الاقتصاد والعلوم السياسية – جامعة القاهرة، الذي شرفت بالبحث على يديه، وقدم لي العون والمساعدة طيلة إعداد أطروحـة الـدكتوراه، والـذي يستحق مني دائمًا الاحترام اعترافًا بجميله، والذي كان لتوجيهاته عظيم الأثر في تكوين شخصيتي العلمية، فجزاه اللـه عني خير الجزاء.

المؤلفة

د.أيتن محمود سامح المرجوشي

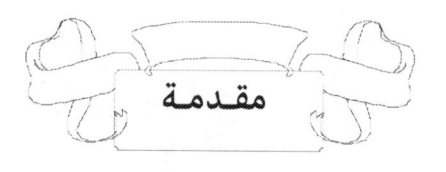

مقدمة

تمثل المنظمات الدولية سمة غالبة ميزت القرن العشرين، وبالإمكان تعريف المنظمات العامة الدولية على أنها هيئات تتصف بـ :

١- أنها تقوم على الموافقة الرسمية فيما بين الحكومات.

٢- تضم ثلاثة دول أو أكثر من الدول, كأطراف في تلك الاتفاقية التي أدت إلى قيام مثل هذه المنظمة أو الهيئة الدولية.

٣- يوجد بها سكرتارية دائمة وهى مكلفة بأداء مهام مستمرة.

و من أهم وظائف المنظمات العامة الدولية:

- التأكد من تطبيق قوانين المنظمات العامة الدولية على الدول الأعضاء.

- تضع القوانين من خلال إجماع أو اتفاق غالبية الدول الأعضاء.

- توفر مجموعة من القيم للنظام الدولي مثل تساوى حقوق المرأة والرجل، تنمية التقدم الاجتماعي, وتحسين مستويات المعيشة.

ومع ازدياد تَعَقُّد العالم واعتماده على بعضه البعض، ظهرت الأمم المتحدة ومجموعة من الهيئات الدولية الأخرى ذات الطبيعة والمهام المتنوعة أمثال منظمة الصحة العالمية، ومنظمة الأغذية والزراعة (الفاو) والبنك الدولي. و ترجع أهمية هذه الهيئات الدولية إلى تحقيق التنسيق الجيد للنظام العالمي من خلال التعاون بين أعضائه.

وتسعى المنظمات العامة الدولية إلى تحقيق أغراض متنوعة بعضها سياسي، والبعض الآخر ذو طابع فني, والآخر وظيفي. وتتضمن وظائف هذه المنظمات طائفة متنوعة من الأهداف تتراوح ما بين الحفاظ على السلام إلى النهوض بالقطاع الصحي.

وتقدم جميع المنظمات العامة الدولية ذات الوظائف الاجتماعية أو الاقتصادية،

مزايا غالبًا ما تكون ذات نتائج مهمة. وتندرج المزايا المقدمة من جانب هذه المنظمات ضمن فئتين:

- مزايا غير اختيارية أو مفروضة .
- وأخرى اختيارية.

بالنسبة للمزايا غير الاختيارية، فهي ببساطة تلك المزايا التي يجرى منحها دون أية قيود لمن يشاء تلقيها، بحيث لا يمارس مقدم تلك المزايا أي نفوذ أو القليل للغاية من النفوذ حيال متلقي تلك المزايا.

وتمثل النتائج البحثية التي تتوصل إليها المنظمات العامة الدولية, مثل معهد التدريب والبحوث التابع للأمم المتحدة، عينة لتلك المزايا غير الاختيارية فيما يتعلق بالجهات المستفيدة من تلك المزايا.

أما المزايا الاختيارية، فتمنح للمنظمة العامة الدولية آلية فعالة, لأن المنظمات في هذه الحالة تستطيع مطالبة متلقي المزايا بالقيام بإجراء مقابل تلقى تلك المزايا، وبالتالي فرض شروط معينة، وإلا جرى الامتناع عن تقديم تلك المزايا في حالة عدم الاستجابة للشروط.

وعلى سبيل المثال, فإن البنك الدولي, يستلزم قيام المقترضين بالاستجابة لبضعة معايير معينة تتعلق بالقدرة على سداد الديون. ويستلزم الوفاء بمثل هذه المعايير جهدًا بسيطًا للغاية من جانب الدولة الساعية للحصول على مثل هذه المزايا, أو يستوجب إجراء تحول اقتصادى وسياسى جذرى. ومن أمثلة ذلك أيضًا، تستخدم منظمة الصحة العالمية تقديم المزايا الاختيارية كإستراتيجية للتعامل مع المشكلات التي يتعرض لها سكان العالم من النواحى الصحية.

وتعنى المزايا المقدمة من المنظمات العامة الدولية، أن هذه المؤسسات هي إحدى الآليات الضرورية التي تقود إلى قيام عالم أفضل، ولاشك أن اقتلاع مرض الجُدَرِي على مستوى العالم عن طريق منظمة الصحة العالمية يعد نموذجًا واضحًا في هذا الصدد.

لذلك يستلزم الأمر في هذه الحالة إجراء تقييم دقيق لأداء هذه المنظمات, ويكون ذلك من خلال تحديد أهداف المنظمة للتوصل إلى الاختلاف فيما بين النتائج الفعلية والأهداف الموضوعة, بهدف الارتقاء بالأداء المطلوب تحقيقه, ومن ثم إلقاء الضوء على بعض المشكلات التي يتعين تصحيحها لتعديل الأداء.

الأداء المؤسسي هو المنظومة المتكاملة لنتاج أعمال المنظمة في ضوء تفاعلها مع عناصر بيئتها الداخلية والخارجية. ويشتمل الأداء بهذا المفهوم على أبعاد ثلاثة هى:

١- أداء الأفراد في إطار وحداتهم التنظيمية المتخصصة.

٢- أداء الوحدات التنظيمية في إطار السياسات العامة للمؤسسة.

٣- أداء المؤسسة في إطار البيئة الاقتصادية والاجتماعية والثقافية.

وبالرغم من اشتمال مفهوم الأداء على هذه الأبعاد الثلاثة، إلا إنه يختلف عن كل بعد منها لو تم أخذه منفردًا، فالأداء المؤسسي يختلف عن الأداء الفردي، ويختلف عن أداء الوحدات التنظيمية، لأنه في الحقيقة محصلة لكليهما، بالإضافة إلى تأثيرات للبيئة الاجتماعية والاقتصادية والثقافية عليهما.

وهكذا، يتضح أن هناك عوامل خارجية كثيرة، تخرج عن نطاق إدارة المؤسسة تنعكس بالضرورة على أدائها، وبالتالي يكون من الجور الحكم على هذا الأداء بالرغم من تأثير هذه العوامل، أو في غياب تأثيرها عليه. ومن هنا تبرز ضرورة الاهتمام بنوع جديد من قياس الأداء هو قياس الأداء المؤسسي، الذي يأخذ في الاعتبار أداء الفرد، وأداء الإدارة على ضوء المؤثرات الداخلية والخارجية معًا.

* * *

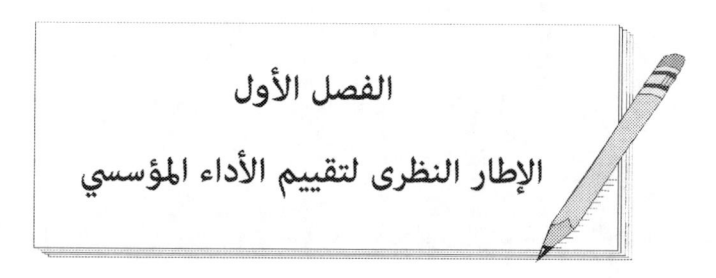

الفصل الأول

الإطار النظرى لتقييم الأداء المؤسسي

مقدمـــــة:

تتناول الدراسة في هذا الفصل, تقييم الأداء المؤسسي للمنظمات العامة الدولية, وذلك بهدف الوصول لإطار نظرى عن تقييم الأداء المؤسسي للمنظمات العامة الدولية. ويتطلب فهم تقييم الأداء المؤسسي والعوامل المؤثرة على أداء هذه المنظمات, ضرورة دراسة التأصيل النظرى لمفهوم تقييم الأداء المؤسسي, وذلك لما يمثله من أهمية, حيث نقوم بداءة, بتناول المفهوم والتعريفات المختلفة له, والسمات التي تميزه, والمؤشرات التي إن توافرت, يمكن القول بانطباق هذا المفهوم. ومن ثم, ينقسم الفصل الأول إلى مبحثين يتم تناولهما على النحو التالى :

المبحث الأول: التأصيل النظرى لمفهوم تقييم الأداء المؤسسي.

المبحث الثانى: التقنيات المستخدمة في تقيم الأداء المؤسسي.

* * *

المبحث الأول

التأصيل النظرى لمفهوم تقييم الأداء المؤسسي

يشير استقراء الأدبيات الإدارية إلى أن فكرة تقييم الأداء قديمة قدم الإنسان نفسه, فهي عنصر رئيسي من عناصر أي عملية إدارية سليمة, فعملية تقييم الأداء يجب أن تكون مصاحبة لأي مسئولية, وهى لذلك جزء متمم لأية عملية إدارية علمية في مختلف الأنشطة, ويوجد لكل نشاط إنساني أساليب موضوعية لتقييم أدائه .

ويتمثل الهدف الذي تسعى إليه جميع المنظمات هو تحقيق معدلات عالية من الكفاءة والفاعلية, لذا يمكن النظر إلى تقييم الأداء على أنه جزء أساسي من عمل أي منظمة, ولتحقيق الكفاءة والفعالية داخل أي منظمة, فإن الأمر يتطلب إجراء تحليل شامل لأوجه النشاط بها حتى يتخذ هذا التحليل أساسًا لتقييم الأداء الكلى للمنظمة بكل مكوناتها. وهناك عدة مداخل لتقييم أداء المنظمات سواء التي تقدم سلعًا أو خدمات للأفراد. ومع تزايد أهمية قطاع الخدمات يزداد أهمية تقييم أداء المنظمات التي تقدم الخدمات سواء الهادف أو غير الهادف منها للربح: مثل وحدات تراخيص المرور, ووحدات الشهر العقاري.[١]

وتعد مقولة" ما يمكن تقييمه يمكن إدارته", هي بداية فكرة التقييم المؤسسي الذي قامت حوله أبحاث عديدة, منذ بداية النهضة الحديثة في عصر ما بعد الصناعة, فاهتمت المنظمات المختلفة بقياس نتائج الأعمال على مؤشرات الربحية والمالية بصورة عامة, واستخدامها كدليل لاتخاذ القرارات والتنبؤ بالمستقبل, ولكن

(١) د.عفاف محمد الباز, تقييم الأداء المؤسسي- للمنظمات الحكومية المصرية كمدخل للتطوير الإدارى, **مجموعة أوراق " الدولة في عالم متغير "**, القاهرة ,٢٠٠٤, كلية الاقتصاد والعلوم السياسية, ص٥.

في ظل المنافسة الشديدة, والثورة التكنولوجية, وتحرير التجارة لم يعد المديرون يعتمدون على المؤشرات المالية فقط, وذلك لأنها لم تعد الدليل الكافي لنجاح المنظمة العامة في تحقيق أهدافها, خاصة في ظل التحديات والمتغيرات المستقبلية, كما أن المؤشر المالى قد يتعارض مع الرؤية الشاملة لإستراتيجية المنظمة العامة والتي تتطرق لجوانب كثيرة قد لا تظهرها الرؤية المالية في الحسبان، وبالتالي ظهرت تيارات جديدة تنادى بالاهتمام بالمقاييس غير الكمية والمادية بجانب المقاييس المالية وخاصة لدى المنظمات العامة.(١)

ومن هذا المنطلق يتناول المبحث الأول النقاط التالية: نشأة وتطور تقييم الأداء المؤسسي- التعريفات، الفلسفات التي يقوم عليها المفهوم، أسباب الاهتمام بقياس الأداء المؤسسي- فوائد تقييم الأداء المؤسسي، والعوامل المؤثرة فيه، والتحديات التي تعترض الاستخدام الفعال لقياس الأداء، والعناصر الأساسية لنجاح الأداء المؤسسي، منهجية وتقنيات تطبيق قياس الأداء, وأخيراً علاقة تقييم الأداء بالعمليات الإدارية.

أولاً: نشأة وتطور مفهوم الأداء المؤسسي :

بالرغم من انتشار مؤشرات الأداء في القطاع العام طوال العقد الماضي, إلا إنه لم يصدر سوى القليل من البحوث النظرية عن مفهوم الأداء المؤسسي، وقد تضمنت الكثير من الكتابات التي تناولت مؤشرات الأداء انتقادات لغرض ومضمون هذه المؤشرات, في حين أن التفسيرات الرئيسية للأداء ضمنية وغير مكتملة.(٢)

---

(١) د. هاني عبد الرحمن العمري، **منهجية بطاقة القياس المتوازن للأداء في بناء الإستراتيجية القيادية**، بحث منشور على موقع الأمم المتحدة ، ٢٠٠٤ .
موقعه على شبكة الإنترنت:

unpan1.un.org/intradoc/groups/public/documents/ARADO/UNPAN006105.pdf

(٢) Boyne, George and Daha, Jay., Executive Succession and the Performance of Public Organizations, **Public Administration,** Vo. 80, No.1, 2002, P. 181.

وقد كان قياس أعباء العمل وكفاية العاملين جزءًا من أسلوب الإدارة العلمية التي أثرت على الإصلاحات الحكومية في أوائل القرن العشرين, وقد أصدرت رابطة الإدارة الدولية للمدن (The International City Management) منشورًا عن قياس الأنشطة الخاصة بالمحليات, وذلك في بداية عام ١٩٤٣.[١] وفى فترة الستينيات والسبعينيات ظهرت كتابات عن الفعالية التنظيمية وتمت طباعتها في كتب ومراجع علم الاجتماع والإدارة.[٢] .

وفى الحكومة الفيدرالية في الولايات المتحدة الأمريكية,فإن الاهتمام بقياسات الأداء المؤسسي تزايد تأثيره لما بدأت وزارة الدفاع الأمريكية تأخذ بعين الاعتبار عمليات تحليل النظم خلال فترة إدارة الرئيس جون كيندي, والتي سرعان ما انتشرت منها إلى باقي الهيئات الحكومية عندما قامت إدارة الرئيس جونسون بتنفيذ نظام عمل برامج الموازنة التخطيطية.

وقد أصبح الاهتمام بتقييم البرامج منتشرًا بدرجة واسعة للغاية في السبعينيات,عندما اعترفت الهيئات الحكومية على المستويات كافة بالحاجة لتقييم فعالية البرامج الاجتماعية الأكثر حداثة. وقد شجعت هذه الحركة الهيئات الحكومية على متابعة المقاييس على فترات زمنية محددة ومراقبة أداء البرامج بمرور الوقت. وعلى ذلك فقد بدأ "هاري وهاتري " وزملاؤهما بالمعهد العمراني بالترويج لاستخدام قياسات الأداء, بل وتوفير التوجيهات الخاصة بكيفية التوصل إلى آليات للقياس واستخدامها. وقام باحثون آخرون بتطبيق هذا العمل بتعميق أكبر في مجالات برامجية معينة. وقد ركز بعض الباحثين على قياسات الأداء المؤسسي- من حيث إمكان إدخالها في عملية إعداد الميزانية. وقد قامت العديد من الهيئات العامة بتجريب قياس الأداء المؤسسي لأغراض مختلفة طوال تلك الفترة.[٣]

(١) Poister, Theodore. **Measuring Performance in Public and non profit Organizations** (San Francisco: Jossey Bass, 2003), p. 5 .

(٢) Boyne, George and Doha, Jay, op. cit , p. 181.

(٣) Poister, Theodore, op.cit, p. 5.

واستند العمل التطبيقى الأول في هذا المجال إلى التعريفات الأضيق نطاقًا للأداء, واستخدم فقط عدد قليل من القياسات للمفهوم. ومع ذلك فقد ساد اعتراف سريع بأن الأداء المؤسسي- مفهوم متعدد الأبعاد, وأن هناك حاجة للعديد من القياسات حتى يتم التعبير عن هذا التعقيد. وعلى وجه الخصوص فإن الأداء يمكن أن ينظر إليه بصورة مختلفة من جانب أصحاب المصلحة المختلفين، وهذه الرؤية أعيد اكتشافها بواسطة كتاب الإدارة العامة في السنوات الأخيرة.(١)

١- تطور التقييم للأداء المؤسسي في الحكومة:

قام عدد من الباحثين في مجال الإدارة العامة بتجديد الاهتمام بتقييم الأداء المؤسسي- في فترة التسعينات, وقد أدت الضغوط من أجل خصخصة الخدمات العامة, والمبادرات التي تهدف إلى السيطرة على الإنفاق, وتفويض العديد من المسئوليات للمستويات الأقل في الهيئات الحكومية، إلى تزايد الطلب على جعل الهيئات الحكومية مسئولة في مواجهة الجمهور من جهة, والجهات التشريعية في الدولة من جهة أخرى. وقد بدأ المديرون العموم في استخدام عدد من الأساليب لتقوية قدرة الإدارة, وتضمنت عمليات الإدارة الإستراتيجية, وبرامج تحسين الجودة, وعمليات هندسة إعادة البناء, والأخذ بأفضل الممارسات. وقد أدى التقاء هذه القوى داخليًا وخارجيًا إلى النهضة الحالية المتمثلة في الاهتمام بتقييم الأداء المؤسسي والتي عبرت عنها مقالات مثل "الحجة الداعية لمراقبة الأداء" للعالمين "هولي وهانزي عام ١٩٩٢ ", وقد تناول العديد من أنصار تقييم الأداء هذه المسالة في مقالات, سعت إلى تحديد العقبات التي اعترضت القياس الفعال للأداء المؤسسي, وناقشت الإستراتيجيات المثلى للتوصل إلى تنفيذ نظم تقييم صالحة للاستخدام عمليًا دون عوائق.(٢)

أما بالنسبة لتقييم الأداء المؤسسي المتعلق بالجودة فمازال في مرحلة تطور، فبعد أن كان يعتمد كليًّا على التطابق مع المواصفات – العيوب، ظهرت تفسيرات ذات

(١) Boyne, George and Daha, Jay, op.cit, pp. 181-182.

(٢) Poister, Theodore, op.cit., pp. 6-7.

توجهات أكثر شمولية، فبالإضافة إلى أبعاد التطابق، أصبحت تضم مجالات ونواحى أخرى هامة. وأصبح التركيز من خلال إدارة الجودة الشاملة ليس فقط على إرضاء العميل, والتكامل داخل نظم الإدارة وقياس أداء العمليات، وإنما على المخرجات البحتة، والتحكم في العمليات والرقابة عليها و بالقياس التنبؤى أو المتصل بالعمل.

٢ - تقييم الأداء المؤسسي في القطاع غير الهادف للربح:

هناك اتجاه متزايد للنظر إلى قياس الأداء المؤسسي على أنه أمر بالغ الأهمية في أوساط مديرى المنظمات غير الساعية للربح، وبحلول أوائل التسعينيات أصبحت هيئات الخدمات الصحية والبشرية غير الساعية للربح تتبنى قياسات تتعلق بالمسئولية المالية, ومخرجات البرامج, ومعايير الجودة في توصيل الخدمة والكفاية ورضا العميل.

وتشارك الهيئات غير الساعية للربح في تقديم الخدمات للعملاء أو للجمهور بشكل أوسع سعيًا وراء أهداف المصلحة الاجتماعية, كما هو الحال في العديد من المنظمات الحكومية. كما أن هذه المنظمات معنية بأنواع معايير الأداء نفسها مثل: فعالية البرامج, وكفاءة التشغيل، وجودة الخدمات, ورضا العميل، فبالتالى تعتبر عملية قياس الأداء متشابهة للغاية في القطاع غير الساعى للربح وفي القطاع العام. ومع ذلك فإن المنظمات غير الساعية للربح تواجه تحديات مختلفة في التوصل, وفي تنفيذ نظم قياسها للأداء المؤسسي، لذلك فإن متطلبات قياس الأداء المؤسسي ليست واحدة في القطاعين. إضافة إلى ذلك فإن الموارد بالنسبة لتوفير المعلومات والتدريب والمعونة الفنية فيما يتعلق بنظم القياس ليست متوافرة في القطاع غير الساعي للربح كما هي متوافرة في الحكومة.

ويتميز الجيل الحالى من نظم القياس بالتركيز على المهمة والنتائج, وفي معظم الأحيان يتم ربط قياس الأداء المؤسسي في إطار إستراتيجي يقوم بالتركيز على منظور العملاء ويقيس الأداء بالمقارنة مع الأهداف.[1]

---

(١) Poister, Theodore, op.cit, pp. 8-9.

ثانيًا: التعريفات :

١ - مفهوم الأداء المؤسسي:

لايوجد اتفاق بين معظم الكتاب حول مفهوم محدد لتقييم الأداء فكل مفهوم يرتبط بالغرض منه ولأغراض الدراسة .

أ-التعريف المستند للمركز المالى والاقتصادى:

حيث ينظر بعض الباحثين إلى أنها عملية لاحقة لعملية اتخاذ القرارات, الغرض منها فحص المركز المالى والاقتصادى للمنظمة في تاريخ معين.

ب- **التعريف المستند على عملية اتخاذ القرارات اللاحقة:**

بينما يرى آخرون أن تقييم الأداء هو عملية اتخاذ قرارات بناءً على معلومات رقابية لإعادة توجيه مسارات الأنشطة بالمشروع بما يحقق الأهداف المحددة من قبل[(١)].

ج- **التعريف المستند إلى عوامل البيئة الداخلية والخارجية:**

ويعرفه الدكتور "عبد العزيز مخيمر", بأنه: " المنظومة المتكاملة لنتاج أعمال المنظمة في ضوء تفاعلها مع عناصر بيئتها الداخلية والخارجية".و يشتمل الأداء المؤسسي بهذا المفهوم على أبعاد ثلاثة:

البعد الأول: أداء الأفراد في إطار وحداتهم التنظيمية المتخصصة.

البعد الثانى: أداء الوحدات التنظيمية في إطار السياسات العامة للمؤسسة.

البعد الثالث: أداء المؤسسة في إطار البيئة الاقتصادية والاجتماعية والثقافية.

بالرغم من اشتمال مفهوم الأداء المؤسسي على هذه الأبعاد الثلاثة، إلا إنه يختلف عن كل بعد منها لو أخذ منفردًا، فالأداء المؤسسي- يختلف عن الأداء الفردي، ويختلف عن أداء الوحدات التنظيمية، لأنه في الحقيقة محصلة لكليهما، بالإضافة إلى

(١) يراجع في تفصيل هذه الآراء: د. عفاف محمد الباز, مرجع سبق ذكره, ص ٩ .

تأثيرات البيئة الاجتماعية والاقتصادية والثقافية عليهما"[1].

فتقييم الأداء هو مفهوم متطور ويجرى تطبيقه على نحو متزايد عبر منظمات القطاعين العام والخاص. وأحد التعريفات الحالية لتقييم الأداء يتكون من المراقبة وتقييم إستراتيجيات البرامج والسياسات, ويثير هذا التعريف عددًا من الأسئلة: ما الـذي سيحدث بمعلومـات الأداء بمجرد الحصول عليها؟ كيف سيجري توصيل النتائج المأخوذة من بيانات الأداء داخل المنظمة؟ ما هي العوامل التي من شأنها أن تخلق منظمة مستجيبة وساعية للتعلم الـديناميكي والتي تستخدم معلومات الأداء لكي تحسن جودة العمل بها؟[2].

كما يرى الدكتور" محمد الطعامنة " أنه يمكن تعريف مفهوم تقييم الأداء المؤسسي ـ بأنه: "عملية تهدف إلى قياس ما تم إنجازه من قبل منظمة عامة ما خلال فترة زمنية محددة, مقارنة بما تم التخطيط له كمًا ونوعًا, وباستخدام مجموعة من المعـايير والمـؤشرات مـع تحديـد أوجـه القصور والانحراف إن وجدت وسبل علاجها في الحاضر والمستقبل".

ويشير هذا التعريف إلى أن مفهوم تقييم الأداء المؤسسي يتميز بما يلي :

١- أن تقييم الأداء المؤسسي عملية هادفة للتعرف على مدى نجاح المنظمة العامة في تحقيق الأهداف المقررة والخطط الموضوعة.

٢- إنها عملية استمرارية تهدف إلى التوصل للنتائج التي يتعين اتباعها لتصحيح الانحرافات وتحسين الأداء خلال الفترات الزمنية التالية.

٣- أن هذه العملية تساعد على رسم أهداف جديدة وتعديل الخطط

---

(١) د.عبد العزيز مخيمر وآخرون، قياس الأداء المؤسسي ـ للأجهزة الحكومية, (القاهرة: المنظمة العربية للتنمية الإدارية، ٢٠٠٠)، ص ٩.

(٢) Framework: A Saltmarshe Douglas, Ireland Mark, and McGregor Allister., The Performance System Approach to understanding Performance Management, **Public Administration and Development**, Vol. 23, No. 5, 2003, p. 447.

القائمة.[١]

ويرى بعض الباحثين أن تقييم الأداء المؤسسي هو:" عملية مرنة قادرة على الاستجابة للمتغيرات أو الظروف البيئية التي تحيط بالمنظمة العامة, سواء كانت داخلية أو خارجية, وذلك من خلال استخدام مجموعة من المعايير في مقارنة الأداء الفعلي بالمستهدف في جميع مراحل التنفيذ بالنسبة للنشاط الواحد في جميع أنشطة المنظمة ككل" .[٢]

ونرى أن أنسب هذه التعريفات -ونميل إلى الأخذ بها- هو تعريف الدكتورعبد العزيز مخيمر بأن تقييم الأداء المؤسسي هو المنظومة المتكاملة لنتاج أعمال المنظمة في ضوء تفاعلها مع عناصر بيئتها الداخلية والخارجية, لما فيه من شمول وإيضاح.

٢- تقييم الأداء المؤسسي في المنظمات العامة الدولية:

تعددت أيضًا التعريفات الخاصة بتقييم الأداء المؤسسي في المنظمات العامة الدولية.

تعريف الأمم المتحدة:

فقد عرفت الأمم المتحدة تقييم الأداء المؤسسي بأنه: "تحديد قيم مؤشرات الأداء المؤسسي- بالنسبة لفترة محددة من الزمن أو في تاريخ مرجعى معين[٣] ".

تعريف منظمة الأغذية والزراعة (FAO):

أما منظمة الأغذية والزراعة (FAO) فقد عرفته بأنه: " عملية تطبيق مؤشرات الأداء المؤسسي وتقويم النتائج [٤] ".

---

(١) د. محمد الطعامنة، معايير قياس الأداء الحكومى وطرق استنباطها، بحث مقدم في ندوة **الأساليب الحديثة في قياس الأداء الحكومي**, القاهرة، المنظمة العربية للتنمية الإدارية, ورشة عمل من ٩-١٣ يناير ٢٠٠٥.

(٢) د. توفيق عبد المحسن, **تقييم الأداء, مداخل جديدة لعالم جديد** (القاهرة: دارالنهضة العربية ١٩٩٧)، ص ١٨.

(٣) United Nation Guide to results-based budgeting, Version 1.0, 23October 1998.

(٤) Based Upon Glossary of evaluation terms, JIU/Report, JIU/REP/78/5 update by Current Practice, as indicated by FAO.

تعريف المنظمة الدولية للطيران المدني (ICAO):

بينما تعرف المنظمة الدولية للطيران المدني (ICAO) قياس الأداء المؤسسي- بأنه: " قياس أداء برنامج لوصف تلك الإجراءات والممارسات المستخدمة في مراقبة أداء البرامج والمشروعات والحكم على مدى نجاحها[(١)] ".

تعريف منظمة اليونسكو:

فى حين تعرفه اليونسكو (منظمة التربية والعلوم والثقافة)، بأنه: " هو التوصل إلى استنتاجات تمكن من إجراء التحليل الكافى لمؤشرات الأداء المؤسسي[(٢)] ".

تعريف المنظمة العالمية للملكية الفكرية (WIPO):

وأخيرًا المنظمة العالمية للملكية الفكرية (WIPO)، فتعرفه بأنه: " هو عملية التقويم على أساس مؤشرات الأداء المؤسسي للحد الذي تحققت عنده النتائج المتوقعة[(٣)]" .

من خلال التعريفات السابق ذكرها، يتبين أن معظم المنظمات العامة الدولية ترى أن المقصود من تقييم الأداء المؤسسي هو تحديد إلى أي مدى استطاعت الإدارة تحقيق الأهداف المحددة لها، وتحديد الاختلافات الجوهرية بين النتائج الفعلية المحددة لها بهدف تطوير مراحل العمل أو المعايير.

ويجب عند تقييم الأداء المؤسسي التركيز على اكتساب المعلومات عما إذا كانت النتائج قد تحققت أم لا، والأسباب التي تعذر معها تحقيق تلك النتائج، ويجب إجراء التقويم على أساس مراقبة/ مراجعة النظام باستخدام معايير كمية أو نوعية.

ثالثًا: المبادئ التي يقوم عليها تقييم الأداء المؤسسي:

يقوم تقييم الأداء المؤسسي على مجموعة من المبادئ، أهمها:

أ - أن كل مستوى من مستويات الأداء في المنظمة العامة أفرادًا كانوا أو

(١) A Glossary of evaluation-related terms for use in the International Civil Aviation Organization (ICAO), June 1996.

(٢) Definitions Provided by the Secretariat in the reply to a JIU questionnaire.

(٣) Definitions Provided by the Secretariat in the reply to a JIU questionnaire.

وحدات متخصصة, هو جزء من الكل, وهذا الكل جزء من كل آخر على مستوى أعلى.

ب - التوصل إلى طبيعة عملية الإدارة في الأداء المؤسسي من خلال ارتباط الجزء ببقية الأجزاء منفردة.

ج - إن تقييم الأداء المعتمد على الاهتمام بالأجزاء يبعد المنظمات العامة عن المثالية ويحوله إلى سلسلة من التفاعلات التي تؤدى في النهاية إلى التطاحن وتفرق الجهود.

د - لو حدث تحسن ما نتيجة للنظرة الجزئية, فهو تحسن مؤقت يؤدى إلى الاختلاف والتدهور في المدى الطويل.(١)

وتستهدف الفلسفة الأساسية من وراء تقييم الأداء المؤسسي, تقييم الأهداف المحققة من تنفيذ أعمال المنظمات العامة, ومقارنة هذه الأهداف بالأهداف المخطط لها سابقًا, وذلك للتأكد من كفاءة التنفيذ وتحديد العراقيل التي تواجهه, ومحاولة العمل على علاجها لتجنب الأخطاء في المستقبل. كما تستهدف هذه الفلسفة كذلك الوقوف على المسئوليات عما تم تنفيذه فردًا أو إدارة داخلية أو عوامل خارجية, وما نتج عن هذا التنفيذ من انحرافات.

وتتضمن أهداف تقييم الأداء المؤسسي النقاط التالية:

- محاولة تعظيم مستوى الخدمات التي تقدمها المنظمات العامة, عن طريق الإقلال من الإسراف, وتقديم الخدمة للمجتمع بأقل تكلفة وأعلى جودة ممكنة.
- الوقوف على المشكلات الإدارية التي تتواجد في قطاع الخدمة, والتى تؤدى إلى انخفاض الأداء داخل إدارات هذا القطاع, ووضع الحلول التي من شأنها المساعدة على الارتقاء بمستوى الأداء.
- الوقوف على مجموعة من المؤشرات والمعايير التي يمكن الحكم بها على جودة الأداء داخل أجهزة المنظمات العامة, والوصول إلى أسباب انخفاض هذا الأداء,

(١) د. عبد العزيز مخيمر وآخرون، مرجع سبق ذكره، ص ١٢.

والعمل على معالجته بأسلوب علمى سليم.

• تحديد الأهمية النسبية لكل مؤشر من مؤشرات قياس الأداء, والظروف التي يمكن استخدامه فيها, نظرًا لوجود اختلافات في نوعيات الأداء داخل كل جهازمن أجهزة المنظمات العامة. (١)

كما يلخص البعض فوائد تقييم الأداء في النقاط التالية :

أ - يعتبر تقييم الأداء أهم الركائز التي تبنى عليها عملية المراقبة والضبط .

ب- يفيد بصورة غير مباشرة في تشخيص المشكلات وحلها ومعرفة مواطن القوة والضعف في المنظمة .

ج- يفيد في تزويد الإدارة بالمعلومات اللازمة لاتخاذ القرارات الهامة .

د - يعتبر من أهم دعائم رسم السياسات العامة سواء على مستوى المنظمة أو الدولة.

هـ- يعتبر من أهم مصادر البيانات اللازمة للتخطيط. (٢)

مما سبق نخلص إلى أن تقييم الأداء يهدف إلى الكشف عن ثلاثة أبعاد رئيسية كما يلى :

• مدى إمكانية التطور.

• مدى الفاعلية : وينصرف إلى المقارنة بين النتائج المحققة والأهداف المحددة.

• مدى الكفاءة : وينسحب إلى تحليل الناحية الوظيفية في الوحدة الإنتاجية من حيث مدى كفاءة استخدامها للموارد المتاحة. (٣)

---

(١) د. عبد العزيز مخيمر وآخرون, المرجع السابق, ص ١٣.
(٢) د.توفيق محمد عبد المحسن, مرجع سبق ذكره, ص ٥.
(٣) د. عفاف محمد الباز, مرجع سبق ذكره, ص١٢.

رابعًا: أسباب الاهتمام بتقييم الأداء المؤسسي:

يعد الاهتمام بالأداء المؤسسي في المنظمات العامة ومحاولة إيجاد منهجيات تحظى بالثقة لقياس هذا الأداء, من أهم التغيرات في مجال الإدارة المالية خلال العقود القليلة الماضية, ويرجع هذا الاهتمام إلى عدة أسباب : -

(أ) تزايد الصعوبات التي تواجه تمويل المنظمات العامة, وهو ما يجبر المسئولين على الإجابة عن عدة أسئلة تختص بالإنفاق، والناتج, وهل هناك بدائل للإنفاق؟ وكيف يمكن تحسين الأداء المؤسسي بدون زيادة في الإنفاق؟

(ب) ارتفاع الوعي لدى المواطنين، وارتفاع مستويات المعرفة والمهارات لدى الأجهزة الرقابية.

(ج) زيادة الشفافية وتحسين الرقابة الشعبية من خلال الصحافة أو الأحزاب السياسية أو الأفراد ذوى الخبرة، وهى ما فرضت على المسئولين ضرورة الالتزام بعملية الإنفاق وترشيد القرارات المالية.

(د) التحول الذي طرأ على المفاهيم الإدارية مما أدى إلى ازدياد التركيز على النتائج ونوعيتها وكميتها وطرق تحسينها لزيادة كفاءة المنظمات العامة, مثل نظريات الجودة بأنواعها ومفاهيم الإصلاح الإداري.[1]

(هـ) وجود كثير من الأهداف غير الواضحة في المنظمات العامة التي يختلف تحديد مفهومها من فرد إلى آخر حسب وجهة نظر كل منهم, والتي تكون بعيدة عن أي قياس أو تقييم موضوعي، وترجع هذه المشكلة نتيجة عدم الواقعية في تحديد الأهداف، وتعطينا مفاهيم الأداء المؤسسي وسائل العلاج المقبولة لحل هذه المشكلة.

(و) هناك صعوبات تكتنف عملية فصل منجزات الكثير من الخدمات التي تقدمها المنظمات العامة لكونها متشابكة، بطريقة تسهل إخضاعها للقياس النوعي،

---

(١) د. جميل جريسات، **موازنة الأداء بين النظرية والتطبيق,** (القاهرة: المنظمة العربية للتنمية الإدارية، ١٩٩٥) ص ص ٨٦-٨٧.

ولذلك فإن مفاهيم الأداء المؤسسي تعطينا أيضًا الوسائل الممكنة لتلافى هذا التشابك[١].

خامسًا: فوائد تقييم الأداء المؤسسي: تساعد معدلات الأداء المؤسسي في:

(أ) إظهار فاعلية العمليات, والتركيز على المشكلات التي تحتاج إلى علاج, ومن ذلك :

* **الاستخدام غير السليم للأفراد:** في بعض الأحيان يكون العاملون غير موزعين بشكل يحفظ العلاقة بين العمل والعاملين, مما يؤدى إلى التراكم الوظيفى من جراء الانخفاض التدريبى في عبء العمل.

* **التوزيع غير السليم للعمل:** في الوقت الذي يزداد العمل في بعض الوحدات التنظيمية، نجد وحدات أخرى تعانى انخفاضًا في عبء العمل.

* **الإجراءات غير الملائمة:** توجد بعض الإجراءات المعقدة التي تعوق العمل و لايمكن تقديم الحلول لعلاجها إلا من خلال تقييم الأداء.

* **التشغيل غير الكافى للمعدات:**

- حيث لا تستخدم المعدات المستعملة بكفاءة أو أن تكون هذه المعدات في حالة متردية.[٢]

(ب)- توفير قاعدة من أجل وضع السياسات والسيطرة:

وذلك من أجل التمكن من مراقبة الأنشطة على مستويات مختلفة, والتأكد من قيام المنظمات العامة بتحقيق أهدافها المرجوة. وتوفير المعلومات اللازمة لمراقبة السياسات وطرق وممارسة الإدارة. وتوفير الدلائل على إتقان الأداء، وعلى الطريق المتبع من قبل الإدارة (جماعيًا أو فرديًا) في الاستفادة والاستجابة للمعلومات المتاحة من خلال عملية المراقبة.و مساعدة المساءلة من خلال:

➢ التركيز على المواضيع والمناطق التي تستلزم تفسير وبحث أكثر.

---

(١) د. عبد العزيز مخيمر وآخرون، مرجع سبق ذكره، ص ١٧.
(٢) د. توفيق عبد المحسن، مرجع سبق ذكره، ص٥.

◄ توفير دلائل النجاح في تحقيق السياسات الموضوعة.

◄ أن تكون جزء من عملية تقييم أداء العاملين.[1]

سادسًا: المشاكل التي تواجه تقييم الأداء المؤسسي:

يواجه الاستخدام الفعال لقياس الأداء المؤسسي- في المنظمات العامة عدة صعوبات أو

مشاكل تتمثل في:

* **وجود فجوة بين القيم الموضوعة والفعلية:**ويقصد بذلك إمكانية أن تكون هناك فجوة

بين القيم الموضوعة, وتلك التي تواجه التنفيذ العملي اليومى في المنظمات العامة.

* **تعدد وتعارض الأهداف والأولويات: ويتمثل ذلك فيما يلى:**

- إذا استطاعت المنظمات العامة وضع قيم لنفسها, والتزمت بها كل من مستويات
الإدارة العليا والمستويات الدنيا فيها، فقد تظهر قيم أخرى خاصة, تلك التي تأتي من منظمات
الأعمال وتهدف إلى تحقيق الربح, وتهدد بالقضاء على القيم التي التزمت بها المنظمة العامة.
وقد ظهرت هذه المشكلة عندما حاولت الأجهزة العامة خصخصة الأداء, من خلال توقيع عدد
من العقود مع الشركات الخاصة لأداء بعض الأعمال العامة للمواطنين كنظافة الشوارع بالنيابة
عنها، وبالتالى قد تتعارض قيم المنشأة الخاصة مع قيم المنظمات العامة.

- كما أن هناك احتمال وجود تعارض بين كل من القيم الإدارية التي تؤمن بها
المستويات العليا في المنظمة العامة, والقيم السياسية التي يراها رجال السياسة جيدة، وكذلك
قيم الذين يقدموا الاستشارات الفنية لهذه المنظمات، وأخيرًا مجموعة القيم الشخصية التي
يؤمن بها العاملون في المنظمات العامة. فهذا التعارض قد يؤدى إلى صراع ومشاكل من الصعب
حلها.[2]

---

(١) Jowett, Paul and Rothwell, Margaret., **Performance Indicators In The Public Sector** (London: Macmillan Press, 1988) p. 31.

(٢) د. محمد صالح الحفناوي ود. إسماعيل السيد، **قضايا إدارية معاصرة** (الإسكندرية: الدار الجامعية، ١٩٩٩)، ص ص ١٤٧-١٤٨.

* **تداخل المشكلات:** يعتبر العديد من المشكلات التي تسعى المنظمات العامة لتناولها، هي مشكلات متداخلة بصورة ما, وغالبًا ما تكون الموارد المتاحة غير كافية لتناول تلك المشكلات بصورة فعالة.

* **صعوبة قياس أداء العناصر غير الملموسة:**

يتمثل ذلك في أنه ليست كل المنظمات العامة تواجه القدر نفسه من اليسر لقياس الأداء, فقد تكون عملية قياس الأداء أكثر صعوبة في الهيئات التي لا ترتبط أنشطتها سوى باتصالات غير مباشرة بالنتائج المطلوبة, ومن ذلك ,على سبيل المثال، هيئه حماية البيئة الأمريكية,حيث يوجد لديها برنامج يهدف لتشجيع دول أوروبا الشرقية على تبنى سياسات أكثر صرامة في السعى لتحسين جودة الهواء والماء، ولكن من الصعب الوصول إلى قياسات أداء للعناصر غير الملموسة.(١)

* **القياس المضلل، ويحدث ذلك في الحالات التالية:**

- قد تقوم البنود غير الواضحة بدمج الانحيازات,في هذه الحالة, يمكن أن تنتج لدينا مشكلات في قياس الخدمات, ومن أمثلة ذلك استطلاعات الرأي التي تتضمن أسئلة غير واضحة, أو غامضة, أو متكررة بصياغات أخرى, أو غير مفهومة, أو قيام المشاركين في المسح بتفسيرها على نحو مختلف.

- قد تؤدى القياسات في بعض الحالات إلى حدوث تغييرات، لأن الأفراد المشاركين في العملية يتأثرون بالبرنامج على نحو ما, أو تصدر عنهم ردود فعل تجاه حقيقة أن البيانات تخضع للمراقبة من جانب جهة أخرى, أو تستخدم لغرض معين آخر.

فعلى سبيل المثال : لو قامت الحكومة بإدخال برنامج جديد للمنح الدراسية يربط الحصول على هذه المنح بالدرجات التي يحصل عليها الطالب في الدراسة العليا, فقد يؤدى ذلك إلى قيام المدرسين سواء بوعي أو بدون وعي في التساهل في منح الدرجات, وهو ما قد يجعل البيانات الناتجة تفترض أن الطلاب تحسن أداؤهم

---

(١) Poister, Theodore H, Op.Cit., pp. 19-20.

بشكل أفضل في تلك المدرسة عما كان عليه الوضع في السابق, وهو ما قد لا يعكس حقيقة الوضع.

- كما أن من شأن نظم قياس الأداء المؤسسي- أن تقدم حافزًا للمنظمات العامة, لكي يرتقي أداؤها لمستويات أعلى, وهذا هو الأساس الذي يقوم عليه منطق استخدام نظم المراقبة كأدوات إدارة أداء. ولذلك فليس مثيرًا للدهشة, أن الأفراد في تلك المنظمات سوف يكون لديهم الدوافع أحيانا للغش, بحيث يقوموا بالرد على إجابات منتقاه بغرض تزييف البيانات عن عمد, لكي يقوموا بتمثيل الأداء بطريقة تعكس القبول وذلك على عكس الحقيقة. وهذا النوع من الغش يعد مشكلة حقيقية ولابد من التعامل معها مباشرة وبحسم. (١)

* صعوبة المهام: قد تجد صعوبة في قياس أو ملاحظة المهام التي تتطلب خبرة متخصصة أو تدريب, وذلك بسبب صعوبة العثور على الشخص المؤهل لتصميم نظم قياس وتفسير النتائج.

* العوامل الخارجية: لا تخضع العوامل التي تحدد الأداء الذي يقوم به الفرد ويمكن قياسه لسيطرة زملاء العمل فقط, ولكنها في الواقع تتخطى سيطرة أي فرد في بيئة العمل, وقد ترجع أيضًا إلى عوامل خارجية, فعلى سبيل المثال لو جرى تكليف اثنين من مندوبي المبيعات لمنطقتين مختلفتين قد يختلف أداؤهما بسبب التباينات الإقليمية في الاقتصاد. (٢)

سابعًا: الإستراتيجيات المقترحة لمواجهة صعوبات تقييم الأداء المؤسسي- في المنظمات العامة:

توجد عوامل عديدة تعيق الاستخدام الفعال لقياس الأداء في دعم صنع القرار, وتتمثل هذه العوامل في تحديات سياسية, وأخرى تتعلق بالاتصال؛ ولذا

Poister, Theodore., Op. Cit., pp. 92-100.   (١)
Austin, Robert, **Measuring and Managing Performance in Organizations**(New York: Doreset House   (٢)
Publishing Co., 1996) pp. 96-97.

يثور التساؤل عن أفضل النصائح التي يصح أن تقدمها مهنة التقييم للمديرين المكلفين بالتوصل إلى نظم مفيدة لقياس الأداء ؟

في البداية, يجدر بنا التأكيد على أن تصميم نظام قياس أداء مؤسسي هو عملية تحتاج إلى وقت طويل, وموارد كبيرة, ويجب القيام بها مع وجود توقعات واضحة بين الأطراف المعنية عما هو مطلوب تحقيقه, ويجب على أصحاب المصلحة المتعددين المشاركين في المنظمات العامة تعلم كيفية العمل والتعاون سويًا, حتى يتوصلوا إلى اتفاق بشأن مهمة هذه المنظمات وأهدافها.

كما يجب على الحكومة أن تنظر إلى بعض القطاعات على أنها قطاعات استثمارية خدمية لتجنب كثير من المشكلات ومنها:

- تعدد الأهداف وتداخلها أو تعارضها ما بين أهداف اقتصادية, وأخرى اجتماعية، مع صعوبة إعطاء أهمية لبعضها دون البعض الآخر.

- النظر إلى النشاط على أنه استثمار أسهل من النظر إليه على أنه خدمة, وفي هذا الصدد يكون أسلوب تقسيم الخدمات التي تقدمها للمنظمات العامة للجمهور عبارة عن نوعين هما:

أ- خدمات مجانية: بالنسبة إلى هذا النوع, يكون معيار قياس الأداء المؤسسي معيارًا اجتماعيًا يتمثل في عدد المترددين على أقسام الخدمة المجانية بالمستشفيات الحكومية.

ب- خدمات اقتصادية: بالنسبة إلى هذا النوع, يكون معيار قياس الأداء المؤسسي معيارًا اقتصاديًا يتمثل في تكلفة أداء الخدمة والعائد المالي.

وتسعى الدراسة المستفيضة لمهام واختصاصات أجهزة المنظمات العامة إلى التوصل لما بينها من تداخل أو ازدواجية في أداء تلك المهام أو الاختصاصات, على أن يتبع ذلك إصلاح تنظيمي لحل هذا التداخل بما يسمح لكل منها الاستقلالية في الأداء, ومن ثم يمكن تحديد المسؤولية عن الأخطاء بما يدعم من دور جهاز المساءلة في رقابة الأداء المؤسسي لتلك الوحدات.

كما تسعى الدراسة المتأنية للجهاز الوظيفي في المنظمات العامة إلى تحديد الوظائف التي بها فائض، وتلك التي بها عجز. وحل تلك المشكلة يتطلب :

- الاعتماد على التدريب التحويلي, وذلك لتعويض النقص في بعض التخصصات .

- إعادة توزيع العمالة بين الوحدات في المنظمات العامة, وذلك لتعويض النقص في بعض الوظائف .

تقديم التسهيلات اللازمة للعاملين في التخصصات التي بها فائض من أجل ترك العمل الحكومي.(١)

وفي هذا الإطار يجدر بنا الإشارة إلى الدور الذي يمكن أن يقوم به اختصاصيو التقييم حيث بمقدورهم تدريب المستخدمين المحتملين على تمييز المخرجات عن النتائج الوسيطة, وعن النتائج النهائية, كما يستطيع هؤلاء أيضا إضفاء طابع الاعتدال على التوقعات للمساعدة في تقليل الشعور بخيبة الأمل, عندما يجد أنصار قياس الأداء أن بيانات الأداء لم تجر أو يتم استخدامها بشكل مباشر في صنع القرار.(٢)

مع التأكيد على أن الإدارة مسئولة عن توضيح وتوصيل الإطار الإستراتيجي الذي يستخدم في نطاقه نظام قياس الأداء المؤسسي, بما في ذلك توضيح مهمة المنظمات العامة, والإستراتيجيات, والأهداف, والأغراض, والغايات المطلوب تحقيقها.

كما أن الإدارة مسئولة عن تصميم وتنفيذ وصيانة برامج المنظمات العامة, والخدمات, والعمليات, والمعايير, وعند استخدام نظم القياس, وذلك لتحسين الأداء الجماعي. فإذا كانت هذه هي مسئوليات الإدارة أو بعضها, فإن الإدارة في

---

(١) د. عبد العزيز مخيمر وآخرون، مرجع سبق ذكره، ص ص ٢٨-٢٩ .

(٢)   Newcomer, Kathryn, **Using Performance Measurement to Improve Public and Non Profit Programs** (San Francisco: Jossey Bass Publishers, No 75, 1997) pp. 10-13.

حاجة لتوضيح الغاية التي تسعى إليها, والتأكد من أن هذا الغرض جرى تصميمه لخدمة الاستخدامات المقصودة. فلكي يتحقق للنظام النجاح, لابد ألا تكتفي الإدارة بمجرد التحديد والتصديق على القياسات وتصميم النظام، بل وأيضا الالتزام باستخدام البيانات لتحسين الأداء المؤسسي.(١)

وفى هذا الصدد, يجدر بنا الإشارة إلى أنه من شأن تكرار المهام, تقديم المزيد من الفرص لملاحظة جميع مراحل العمل, فكلما كانت المهام متكررة, كان الاحتمال الأكبر للقياس غير مكلف.

كما أن الأمر يحتاج إلى تبسيط الإجراءات, نظرًا لأن المهام البسيطة ذات الأنشطة المحددة, أسهل في القياس من المهام المعقدة.(٢)

كما يتطلب الأمر كذلك, أن تكون الأهداف محددة بطريقة تسهل القياس، فمثلًا رفع مستوى التعليم هو هدف عام، ولكنه لا يفيد في عملية توزيع الموارد المالية بين المنظمات العامة الوطنية والدولية, ولكن إذا تم ترجمة هذا الهدف إلى عدة أهداف فرعية محددة، سيساعد ذلك على الإقلال من الإنفاق، فمثلا زيادة عدد المدارس الابتدائية بخمسين مدرسة، فإن ذلك سوف يغطي ٩٥% من الاحتياجات بدلا من تلبية ٨٠%. مع الأخذ في الاعتبار أن عملية تحديد الأهداف بشكل عملي مسئولية أساسية تستلزم مهارات خاصة، فلا يكفي القول بتحسين الأوضاع الصحية، ولكن المطلوب هو معرفة عدد المستشفيات، وعدد الأسرة، وعدد المرضى، وعدد العيادات، وعدد الأطباء, الذي ستوفرهم نفقات الصحة العامة المقترحة.

نخلص إلى القول: بأنه لن تنجح عمليات قياس الأداء المؤسسي بدون حوافز مساعدة مبنية على أسس موضوعية, ولا تقتصر الحوافز على الجانب المادي فقط، ولكن التركيز على الجوانب المعنوية أمر هام في عملية قياس الأداء المؤسسي من

(١) Poister, Theodore, Op.Cit., p. 15.

(٢) Austin, Robert, Op.Cit., pp. 95-96.

خلال نشر معلومات عن الأداء الجيد في قسم أو برنامج أو مشروع معين، مما يعطي العاملين اعتزازا وتقديرا يتخطيان ما يمكن تحقيقه عن طريق المكافأة المالية.[1]

وأخيرًا, يجب على المنظمات أن تأخذ في اعتبارها عند إجراء عملية تقييم الأداء المؤسسي, أن تتحاشى المؤشرات غير التنبؤية, وأن تدرس كيفية قياس الإبداع والتعلم والتغيير.[2]

* * *

_____

(٢) د. جميل جريسات، مرجع سبق ذكره، ص ٩٠.
(٣) كريس أشتون، **تقييم الأداء الاستراتيجي: المعرفة والأصول الفكرية**، ترجمة علا أحمد (القاهرة: بميك، ٢٠٠١)، ص ١٧.

المبحث الثاني

التقنيات المستخدمة في تقييم الأداء المؤسسي

أهم التقنيات المستخدمة في تقييم الأداء المؤسسي :

أولاً: تطبيق موازنة الأداء Performance based budgeting :

ماهية موازنة الأداء:

تعتمد موازنة الأداء على فرضيات ومنطلقات تختلف اختلافا تامًا، عما هو وارد في موازنة البنود, فمثلًا، تعطى موازنة البنود اهتماما كليًا لمدخلات الموازنة، أي حساب التكلفة دون اهتمام كبير بالنتائج أو المخرجات للموازنة؛ بينما تهتم موازنة الأداء بالنتائج.

وفيما يلي شرح للعناصر الأساسية لموازنة الأداء :

(أ) تحاول موازنة الأداء الإجابة عن تساؤل هام في عمليات المنظمات العامة، وهو: ما هي الأهداف الرئيسية التي تريد تحقيقها, وكيف يمكن تحديد هذه الأهداف وبرمجتها, وما هي مكانتها وعلاقتها بالأهداف العامة للمنظمة و للدولة؟

(ب) بعد تحديد الأهداف، لابد من تحديد معرفة العائد من صرف أي مبلغ من المال، فمثلًا إذا تم تخصيص جزء من المال لدائرة معينة، فلابد من معرفة المردود أو العائد للمجتمع من جراء صرف هذا المبلغ, هذا هو جوهر موازنة الأداء، والذي يعتبر رغم بساطته انقلابًا كبيرًا بالمقارنة بموازنة البنود أو Line item budget.

(ج) تهتم موازنة الأداء بما تم إنجازه أو ما سوف يتم إنجازه، وحتى يتم تقدير وقياس النتائج، فلابد من توافر معلومات حقيقية وموثقة عن: حجم ونوعية ما تم إنجازه, المستفيدين منه, ومدى تجاوبه مع السياسة العامة للدولة .

(د) تعتمد موازنة الأداء على منطق واضح، يبين عناصر الارتباط في الخدمات والسلع المنتجة, كما يوفر تبريرات للإنفاق والسبب وراء إتمامه بشكله الحالي.

(هـ) قياس النتائج من أكبر التحديات التي تواجها المنظمات العامة, وتتمثل تلك الصعوبات في أنها تقدم خدمات مثل الأمن والصحة والتعليم والتي يصعب قياس إنتاجها, نظرًا لأنها عملية معقدة تستحوذ عليها التقديرات الخاطئة, وعدم الدقة, وذلك على عكس شركات صناعة السيارات والأقمشة التي من السهل قياس نتائجها وتقدير تكلفتها. لذا لابد من ابتكار أسلوب سليم يعتمد على مؤشرات صحيحة حتى تستطيع قياس النتائج بدقة وموضوعية.(١)

وهذا ما توفره مؤشرات الأداء المؤسسي .

الموازنة عقد للأداء المؤسسي: Contract for performance

تعد الموازنة عقد للأداء المؤسسي, حيث تتعهد فيه الإدارات في المنظمات العامة بتحقيق أهداف محدودة مقابل الموارد المالية المتفق عليها, أي تأدية الأنشطة وفعاليات معادلة في قيمتها للموارد المالية المخصصة, فقد تم الربط الوثيق في الإدارة المالية بين نتائج العمليات الإدارية والنفقات المصروفة. وإذا كانت الموازنة عقدًا للأداء, إذن فلابد من قياس هذا الأداء حتى تتم التعديلات المناسبة المتعلقة بالإنفاق.

ومن الخطوات الأساسية في قياس الأداء المؤسسي تحديد مؤشرات أداء لكل هدف تكون مقبولة وعملية قبل الالتزام بها وتعميقها.(٢)

كما أن نجاح التطبيق في موازنة الأداء يعتمد على قياس الأداء المؤسسي، ويمر أسلوب بناء تقييم الأداء المؤسسي بعدة خطوات, يمكن تلخيصها فيما يلي :

تحديد الأهداف العامة للمنظمة, والأهداف الفرعية لكل وحدة, ومدى التناسق والارتباط بين الإدارات بعضها ببعض، ثم تحديد مؤشرات الأداء بناء على هذه المعلومات, بحيث تعكس هذه المؤشرات كفاءة وفعالية الخدمات العامة، الأداء المالي، وتقييم رضا المتعاملين, وهذا ما تهدف إليه موازنة الأداء.(٣)

---

(١) د. جميل جريسات، مصدر سبق ذكره، ص ص ٢٢ – ٢٦ .
(٢) المصدر السابق، ص ص ٣٩-٤٠ .
(٣) د. محمد الطعامنة، مصدر سبق ذكره، ص ص ٢٢ – ٢٣ .

ثانيًا: آليات ومؤشرات تقييم الأداء المؤسسي وفقا للنماذج المعاصرة:

ما هي مقاييس الأداء المؤسسي؟

مؤشرات الأداء المؤسسي المعروفة بـ (KPIs (Key Performance Indicators) أو مؤشرات النجاح الأساسية (KSIs) (Key Successful Indicators) هي وسائل لقياس الأداء, وقياس مدى نجاح المنظمة العامة تجاه تحقيق أهدافها.(١) كما يعرف مؤشر الأداء بأنه: "عبارة عن قيمة أو صفة مميزة تستخدم لقياس المخرجات أو النتائج ".(٢)

وهنا نبدأ بعرض تعريفات المنظمات العامة الدولية:

تعددت التعريفات الخاصة بمؤشرات الأداء المؤسسي في المنظمات العامة الدولية. وفيما يلي أهم هذه التعريفات.

تعريف الأمم المتحدة:

بداءة تعرف الأمم المتحدة مؤشرات الأداء المؤسسي بأنها: " السمة أو الخاصية المستخدمة لقياس ما إن كانت النتائج قد تحققت أم لا. (٣) "

تعريف منظمة العمل الدولية:

وتعرف منظمة العمل الدولية تلك المؤشرات بأنها: " مؤشرات الإنجاز تضيف الدقة إلى صياغة الأهداف الفورية، وتقدم المؤشرات أدلة تمكن التحقق منها لتقويم التقدم الذي تم إحرازه في اتجاه الأهداف الفورية للمشروع/البرنامج.(٤) "

---

(١) د. شريف مازن، مؤشرات الأداء الأساسية، بحث مقدم في ندوة **الأساليب الحديثة في قياس الأداء الحكومي**، القاهرة، المنظمة العربية للتنمية الإدارية، يناير ٢٠٠٥, ص ص ٨٦-٨٧.

(٢) د. محمد الطعامنة، مرجع سبق ذكره، ص ٢١.

(٣) United Nation Guide to results-based budgeting, Version 1.0, 23October 1998.

(٤) Design, Monitoring and Evaluation of Technical Cooperation Programmes and Projects: A Training Manual, ILO.

تعريف منظمة الأغذية والزراعة

أما منظمة الأغذية والزراعة فتعرف مؤشرات الأداء المؤسسي بأنها: "الأهداف والقياسات المحددة للتغييرات والنتائج المتوقعة من القيام بأحد الأنشطة وبصورة أكثر تحديدًا. فمؤشرات تقييم الأداء المؤسسي تقوم بقياس النتائج الفعلية مقابل النتائج المتوقعة, أي الاستخدام الفعلي الذي تم للمخرجات بواسطة المستفيدين المستهدفين".[(١)]

تعريف المنظمة الدولية للطيران المدني:

بينما تعرف المنظمة الدولية للطيران المدني (ICAO) مؤشرات الأداء المؤسسي بأنها: "عبارة عن أدوات تحليلية، قابلة للتحقيق الموضوعي, وقد تكون مباشرة أو غير مباشرة (وسيطة), ولكن في أي من الحالتين يجب أن تكون مرتبطة بمستوى محدد من التصميم للبرنامج, أو المشروع أي الهدف والمخرجات.[(٢)] "

وتقوم مؤشرات الأداء المؤسسي بقياس أو التحديد لنتائج متوقعة على مستوى المخرجات ويمكن أن تكون كمية أو نوعية أو كلاهما. وقد جرى تصميم تلك المؤشرات لتوفير مقياس يتم القياس بالنسبة له, وبيان تقدم النشاط ناحية إنتاج المخرجات وتحقيق أهدافه.

لذلك فإن المؤشرات بالنسبة للأداء المؤسسي يجب أن توفر الإجابة عن **السؤال التالي:** "كيف تمكنت من إنجاز الهدف الذي أسعى لتحقيقه؟" ولتحديد أي مؤشر يمكن الاستناد إليه, يجب الرجوع إلى هدف النشاط والجمهور المستهدف, من القيام بمثل هذا النشاط. وما هي النتيجة المتوقعة للجهد الذي يتم القيام به وما هو المستخدم المستهدف من تلك الخدمة.

---

(١) Based Upon Glossary of evaluation terms, JIU/Report, JIU/REP/78/5 update by Current Practice, as indicated by FAO.

(٢) A Glossary of evaluation-related terms for use in the International Civil Aviation Organization (ICAO), June 1996.

تعريف الوكالة الدولية للطاقة الذرية :

واتجهت إلى تعريف مؤشرات الأداء المؤسسي "بأنها معايير للقياس أو مؤشرات للنجاح لقياس ما إن كان هناك هدف قد تحقق أم لا أو ما هو النجاح الذي تم إحرازه تجاه الهدف. ومؤشرات الأداء المؤسسي هي مؤشرات ذات توجه تجاه النتائج بحيث تحدد ما هو المتوقع الحصول عليه من خلال استخدام الوكالة الدولية للطاقة الذرية ,من حيث المزايا التي تعود على الدول الأعضاء.[١]

تعريف المنظمة العالمية للملكية الفكرية (WIPO) :

وأخيرًا تعرف المنظمة العالمية للملكية الفكرية (WIPO) مؤشرات الأداء المؤسسي بأنها : " السمات والخصائص المستخدمة لقياس تقدم البرنامج في تحقيق النتائج المتوقعة", وهناك تفرقة واضحة بين المؤشر ذاته وبين قيمته, وهي التي يتم الحصول عليها من خلال القياس ويستخدم نوعان من المؤشرات:

النوع الأول : مؤشرات كمية وهى تتضمن تناول الكميات والأعداد والنسب.

والنوع الثانى: مؤشرات نوعية وهى التي لا يمكن قياسها من خلال الأعداد, ولكن ببحث ما إن كان هناك سمة معينة موجودة أم لا. [٢]"

مواصفات مؤشرات الأداء الأساسية:

تتسم مؤشرات الأداء الأساسية بعدة مواصفات تتمثل فيما يلى :

- تنبع من فهم عميق للمشكلات محل الدراسة.
- أن تكون بسيطة قدر المستطاع وواضحة وقابلة للقياس.
- قياسها على مستويات متعددة وتكون مسلسلة.
- أن تكون قليلة العدد حتى يتمكن متخذ القرار من متابعتها باستمرار.
- يجب أن تكون عملية وقابلة للتطبيق من حيث توافر جميع البيانات.

---

(١) Definitions Provided by the Secretariat in the reply to a JIU questionnaire.

(٢) Definitions Provided by the Secretariat in the reply to a JIU questionnaire.

• أن يحتفظ بها متخذ القرار لمدة معقولة من ثلاثة إلى خمسة سنوات قبل تغييرها لتعظيم الاستفادة من النظام.

• المؤشرات ليست الهدف, بل التعليق عليها أكثر أهمية.

• يجب أن تقاس مؤشرات الأداء الأساسية بطريقة كمية, ومن المهم تحديد هذه المؤشرات الأساسية والحفاظ على التعريف نفسه من عام لآخر, فمؤشر مثل "زيادة المبيعات" يجب أن يضع اعتبارات مثل القياس بالوحدات المباعة أو قيمة المبيعات...

• أهمية تحديد الأهداف لكل مؤشر من مؤشرات الأداء. فمثلًا تقليل معدل دوران العمالة بنسبة ٥% في السنة هو هدف واضح وبسيط, يستطيع أن يفهمه الجميع ويستطيعوا تنفيذه بسهولة.[١]

أهم المؤشرات المستخدمة:

هناك مجموعة من المؤشرات المستخدمة في هذا الصدد التي تشهد تطويرًا في هذا المجال, ومن أهم تلك المؤشرات:

(١) المؤشرات غير المالية:

ركز الإطار الذي تقدم به Whitt &Whitt على مؤشرات غير مالية تحتوى على أربعة مجالات لأداء المنظمة العامة وهى: المنتجات والأسواق والعاملين والعملاء, بينما الإطار الذي تقدم به Gosling يجمع بين الكفاءة والفعالية: كفاءة استخدام الموارد و فعالية إنجاز النتائج المرغوبة. ولهذا فقد احتوى إطاره المقترح على مقاييس مرتبطة بمجالات الموارد وأداء العمل والمنتجات.[٢]

---

(١) د. شريف مازن، مرجع سبق ذكره، ص ص ٨٦-٨٧.
(٢) د. هيثم أحمد حسين عبد المنعم، نموذج محاسبى لقياس وتقييم الأداء المؤسسي للمنظمات، بحث مقدم في المؤتمر العربي الثاني في الإدارة، **القيادة الإبداعية في مواجهة التحديات المعاصرة**، القاهرة, ٦-٨ نوفمبر ٢٠٠١.

(٢) بطاقة الأداء المتوازن: (Balanced Scorecard)

وقد قدم Kaplan and Norton هذه البطاقة, وهى تتضمن مجموعة من المقاييس المالية وغير المالية التي توضح العوامل الأساسية والهامة المساعدة على نجاح المنظمة العامة. وقد صممت عناصرها ومحتوياتها بصورة تكمل بعضها البعض في التعبير عن المنظور العام المالى والحالى للمنظمة, وذلك على النحو التالى :

أ- المنظور المالى :

يركز هذا المنظور على تحقيق متطلبات حاملى الأسهم, فهل تحقق المنظمة العامة عائدًا على الاستثمار, وهل تزيد من قيمة المنظمة العامة في السوق مما يؤدى إلى زيادة أموال حاملى الأسهم ؟ مع الأخذ في الاعتبار أن النتائج تقاس باستخدام المؤشرات التالية:

- أرباح المنظمة.

- التدفقات النقدية.

- العائد على الاستثمار.

- نصيب السهم من الأرباح.

ب- منظور العميل:

يجب أن تهتم المنظمة العامة بتحقيق رغبات عملائها, لأن هؤلاء العملاء هم الذين يدفعون للمنظمة. وتقاس النتائج طبقًا لهذا المنظور باستخدام المؤشرات التالية:

- القدرة على اجتذاب العميل.

- رضاء العميل .

- ربحية العميل .

- القدرة على الاحتفاظ بالعميل.

- درجة الولاء للمنظمة.

ج- منظور العمليات الداخلية:

و يعمل هذا المنظور على تحقيق أهداف كل من المنظور المالى ومنظور العميل. ومن أهم المؤشرات المستخدمة:

- عدد المنتجات المعيبة .
- تكلفة فترة الضمان .

د - منظور التعلم والنمو:

ويختص هذا المنظور بتحديد كيف تستطيع المنظمة أن تجعل قدراتها على التغيير والتطوير مستمرة. و يهتم هذا المنظور بالإجابة عن عدة أسئلة مهمة وهى :

- كيف تستفيد المنظمة العامة من الأخطاء؟
- هل هناك تنمية ذاتية داخل المنظمة العامة؟
- ما هي أهم المجالات التي تحتاج إلى تدريب أو تنمية ذاتية؟[١]

ومن أهم المؤشرات المستخدمة :

- تطوير وتسويق منتجات حديثة.
- سلوك قدرات ومشاركة الموظفين.

و يشجع هذا النموذج المديرين على تطبيق منظور تقييمي متكامل, يعتمد على تلك العوامل الأربعة السابق ذكرها.[٢]

---

(١) Kaplan, R.S and Norton, D.P., Transforming the Balanced Scorecard From Performance Measurement to Strategic Management, **Accounting Horizons**, Vol. 15, No. 1, March 2001, p. 91.

(٢) Poister, Theodore, Op. Cit., pp. 179-180.

الشكل رقم (١) العناصر الأساسية لبطاقات الأداء المتوازن :

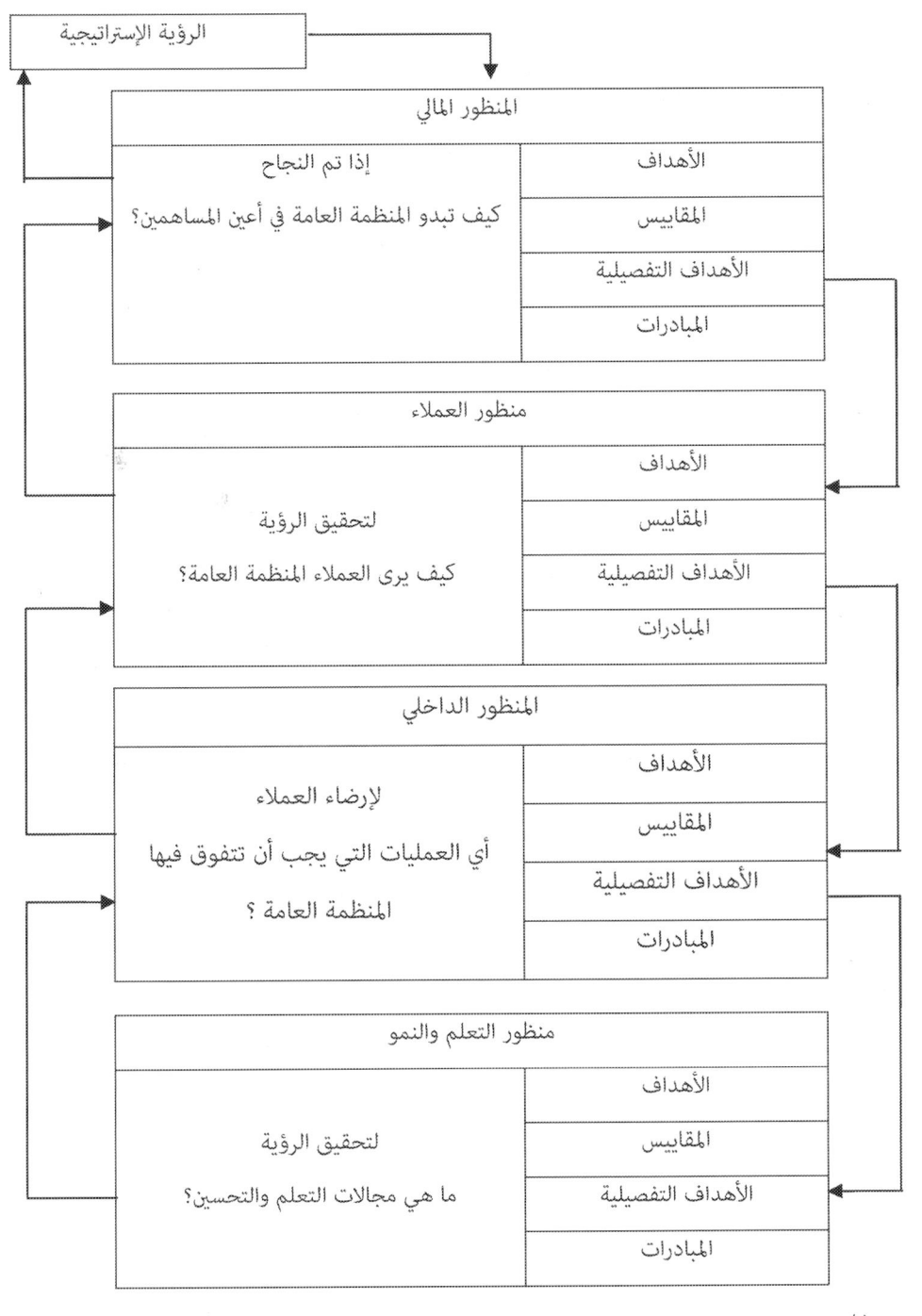

المصدر: Kaplan, R.s.; Norton, D.P., OP.Cit., p. 91.

ويتضح من العرض السابق أن هناك ارتباطا منطقيًا بين العناصر الأساسية لبطاقات الأداء المتوازن, حيث إن مخرجات كل عنصر تمثل مدخلات العنصر التالي كما هو موضح في الشكل رقم (١), فالتعلم والنمو التنظيمي يؤدي إلى زيادة قدرة المنظمات العامة على تكوين مجموعة من العمالة الراغبة في العمل والقادرة عليه, وبالتالي زيادة قدرة المنظمات العامة على تحسين أداء العمليات الداخلية بما يؤدي بدوره إلى تحقيق درجة عالية من رضاء العملاء. وأن رضاء العملاء بدوره سيساعد في تحسين الأداء المالي.[١]

(٣) معايير المحاسبة الإدارية الأمريكية:

قامت لجنة معايير المحاسبة الإدارية الأمريكية بوضع معيار U٤ , والذي يتضمن نموذجًا شاملًا لتقييم الأداء المؤسسي, وأوحت فيه باختيار المنظمة لمؤشرات الأداء التي تتناسب مع ظروفها, واحتياجاتها, ونوع الخدمة التي تقدمها, والإستراتيجية التي تتبعها. ويتكون هذا النموذج من ستة مجموعات رئيسية لمؤشرات تقييم الأداء المؤسسي, وهى[٢]:

المجموعة الأولى: المؤشرات البيئية Environment indicators

وتهدف هذه المجموعة من المؤشرات إلى أن المنظمة العامة تكون ملمة بمسئوليتها البيئية, وذلك من نواحي كثيرة مثل: أسلوب استخدامها للموارد المحدودة, وعمليات إعادة التدوير, ودرجة الأمان والسلامة في عمليات المنظمة العامة. واقترحت اللجنة في هذا الخصوص المؤشرات التالية:

- عدد ساعات الخدمة التي تقدمها المنظمة العامة للمجتمع.

---

(١) د. عادل محمد زايد، تقييم الأداء المتوازن، بحث مقدم في ندوة **الأساليب الحديثة في قياس الأداء الحكومي**، القاهرة، المنظمة العربية للتنمية الإدارية, مارس، ٢٠٠٤.

(٢) د. همت مصطفى، نموذج استراتيجي للرقابة وتقييم الأداء في ظل المتغيرات البيئية المعاصرة، بحث مقدم إلى مؤتمر المحاسبة عن الأداء في مواجهة التحديات المعاصرة، الجمعية العربية للتكاليف والمحاسبة الإدارية في المعهد المصري للمحاسبين والمراجعين, ٦-٧ مايو ٢٠٠٠.

- عدد ساعات أنشطة التصنيع.
- نسبة المواد التي تم تدويرها إلى إجمالي المواد.
- حجم الملوثات والأضرار البيئية الناتجة عن المنظمة العامة.
- حالات الإصابات والحوادث التي حدثت بسبب المنظمة العامة.

المجموعة الثانية: مؤشرات السوق والمستهلك

Market and customer indicators

لقد أصبح رضاء العميل من أهم أولويات المنظمة العامة سواء من حيث رضائه عن جودة السلعة أو الخدمة, وسرعة تقديمها, والحصول عليها في الوقت المناسب, وبالتكلفة المناسبة, وبالتنوع الذي يرغبه. وقد اقترحت اللجنة بعض المؤشرات, منها:

- نصيب المنظمة العامة في السوق.
- عدد العملاء الجدد والسابقين.
- رضاء العملاء .
- مدى جودة المنتج.
- مدى جودة النقل .
- سرعة الرد على العملاء.
- ربحية العملاء طبقًا لقنوات السوق أو طبقًا للمناطق الجغرافية.

المجموعة الثالثة: المؤشرات التنافسية Competition indicators

يجب على المنظمة العامة أن تعرف أحوال منافسيها, وأن يتوافر لديها معلومات وافية عن نقاط الضعف, ونقاط القوة التي يتميز بها المنافسون, وكذا عن العمليات الداخلية, وإجراءات سير العمل.

وفيما يلي بعض المؤشرات التي اقترحتها اللجنة في هذا الصدد:

- مدى وجود المنافسين.
- نصيب كل منافس في السوق.

- مدى سرعة تقديم السلعة أو الخدمة لدى المنافسين.

- المؤشرات المالية لدى المنافسين.

- جودة سعر الخدمة أو السلعة لدى المنافسين.

- رضا العميل عن المنافسين.

- الوقت اللازم لتقديم منتج جديد لدى المنافسين.

المجموعة الرابعة: مؤشرات التشغيل الداخلية

Internal Business Process Indicators

أشارت اللجنة إلى أهمية جودة أداء الإجراءات الداخلية للعمل, لأنها تعتبر نقطة اتصال بين الموردين والعملاء, ولهذا فهي تقوم بتحويل مدخلاتها إلى مخرجات, وذلك بأعلى جودة ممكنة, وبأقل تكلفة, وقد اقترحت اللجنة في هذا الخصوص بعض المؤشرات:

- الوقت اللازم لتطوير المنتج.

- عدد المنتجات الجديدة .

- متوسط التشغيل .

- مقاييس عدم الجودة.

- متوسط فترة التخزين.

- نسبة المبيعات إلى حجم التوظيف لدى المنظمة.

- الوقت المستغرق بين طلب المنتج وتسليمه للعميل .

المجموعة الخامسة: مؤشرات أداء الموارد البشرية

Human Resource indicators

إن رضاء العاملين لا يقل أهمية عن رضاء العملاء, فيجب أن يشعر العاملون بالرضا لكي تنجح المنظمة العامة في تحقيق أهدافها الإستراتيجية. وفيما يلي أهم المؤشرات الخاصة بتقييم أداء الموارد البشرية :

- عدد ساعات التدريب لكل فرد.

- معدل دوران العاملين .
- الروح المعنوية للعاملين.
- مدى ولاء العاملين.
- عدد العاملين الذين تم توظيفهم إلى إجمالى عدد الطلبات المقدمة .

المجموعة السادسة : المؤشرات المالية Financial Indicators

هناك العديد من المقاييس و المؤشرات المالية لقياس أداء المنظمة, وفيما يلى بعض هذه المؤشرات :

- معدل زيادة الإيرادات .
- ربحية العملاء .
- ربحية المنتجات .
- معدل العائد على رأس المال العامل .
- معدل العائد على المبيعات.
- معدل العائد على رأس المال.
- معدل العائد على حقوق الملكية.

وهكذا يتضح مما تقدم، أنه في ظل التحديات المعاصرة, والمتغيرات العالمية, أصبح ينظر إلى المنظمة العامة على أنها ذات واجهات عديدة، أي لا ينظر إلى المنظمة العامة على أنها وحدة تنظيمية واحدة، وإنما واجهات للتفاعل. فالإدارات أو الأقسام أو الوحدات يستغل كل منها بعض منتجات الآخر، كما أن للمنظمة العامة عدة واجهات كذلك تتعلق بالتشغيل, وتتمثل في الموردين، وواجهة المنافسين في المنتج أو الخدمة ،وواجهة المستهلكين والأسواق، هذا بالإضافة إلى واجهات للمنظمة على المستوى العام, تخضع لها المنظمة العامة تتمثل في قيود يتم التكيف لها.(١)

---

(١) أ. د. السيد عبد المطلب غانم، اللامركزية والتنمية الإدارية، بحث مقدم في **منتدى السياسات العامة،** الإصلاح المؤسسي بين المركزية واللامركزية، القاهرة، مارس ٢٠٠١.

هذا من ناحية, ومن ناحية أخرى, استعرض د. جميل جريسات أهم المؤشرات المستخدمة في تقييم الأداء المؤسسي وكيفية قياسها, وهي كالآتي[1] :

أولاً : مؤشرات الفعالية : (Effectiveness Indicators)

تهتم هذه المؤشرات بما حققته المنظمة العامة, مقارنة بالأهداف الموضوعة, فمثلًا إنجاز ٩٠ كيلومترا من الطرق المرصوفة يمثل فاعلية مقدارها ٤٥ بالمائة إذا كان الهدف إنجاز ٢٠٠ كيلومترًا خلال المدة المعينة.

وبعد التغيرات التي طرأت على المجتمعات الحديثة, أصبح هناك اهتمام متزايد بإرضاء المواطنين, وكسب ثقتهم في برامج وخدمات الدولة, ومن مؤشرات هذا الرضاء, عدد الشكاوى التي يقدمها المواطنون.

ثانيًا: مؤشرات الكفاءة: (Efficiency Indicators)

الكفاءة هي علاقة نسبية بين المدخلات والمخرجات, أو بين التكلفة والفائدة .

$$\text{الكفاءة} = \frac{\text{المخرجات}}{\text{المدخلات}}$$

ثالثًا : مؤشرات عبء العمل: (Workload Indicators)

توضح هذه المؤشرات العمليات التي يحققها برنامج أو دائرة معينة خلال فترة زمنية محددة, فمثلًا عدد رخص البناء الصادرة عن بلدية معينة هي عبء العمل الشهرى.

رابعًا: مؤشرات الإنتاجية: (Productivity Indicators)

تقاس مؤشرات الإنتاجية عن طريق الناتج بالنسبة إلى المدخلات (التكلفة) لأصغر وحدات الإنتاج المستخدمة, فعلى سبيل المثال, الناتج الحقيقي من ساعة عمل لعامل واحد يعتبر مؤشرًا للإنتاجية, ويذكر أنه لن نستفيد من مقاييس الإنتاجية، إذا تم ربطها بقيمة التكلفة فقط, فعدد الوحدات التي ينتجها العامل في

(١) د. جميل جربسات، مرجع سبق ذكره، ص ص ٩٥-١٠٠.

مدة ساعة واحدة لا يمكن اعتبارها معلومات إذا لم نضف إليها الأجور والتكلفة الكلية والحقيقية لساعة العمل الواحدة.

ثالثًا: علاقة تقييم الأداء المؤسسي بالعمليات الإدارية:

تعريف العمليات الإدارية:

تعرف العمليات الإدارية بأنها أنماط من السلوك يمارسها المشتغلون بالإدارة في جميع المنظمات العامة باختلاف أنشطتها أو حجمها. وتتضمن بذلك عمليات التخطيط، والتنظيم، والإشراف, والرقابة.

ومما لا شك فيه, أن عملية تحديد مؤشرات لقياس أداء المنظمات العامة ليست من العمليات السهلة، وينبغي أن تليها عملية متابعة ورقابة مستمرة.(١)

إذ إنه في البداية توضع الخطط موضحًا بها مستوى الأداء المطلوب الذي يعد مقياسًا تستخدمه الرقابة، وعند التنفيذ يتم تقييم الأعمال التي تم تأديتها ومقارنتها بالمستويات الموضوعة.(٢) وتمر عملية الرقابة بثلاثة مراحل أساسية تتمثل في:

١- تحديد معايير الأداء .

٢- تجميع البيانات عن الأداء .

٣- تقييم الأداء من خلال مقارنة الأداء الفعلي بالأداء المتوقع, وتحديد الانحرافات وتحليلها واتخاذ القرارات التصحيحية .

يتضح مما سبق أن عملية تقييم الأداء تعتبر من أهم العمليات الإدارية؛ لأنه بدونها لا يمكن القيام بعملية الرقابة, فهي تمثل الشق الثاني في العملية الرقابية بعد وضع معايير الأداء. ومن هنا يتضح لنا مدى الانعكاس المباشر لوظيفة الرقابة, وتقييم الأداء على كل الوظائف الإدارية الأخرى.

---

(١) د. عفاف الباز، مرجع سبق ذكره, ص١٣.

(٢) د. محمد العزازي، دور أجهزة الرقابة الحكومية في تفعيل أساليب القياس، بحث مقدم في ندوة **أساليب حديثة لقياس الأداء الحكومي**، القاهرة، المنظمة العربية للتنمية الإدارية، مارس ٢٠٠٤.

فبناء على الرقابة وتقييم الأداء, يتم إعادة النظر في التخطيط وذلك انعكاس للرقابة على التخطيط, فعن طريق الرقابة وتقييم الأداء تظهر عيوب التنظيم المتمثلة في إجراءات العمل واللوائح, ومن هنا يمكن إعادة التنظيم. كما أنه عن طريق الرقابة وتقييم الأداء تظهر نواحي القصور في التوجيهات الصادرة, أو تعقيدها, أو عدم وجود الاتصال المزدوج بين الإدارة والعاملين, أو عدم الفهم للسياسة والأوامر الإدارية الصادرة. وهنا يعاد النظر في سياسة التوجيه.

بالإضافة إلى ذلك, تساعد الرقابة وتقييم الأداء كذلك على اكتشاف نواحي القصور في أعداد القوة العاملة سواء بالزيادة أو النقصان أو وضع الأفراد في المكان الذي لا يتفق مع مؤهلاتهم أو خبراتهم العلمية, وهنا يحتاج الأداء كذلك إلى إعادة النظر في سياسات الأفراد.(١)

وفيما يلي شرح مختصر لكل من التخطيط ، و التنظيم, والرقابة.

أولاً: عملية التخطيط:

ثار جدل أكاديمى واسع النطاق, خلال الستينات والسبعينات, حول المذهب العقلي (Rationalism) والتزايدي (Incrementalism) في المنظمات العامة, وتركز التساؤل حول ما إذا كانت القرارات يتعين اتخاذها باتباع عمليات شاملة من التخطيط العقلانى أم بخليط من الاثنين (جوثروب ١٩٧٠، جينكز ١٩٧٨، ليتش ١٩٨٢، لينبلوم ١٩٧٩). وقد بدأ في العقدين الأخيرين, أن هذا السؤال قد خرج عن الأجندة الأكاديمية, ولم يعد مطروحًا. وقد تركزت التساؤلات البحثية بدلاً من ذلك على البيئة الخارجية التي تعمل بها المنظمات العامة بدلًا من عمليات الإدارة الداخلية لتلك المنظمات, وبمعنى أكثر وضوحًا تحول التركيز مؤخرًا إلى مدى تأثير الأسواق والمنافسة على الخدمات العامة (ولش ١٩٩٥)، وذلك بدلًا من دراسة التأثيرات المحتملة لعمليات التخطيط على الأداء.

وقد كشفت التطورات الحديثة في المجتمعات الأكاديمية والممارسين

(١) د. توفيق عبد المحسن، مرجع سبق ذكره، ص ص ١٢ – ١٣.

بالمملكة المتحدة عن أهمية وجود نماذج تبين الكيفية التي يجري بها صياغة السياسات. مع الأخذ في الاعتبار أن هذا الاهتمام قد عاود الظهور بعد أن كان مهملًا لفترة نتيجة لظهور مفهوم "Public Management" بدلًا من مفهوم الإدارة العامة "Public Administration", وكذلك بسبب سياسات حكومة حزب العمال في بريطانيا والتي تم انتخابها عام ١٩٩٧, والتي ركزت من جديد على دور التخطيط العقلاني في منظمات القطاع العام.

التعريف: يمكن تعريف التخطيط على نحو واسع بأنه: " محاولة للتأثير في المستقبل بالتنبؤ بما سيقع من تغيرات في المنظمة العامة, وبيئتها, ووضع الأهداف, والتوصل لإستراتيجيات لتحقيق هذه الأهداف".(١) ويتفق هذا التعريف مع تعريف فايول والذي يرى أن "التخطيط في الواقع يشمل التنبؤ بما سيكون عليه المستقبل مع الاستعداد لهذا المستقبل".

فوائد التخطيط:

يلعب التخطيط دورًا كبيرًا في تحقيق أهداف المنظمة العامة, فبدونه يصبح العمل فوضويًا, وتصبح القرارات بدون أي معنى, وتتضح فوائد التخطيط فيما يلى:

١- يساعد على تحديد أهداف العمل.

٢- يؤدى إلى تحقيق رضاء العاملين وزيادة معدل إنتاجهم.

٣- يوضح مراحل العمل, والخطوات التي تلى تنفيذها.

٤- يساعد الإدارة العليا على تحقيق الرقابة الداخلية والخارجية على التنفيذ ومتابعته.

٥- يهتم بتوفير الموارد اللازمة للعمل, وكيفية الحصول عليها, والتنسيق بين الأنشطة المختلفة المتعلقة بالهدف.

(١) Boyne, George., Planning, Performance and Public Services, **Public Administration**, Vol. 79, No. 1, 2001 pp. 74-75.

٦- التغلب على المخاطر التي يمكن أن تحدث في المستقبل.

٧- يساعد على خفض التكلفة بسبب تركيزه على التشغيل الكفء.

٨- يساعد على الاستخدام الأمثل للموارد.

٩- أخيرًا التخطيط ضرورة حتمية لمعرفة المشاكل المتوقع حدوثها, والعمل على مواجهتها أو الاستعداد لها.(١)

تتمثل الجوانب الرئيسية للتخطيط العقلانى فيما يلى:

١- **الطابع الرسمى:** وهو الحد الذي عنده يجرى الإعلان الصريح عن الأهداف.

٢- **الاكتمال:** ويقصد به ما إن كانت جميع مراحل دورة التخطيط تم القيام بها أم لا، مع تحديد للمخرجات، النتائج المطلوبة، التنبؤ بالأحداث الخارجية والتنظيمية, والتوصل إلى الإستراتيجيات البديلة ثم إجراء تقييم للإستراتيجيات ومراقبة النتائج.

٣- **التماسك الداخلى:** ويعنى مستوى الموارد التي جرى تخصيصها لكل مرحلة بدورة التخطيط.

٤- **الجودة:** ويقصد بها ما إذا كانت كل مرحلة من دورة التخطيط جرى القيام بها قياسًا على معيار مُرضى يمثل أفضل الممارسات في هذا السياق.

٥- **الشمولية:** وتعنى البحث ما إذا كانت جميع الوظائف التنظيمية جرى تضمينها في الخطة أم أن التغطية انتقائية؟

٦- **الالتزام:** هل التخطيط يؤخذ على محمل الجد بواسطة العاملين في المنظمة العامة الوطنية والدولية؟

٧- **التنفيذ:** وهى المرحلة التي يجرى عندها وضع الخطة موضع التطبيق العملى.

---

(١) د. توفيق عبد المحسن، مرجع سبق ذكره، ص ص ٧-٨.

٨- المرونة: ويقصد بها إمكانية أن يتم إدخال تعديلات على الخطط على نحو منتظم ويتم تصويبها بحيث تعكس ظروفًا استجدت.[١]

بينما هناك آراء معارضة للتخطيط العقلاني تتمثل في مسألتين رئيسيتين:

الأولى: ترى بأن التخطيط يحمل معه العديد من المشكلات الفنية, لأنه من الصعب الحصول على بيانات مرتبطة ومن الصعب كذلك القيام بتحليلها, وعلى ذلك سيفشل التخطيط بفعل القيود الفكرية لدى القائمين بالتخطيط.

الثانية: ترى صعوبة التخطيط من الناحية السياسية, فالتنمية الفعالة وتطبيق إحدى الخطط قد يكون غير متماشٍ مع وقائع الحياة التنظيمية.[٢]

ثانيًا: التنظيم:

تعريفه : يعرف براون التنظيم بأنه: " يحدد ذلك الجزء الذي يتوقع أن يقوم على أدائه كل فرد في المنظمة العامة, والعلاقات بين كل عضو, بما يؤدى أن تكون جهودهم المنسقة ذات أعلى كفاءة لغرض تلك المنظمات", أو أنه: " تحديد الأعمال اللازمة لتحقيق أهداف المنظمة العامة, وتنظيمها في إدارات, وأقسام, ووحدات, ومستويات, في ضوء تحديد العلاقات التي يمكن أن تنشأ بين الأعمال والقائمين عليها, وعلى كافة المستويات, وفي كل الاتجاهات".[٣]

كما يعرف الدكتور أحمد رشيد كفاءة التنظيم بأنها:" التحليل العلمى للأداء التنظيمي لتحديد درجة الكفاءة والفعالية, وصولًا إلى تصميم إستراتيجيات التطوير تصل بالمنظمة العامة إلى المستوى التنظيمى المرغوب فيه".

كما يوضح الدكتور رشيد أسباب قيامنا بتقييم كفاءة التنظيم وذلك على النحو التالي:

١- مواجهة مشكلة لا تستطيع المنظمة العامة حلها وتهددها.

---

(١) Boyne, George, Op.Cit., pp. 75-76.
(٢) Ibid., p. 77.
(٣) د. توفيق عبد المحسن، مرجع سبق ذكره، ص ٩.

٢- تحسين نتائج الأعمال.

٣- مواجهة تغيرات سياسية وإدارية وتشريعية.

٤- يتطلب الحصول على دعم من الخارج تغيرات في المنظمة العامة.[(١)]

والتنظيم هو وظيفة إدارية تهدف إلى إقامة ما يعرف بهيكل التنظيم أو (Organization Structure)، فالإدارة في حالة تنظيم مستمر طالما أن المنشأة موجودة, حيث تقوم الإدارة بإنشاء الهيكل الذي يؤدى إلى تحقيق الأهداف بأقصى كفاءة, وتستمر في مراجعة هذا الهيكل.

المبادئ التي يقوم عليها التنظيم : يعتمد التنظيم الجيد على عدة مبادئ أساسية :

١- حرية الفرد في اتخاذ قراراته بشرط أن يكون الاختيار مبنيًا على معرفة المشاكل, والبدائل, والعلاقات النسبية.

٢- المشاركة بين أعضاء المنظمة العامة في عملية تشخيص المشكلات, واتخاذ القرارات, خاصة بين المرءوسين والرؤساء ومجموعات العمل المتداخلة.

٣- حل المشكلات أو الأزمات من خلال الفهم والمواجهة, وليس الهروب أو الحل الوسط.

٤- ابتعاد الفرد عن الأعمال الروتينية المملة, وأن يعمل في عمل يمثل تحديًا لقدراته.

٥- جعل المعلومات والتقارير الرقابية للتوجيه, وليست لأسباب توبيخية.

٦- الرقابة أساسًا ذاتيةٌ، فالفرد مسئول أساسًا أمام نفسه عن أعماله وليس مسئولًا أمام أشخاص آخرين.[(٢)]

---

(١) د. أحمد رشيد، **دليل تقييم كفاءة التنظيم في المنظمات العامة** (القاهرة: مركز البحوث والدراسات السياسية جامعة القاهرة، كلية الاقتصاد والعلوم السياسية، ١٩٩٤)، ص ٤.

(٢) د. توفيق عبد المحسن، مرجع سبق ذكره، ص ص ٩-١٢.

هناك عدة خطوات لتقييم التنظيم, أهمها :

١- الاتفاق مع الإدارة: وتتضمن هذه الخطوة :

- التفاوض على الاتفاق.

- الحصول على تأمين ومساندة المنظمة العامة من خلال عقد اجتماع يحضره كل المديرين والمشرفين للتعريف بالمشروع، أو من خلال حضور فقط كبار المديرين للاستماع لشرح الموضوع. أو من خلال توزيع نشرة لشرح تفاصيل المشروع.

- إعداد فريق العمل الذي يشتمل على الخبراء الاستشارين والعاملين بالمنظمة العامة.

- تحديد معايير التقييم وتشتمل المعايير على:

● الأهداف.

● التوقيتات.

● العوائد.

٢- جمع المعلومات: وتنقسم هذه الخطوة إلى ثلاثة مراحل :

- منتج المنظمة العامة: وذلك من خلال جمع معلومات عن الإدارات والأقسام.

- العائد من خارج المنظمة: وذلك من خلال جمع معلومات عن المتعاملين والمستفيدين .

- العائد من علاقات وحدات المنظمة العامة: وذلك من خلال جمع معلومات عن علاقة الإدارات ببعضها البعض.[١]

٣- تحليل المعلومات: ويتم ذلك من خلال التمييز بين المنتجات والخدمات التي تلقى استحسانًا من الجمهور, وتلك التي لا تلقى هذا الاستحسان.

---

(١) د. أحمد رشيد، مرجع سبق ذكره، ص ص ٧-٩.

٤- تخطيط التطوير:

يكون ذلك من خلال تحديد الأهداف وكيفية تحقيقها بشكل مبسط، ووضع إستراتيجيات للوصول إلى الهدف المطلوب, وتشتمل خطة التطوير على عدة نقاط:

- هل هناك تفاوت بين ما يجب تحقيقه وما تحقق بالفعل.
- أهداف التطوير.
- استخدام إستراتيجية جديدة للتوصل إلى الهدف المراد تحقيقه, ويعطى الدكتور رشيد مثالًا لتوضيح خطة التطوير، فإذا كان الوقت الذي يستغرقه إصلاح سيارة نقل القمامة في جراج المنظمة العامة هو ضعف الوقت الذي قامت بتحديده الشركة المنتجة في دليل الصيانة, وقد فسر المدير المسئول عن الجراج ذلك التفاوت إلى نقص العمالة والمعدات، فالإستراتيجية سوف تتصمن نقل نصف الإصلاحات إلى جراجات خاصة, والعمل على زيادة العمالة المدربة في جراج المنظمة.(١)

٥- إبلاغ النتائج: آخر خطوة في عملية تقييم كفاءة التنظيم هي إبلاغ النتائج للإدارة العليا من خلال تقرير مفصل.(٢)

ثالثًا : الرقابة وتقييم الأداء المؤسسي :

ويمكن الإشادة بعناصر دورة الرقابة وهى: توفير القياس, المقارنة, صنع القرار, الإجراءات التصويبية وتحديد الأهداف والمعايير دون نقصان.

١- القياس: تبدأ دورة الرقابة من خلال نشاط القياس على أن يوضع في الاعتبار هنا توفير مؤشر للأداء المؤسسي. وتواجه عملية تصميم نظم قياس فعالة مشكلتين رئيسيتين.

المشكلة الأولى: غموض العملية التي تخضع للقياس, وردود الفعل تجاه القياس ذاته, فهناك بعض الأنشطة التنظيمية التي يتعذر قياسها، على سبيل المثال يعد قياس فعالية التدريس في إحدى الجامعات مسألة غاية في الصعوبة.

---

(١) المرجع السابق، ص ٢٣.
(٢) د. أحمد رشيد، مرجع سبق ذكره، ص ٣٢.

والمشكلة الثانية: تحدث في وحدات التنظيم والعمليات التي تعتمد على الموظفين ذوي المهارة والخبرة العالية، ففي حالة وجود محترفين حقيقيين. فنحن لا نود أن نخبرهم عن الكيفية التي يحلون بها المشكلات الوظيفية، بل نعتمد على تدريبهم الاحترافي المتخصص وما لديهم من مهارات وحكم جيد يؤهلهم لمعرفة القيام بذلك. وبالتالي فإن القياس لأغراض الرقابة والسيطرة أحيانًا ما يؤدي إلى صدور ردود أفعال سلبية.

٢- المقارنة مع المعايير الموضوعة:

تعد مرحلة المقارنة بدورة الرقابة مرحلة مستقيمة نسبيًا ومن السهل تنفيذها، حيث يقتصر الأمر على مجرد القيام بمقارنة أداء فعلي، ثم قياسه مع معايير مخططة سلفًا، لتحديد إذا كانت هناك اختلافات أم لا. وموضع الاهتمام هنا هو المعضلة التي يواجهها المديرون لدى وضع تلك المعايير الملائمة التي ستتم المقارنة بالقياس إليها خاصة وأن الأمر يتطلب أن تكون تلك المعايير عادلة ومعقولة للأداء , فمثلًا لا يحتاج جميع الأفراد إلى قدر مماثل من الوقت لكي ينجزوا مهمة معينة فقلة من الأشخاص سريعة للغاية في أداء المهمة (A)، وقلة بطيئة للغاية، بينما الغالبية العظمى تقع في الوسط. فإن أخذنا في الاعتبار هذا الموقف، فكيف يتسنى للمدير أن يحدد الموضع الذي يقيم فيه المعيار؟

بعض المديرين يذهبون إلى القول بأن تحديد المعيار يتعين أن يكون في جانب الفئة السريعة للغاية، ومن ثم توظيف القلة التي تستطيع أداء المهمة بسرعة فائقة. بينما يشير الواقع الإحصائي، أننا لا نستطيع العثور دائمًا على أصحاب الأداء السريع، وإذا تم وضع المعايير عند المستوى المتوسط أي المنطقة التي توجد عندها الغالبية العظمى، فالنتائج التي ستترتب على ذلك أن التكاليف والجداول الزمنية التي تم التخطيط لها ستكون صحيحة في نصف الوقت وغير صحيحة في النصف الآخر.

٣- صناعة القرار: تحديد الأهداف وتصويبها:

تعتبر صناعة القرار وتحديد الأهداف والقيام بالتصويب، عناصر محورية في دورة الرقابة والسيطرة، ومن خلال القيام بهذه العناصر تؤثر دورة السيطرة بشكل

مباشر على العمليات التنظيمية.

ويشير مصطلح صناعة القرار إلى: الإجراء الذي يتخذه أفراد ما مسئولون, لتحديد أن أحد جوانب الأداء المؤسسي مختلف إلى حد كبير مع المعايير الموضوعة. بمجرد التحديد بأن هناك اختلاف كبير, فإنه يتقرر خياران لاتخاذ إجراء التصويب أمام صانع القرار:

الأول: أن أي إجراء تصويب فعال يجب أن يسبقه تحليل لتحديد سبب أوجه القصور.

الثاني: تصويب فعال, وذلك من خلال القيام بالتركيز على صحة المعيار الذي يتم اتخاذه ومعرفة إن كانت الظروف الموجودة تستوجب تغييرهذا المعيار أم لا؟ وصحيح أن المديرين في بعض المنظمات العامة الوطنية والدولية لايأخذون في الاعتبار أبدًا احتمال حدوث تغييرات في الظروف, مما يجعلهم لا يأخذون بمعايير جديدة أو إحداث تغيير كامل في نظام الرقابة.[١]

مشكلات الرقابة في ممارسات الإدارة :

يتعلق احتمال حدوث مشكلات في ممارسات الإدارة بالسيطرة التنظيمية، تظهر هذه المشكلة بصورة كبيرة عندما يعجز المديرون عن الفهم الكامل بطبيعة النظام الذي يودون السيطرة عليه, أو كيف سيتأثر هذا النظام بالضوابط التي ينوون تطبيقها, ولكى يتم التوصل للوعى المطلوب كشف عدد من أوجه القصور والمتمثلة فى:

(١) عدم اكتمال خطط السيطرة .

(٢) الاختلافات في التوقيت.

(٣) مشكلات توصيل الخطة.

(٤) التبسيط المخل للقناعات التي تقوم عليها خطة السيطرة.

---

(١) Gerloff, Edwin A., **Organizational Theory And Design, A Strategic Approach for Management** (New York: McGraw-Hill Book Company, 1985) pp. 314-319.

(٥) النتائج المعيبة.

(٦) عدم المرونة والتغيير والغموض.

١-عدم الاكتمال :

وفيما يلى نستعرض أوجه القصور بصورة أكثر وضوحًا, وذلك على النحو التالى :

تتصف نظم الرقابة بعدم الاكتمال إذا فشلت فى التعرف على جميع التداخلات, والعلاقات المرتبطة, والتى يتعين وضعها فى الاعتبار للسيطرة على نشاط معين. وتتأثر قدرتنا على تعين ما هو مطلوب للسيطرة بدرجة كافية, بقدرتنا على التنبؤ بتداعيات الموقف, وهى مقدرة يحيط بها العديد من القيود.

٢-التباينات الزمنية :

تصبح التباينات الزمنية مرتبطة عندما يتم تلقى معلومات تتعلق بمتغير بصورة متأخرة للغاية للحد الذي يحول دون القيام بالتصحيح, و تتأثر هذه المشكلة بطبيعة الحال بطول حلقة التغذية العكسية, كما أنها تتأثر أيضًا بالتصميم الردىء لنظام الرقابة.

٣-الاتصال :

يتوقف التوصل إلى خطة رقابة فعالة بدرجة كبيرة على وجود اتصال مفتوح, حيث يستحيل التوصل لخطط تتصف بالكفاية فى ظل غياب الاتصال.

٤-التبسيط المخل:

ترتبط هذه المشكلة بالقدرة على تحقيق التوازن بين البساطة والواقع, فلو أن النموذج واقعى أكثر من اللازم, فسوف يكون معقدًا, ومن ثم به متغيرات كثيرة لا يمكن تنفيذها بسهولة, أما إذا كان النموذج بسيطًا جدًا, فإن القرارات لن تلائم الاحتياجات التي يمليها الموقف.

٥-النتائج المعيبة:

تحدث ظاهرة النتائج المعيبة لأن العاملين يجدون طريقة تحول دون تحقيق

الرقابة الفعلية. وكمثال على ذلك فإن مندوبى المبيعات في شركة تاندم لأجهزة الكمبيوتر قد نجحوا في إقناع قسم المحاسبة لكى يقوم بتسجيل المبيعات التي لم يتم شحنها إلا بعد أن يتم إقفال دفاتر الشركة عن الربع الرابع من السنة. وبعمل ذلك فقد أتيح لهم تلبية أهداف المبيعات والحصول على المكافآت. والآثار المترتبة على مثل هذا الإجراء هي حدوث تضخم في المبيعات الفعلية بما يعادل ٢٠%.

٦-عدم المرونة والتغير والغموض:

نحن نبدى مقاومة لتغير كل ما اعتدنا عليه ودائمًا ما نسمع عبارات مثل "ولكننا اعتدنا على عمل الأشياء بهذه الطريقة، أو يجب أن تفعل الأشياء بهذه الطريقة لأن ذلك يتماشى مع سياسة المنظمات العامة.[(١)]

نخلص من ذلك إلى القول بأن الهدف من إيجاد العلاقة بين العمليات الإدارية وتقييم الأداء المؤسسي إنما هو إعطاء شرح مختصر لكل منهما, فأسلوب بناء تقييم الأداء المؤسسي يمر بسلسلة من الخطوات المتتالية وتعتمد كل منها على التخطيط, والتنظيم, والرقابة. ويمكن تلخيصها فيما يلي :

➢ تحديد الهدف المطلوب تحقيقه من قبل المنظمات العامة على السواء, وبيان الوحدات الفرعية للوحدات التنظيمية داخل هذه المنظمات. وتعتمد هذه المرحلة على معلومات من عملية التخطيط, ولذلك يجب أن يلم القائمون بتقييم الأداء المؤسسي بأهمية التخطيط وعناصره. حتى يستطيعوا وضع الأهداف بدقة باعتبارها المعيار الذي يتم على أساسه وضع مؤشرات الأداء المؤسسي.

➢ تحديد الأنشطة المطلوب تنفيذها من قبل كل وحدة تنظيمية, وفى هذا الإطار يتم التركيز على تحديد العمليات والخدمات الأساسية التي تقوم بها كل وحدة تنظيمية رئيسية وأساليب الاتصال بين هذه الوحدات. لذلك يجب على المختصين بتقييم الأداء المؤسسي أن يكونوا على دراية كاملة بعناصر التنظيم, وكفاءته, حتى ينجحوا بعد ذلك في وضع مؤشرات دقيقة, تشترط فيها:

- أن تعكس كفاءة وفاعلية الخدمات المقدمة .

---

(١) Gerloff Edwin A., Ibid., pp. 327-330.

- تحدد رضاء المتعاملين .

- تحقق أهداف ورسالة المنظمات العامة على المستوى المحلى أو الدولي .

◄ بعد وضع مؤشرات الأداء. يتم مقارنة الأداء الفعـلي بـالأداء المتوقـع, وتصـويب الأخطـاء الموجودة وهذه هي مهمة الرقابة, وبالتالي يجب على القائمين بتقييم الأداء المؤسسي- أن يكونـوا على دراية تامة بمراحل الرقابة, والصـعوبات التـي تـواجههم حتـى يستطيعوا تحليـل الأداء أو إيجاد الحلول المناسبة لانحرافات الأداء.

وأخيرًا, يمكن القول بأن الإلمام بالعمليات الإدارية المختلفة, سيساعد عـلى نجـاح تطبيـق تقييم الأداء المؤسسي في المنظمات العامة.

*   *   *

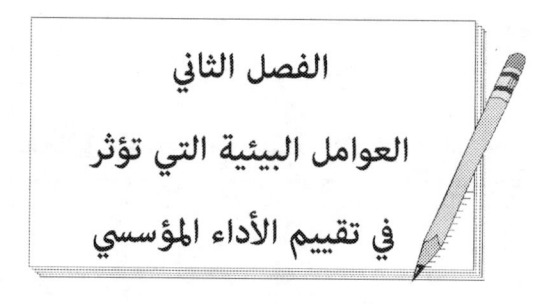

الفصل الثاني
العوامل البيئية التي تؤثر
في تقييم الأداء المؤسسي

يعيش العالم الآن عصرًا أطلق عليه البعض" عصر المعلومات" أو "المعلوماتية", ثم سُمِيَ عصر ما بعد الصناعة. وهناك من أطلق عليه البعض "عصر المعرفة", ويفرض هذا العصر على كل من يعاصروه ضرورة الأخذ بالمفاهيم والآليات الجديدة. فقد كانت من أهم آثاره ظهور " التنافسية " كمفهوم أساسي يحدد نجاح أو فشل منظمات الأعمال [1] بل وجميع المنظمات سواء كانت حكومية, أم دولية وغير ساعية للربح, ويرتبط هذا المفهوم بالعوامل البيئية المحيطة بالمنظمة سواء كانت بيئة خارجية أم داخلية، فتسعى الإدارة إلى تحقيق الأهداف التي أنشئت من أجلها وذلك بالعمل على تحقيق التقارب بين عناصر المناخ الخارجي, وعناصر المناخ الداخلي.

ويتناول الفصل الثاني العوامل التي تؤثر في تقييم الأداء المؤسسي، والبعد الاقتصادي للأداء المؤسسي، وعلاقة تقييم الأداء المؤسسي ـ بمستويات الأداء الأخرى، وأهـم مـداخل تقيـيم الأداء المؤسسي، ثم مداخل تحسين الأداء المؤسسي. وكل هذه النقاط مرتبطة بالبيئة المحيطة بالمنظمة سواء كانت داخلية أم خارجية.

ومن ثم ينقسم الفصل الثاني إلى مباحث يتم تناولهما على النحو التالي:

- المبحث الأول: العوامل المؤثرة في تقييم الأداء المؤسسي.
- المبحث الثاني : البعد الاقتصادي لتقييم الأداء المؤسسي.
- المبحث الثالث: علاقة تقييم الأداء المؤسسي بمستويات الأداء الأخرى.
- المبحث الرابع: مداخل تقييم وتحسين الأداء المؤسسي.

---

(١) د. علي السلمي، **تطوير أداء وتجديد المنظمات**, (القاهرة: دار قباء للطبع، ١٩٩٨), ص ص ٣-٤.

المبحث الأول

العوامل المؤثرة في تقييم الأداء المؤسسي

يجب أن يأخذ المسئولون في اعتبارهم عند تقييم الأداء للمنظمات العامة العوامل التي قد تؤثر في الأداء. ومن بين تلك العوامل:

١ - القوة والاتجاهات :

على الرغم من اتساع مجال البيئة, إلا إنها تحتوى على قطاعات سلوكية مختلفة, وإن كانت مرتبطة. بعضها عوامل سياسية، فالظروف السياسية تتأثر بالسياسات الحكومية والقوانين و القرارات التي يتخذها بعض المسئولين, وبعضها الآخر قد تكون اقتصادية, وهي التي تؤثر على عوامل التوظيف, ومعدلات التضخم, ومعدلات الفائدة .

كما أن قطاع آخر من البيئة يتعلق بالتكنولوجيا,[١] وهو قطاع شديد الأهمية, نظرًا لأن تكنولوجيا المعلومات من أهم عناصر التمكين التي تتيح ظهور نظم متطورة لمؤشرات الأداء.

فمؤشرات الأداء عادة ما تتطلب وقت طويلًا لتقييم الحدث, وقد يصل هذا إلى عدة أشهر بعد ظهور الحدث نفسه، لذا فإنه بدون وجود معلومات دقيقة وحديثة لن تنجح المنظمات العامة في حل مشاكلها في الوقت المناسب .

كما تتيح تكنولوجيا المعلومات أيضًا تدفق المعلومات إلى المركز الرئيسي- في المنظمات العامة، كذلك في توفير وسائل تدفق المعلومات بين المستوى الرئيسي- والمستويات الأدنى, مما يتيح الاستفادة من مؤشرات الأداء في جميع المستويات بهذه المنظمات.[٢]

---

(١) Koteen, Jack., **Strategic Management in Public and Non Profit Organizations** (London: Praeger Publishing, second edition, 1997) p 112.

(٢) Carter, Neil, and Klein Rudolf and Day Patricia., **How Organizations Measure Success, The Use of Performance Indicators in Government** (London: Routeldge Press, 1992) pp 44 – 45.

٢- الفاعلون المؤثرون:

إلى جانب العوامل البيئة غير الشخصية التي قد تؤثر على أداء المنظمات العامة، يمكن لبعض الأشخاص ذوى النفوذ ومؤسساتهم أن يؤثروا على طلب واحتياج الخدمات التي توفرها هذه المنظمات. فمجموعات المستهلكين (Clientele groups) هم أكثر الناس الفاعلين تأثيرًا, لكنهم الأقل جذبًا للاهتمام وكثيرًا ما يتم تجاهلهم من الشخصيات المؤثرة كالقيادات السياسية والتشريعية والتي قد يكون لها تأثير على السياسات والحقوق والاختيارات, وكذلك أعضاء الإدارة العليا وأعضاء مجالس الإدارة ومديري البنوك الخاصة قد يكون لهم أثر على حركة الموارد أيضًا.

٣- الميزة التنافسية:

يجب على المنظمات العامة أن تحدد مكانتها بالنسبة للمنافسين, والظروف التي من خلالها يتم التنافس, والقدرة على تقييم مكانة المنتج أو الخدمات التي توفرها المنظمات العامة من خلال المواصفات, والتكلفة وذلك مقارنة بالمنافسين وذلك لحساب الميزة التنافسية.(١)

٤- التحول الثقافي:

يجب على أعضاء المنظمات العامة قبول مؤشرات الأداء المؤسسي- بوصفه هو الخطوة الأولى لد مج مؤشرات الأداء المؤسسي في ثقافة ونظام هذه المنظمات، وإن كان ذلك يعتمد على توافر القدرات الإدارية المميزة, كما يعتمد القبول كذلك على مؤشرات الأداء المؤسسي- على وجود العوامل المحفزة التي قد تتراوح بين الاستخدام المباشر لتقييم أداء الأفراد وربطها بالمرتبات، أو كونها وسيلة لتوفير التمويل الخارجي لتلك الخدمات.(٢)

٥ - العوامل التقنية والتنظيمية:

وتتمثل في الأمور التالية على ما سيتم توضيحه :

- تأثير الاختلاف الواضح في حجم العمل على الأداء, فالمنظمة العامة التي

---

(١) Koteen, Jack., Op.Cit., p p 114 - 116 .

(٢) Carter, Neil, Op. Cit., p. 45.

- تعالج عبئًا متزايدًا في حجم العمل, قد تحتاج إلى موارد لكل وحدة عمل أقل مما تحتاجه مثيلتها التي لديها حجم أقل من العمل نفسه.

- التأثير المباشر للتحسينات التنظيمية والإجرائية لها على الأداء، فمثلا يتأثر معدل الإنتاج بمدى ملاءمة الترتيبات التنظيمية والإجرائية، فإن اختصار خطوط العمل في عملية ما يقلل من الموارد التي تحتاجها وحدة العمل لإنجاز مهامها.

٦ - العوامل الطبيعية والعامة:

وتتمثل فى اختلاف الأداء في العمليات المتماثلة نتيجة للظروف البيئية المحيطة بالوحدات, فمثلًا في عملية تختص بحصر وتسجيل الأفراد الداخلين والخارجين لدولة ما، قد يختلف معدل الحصر والتسجيل بحسب ما إذا كان الحصر يتم في الموانئ البحرية أم الجوية، فدرجة التفتيش، ومدى انتظام تدفق الحركة كلها عوامل تؤثر في معدل الإنتاج, وبالتالى تؤثر في الأداء.[١]

* * *

(١) د. توفيق عبد المحسن، مرجع سبق ذكره، ص ص ٦-٧.

المبحث الثاني

البعد الاقتصادي لتقييم الأداء المؤسسي

يضم البعد الاقتصادي النتائج العامة للمنظمة العامة, ومدى نجاحها في تحقيق أهـدافها, وسياستها العامة, والتي ترتبط ارتباطًا مباشرًا بأهداف الدولة وسياستها العامة, في إطار الاقتصاد العام للدولة. ويمكن دراسة البعد الاقتصادي من خلال القيمة, أي أفضل قيمة من منظـور مـن تقدم له الخدمة وهو العميل, ويركز هذا المنظـور عـلى الحصـول عـلى أفضـل قيمـة مـن عائـد الأموال التي تنفقها، بمعنى آخر أن تحصل على منتجات أو خدمات تفوق ما تدفعـه كعمـلاء أو مواطنين, كما يقـيس هـذا المنظـور أيضًـا مـدى مسـاهمة هـذه الخدمـة أو المنـتج في رفاهيـة المجتمعات.

ولقد بدأت الدول المتقدمة كالولايات المتحدة الأمريكيـة وبريطانيـا وغـيرهما في الاهـتمام بقياس الأداء الحكومي بتطبيق مبدأ أفضل قيمة. ويمكن القول, إنه حتى وقـت قريـب, كانـت معظم المنظمات العامة لا تهتم بالقيمة الاقتصادية أو السوقية لإ نفاقها، ولكـن مفهـوم أفضـل قيمة بدأ ينتشر في المنظمات العامـة, حيـث أصـبح تحسـين اقتصـاديات العمليـات الحكوميـة, وزيادة اسـتجابتها لاحتياجـات المـواطنين، ومـدى فعاليتهـا وكفاءتهـا, وشـفافيتها,هـي الدعامـة الرئيسـية لمحـاولات الإصـلاح الإداري للحكومـات منـذ فـترة. فهنـاك تسـاؤل يجـب أن تطرحـه المنظمات العامة على نفسها دائمًا هو: لماذا نقدم هذه الخدمة وكيف نقدمها ؟

وتقوم المنظمات العامة من خلال المقارنات المرجعية بمقارنة خـدماتها وأدائهـا بـالمنظمات الخاصة. كما لابد أن تستشير هذه المنظمات أصحاب المصالح كدافعي الضريبة والعملاء.[1]

(١) د. محمد المحمدي ماضي، قياس الأداء مـن منظـور القيمـة في القطـاع الحكـومي، بحـث مقـدم في نـدوة **الأساليب الحديثة في قياس الأداء الحكومي**، القاهرة، المنظمة العربية للتنمية الإدارية، مارس ٢٠٠٤.

ويمكن تلخيص تجارب بعض الدول في تطبيق مبدأ أفضل قيمة والنتائج التي تحققت من خلال الجدول التالي:

جدول رقم (١)

بيان ببعض الدول في تطبيق مبدأ أفضل قيمة والنتائج

الدولة	أساليب تحقيق أفضل قيمة	النتائج التي تحققت
بريطانيا	• حق المواطن في الحصول على خدمة كدافع للضرائب من ناحية وحقه كعميل في الحصول على خدمة راقية من ناحية أخرى. • تقدم الخدمات للمواطنين بناءً على الكفاءة والعوامل الاقتصادية والفاعلية والمنافسة. • تطبق المعايير على جميع الخدمات العامة في الدولة .	• حكومة أكثر انفتاحية على الجمهور. • تقديم خدمات بقيمة أفضل.
أستراليا	• وضع معايير المنافسة والعدالة والمساواة واختيار الأكفأ كمعيار بين الموردين لتحقيق أفضل قيمة.	• زيادة القدرات التنافسية للدولة.
الولايات المتحدة الأمريكية	• إلغاء الأنشطة أو الإدارات أو الهيئات التي لا يوجد مبرر لوجودها • التركيز على إنتاجية الأموال المنفقة في الحكومة	• حكومة أكثر استجابة لرغبات المواطن. • تقديم خدمة أفضل بتكلفة أقل .

المصدر: د. محمد المحمدي ماضي، مرجع سابق, ص ص ٤-٦.

أساليب تحقيق أفضل قيمة في المنظمات العامة:

يدعم " Bovarid "هذا الاتجاه, ويرى أنه يمكن الحصول على أفضل قيمة من خلال المقارنات المرجعية, والمنافسة, ودرجة التنافسية في تقديم الخدمات الحكومية, والتي تؤكد على أن المنظمات العامة لا تقوم بتقديم الخدمة طالما أن هناك جهة أخرى أكثر كفاءة وفعالية منها.

كما يرى" Font " أن معيار أفضل قيمة هو الأسلوب المناسب للموازنة العادلة بين جودة وتكلفة الخدمة المقدمة والتي تعكس بالطبع ما يريده المجتمع.[١]

وأيضًا المساعدة أصحاب القرار في تطوير الخدمة العامة، يقدم الباحثون نموذجًا شاملًا يوضح كافة العناصر والأبعاد التي يمكن أن تكون محل مناقشة، وتخطيط، وتنفيذ, حتى تستطيع الأجهزة والمنظمات العامة من تطوير مستوى الخدمة لتحقيق الرضاء للمواطنين. ويعتبر هذا النموذج نموذجًا رشيدًا يجمع المعلومات الرئيسية اللازمة لسياسة تحقيق جودة الخدمات العامة, وتتمثل في: تعريف مفهوم الجودة في المنظمات العامة، وإمكانية قياسها والأهداف الإستراتيجية، والقيم التي تؤثر في جودة الخدمات العامة, وأصحاب الاهتمام والمصلحة بمفهوم الجودة العامة.

هذا النموذج يعتمد على التصور المنطقي, ويفترض أن كل عملية تعتمد وتتأثر بمخرجات العملية التي تسبقها. فتقرير الأهداف الإستراتيجية للمنظمات العامة يلي عملية تحديد القيم الخاصة بالمنظمات العامة، وتحديد درجة الجودة المطلوبة في الأجهزة العامة يلي مخرجات عملية تحديد الأهداف الإستراتيجية لهذه الأجهزة.[٢] وفيما يلي نموذج لجودة الخدمات العامة:

---

(١) د. محمد المحمدي ماضي، مرجع سبق ذكره ص ص ٢ - ٦.
(٢) د. محمد صالح الحناوي، ود. إسماعيل السيد، مرجع سبق ذكره، ص ص ١٤١ - ١٤٣.

شكل رقم (٢)

نموذج لجودة الخدمات العامة

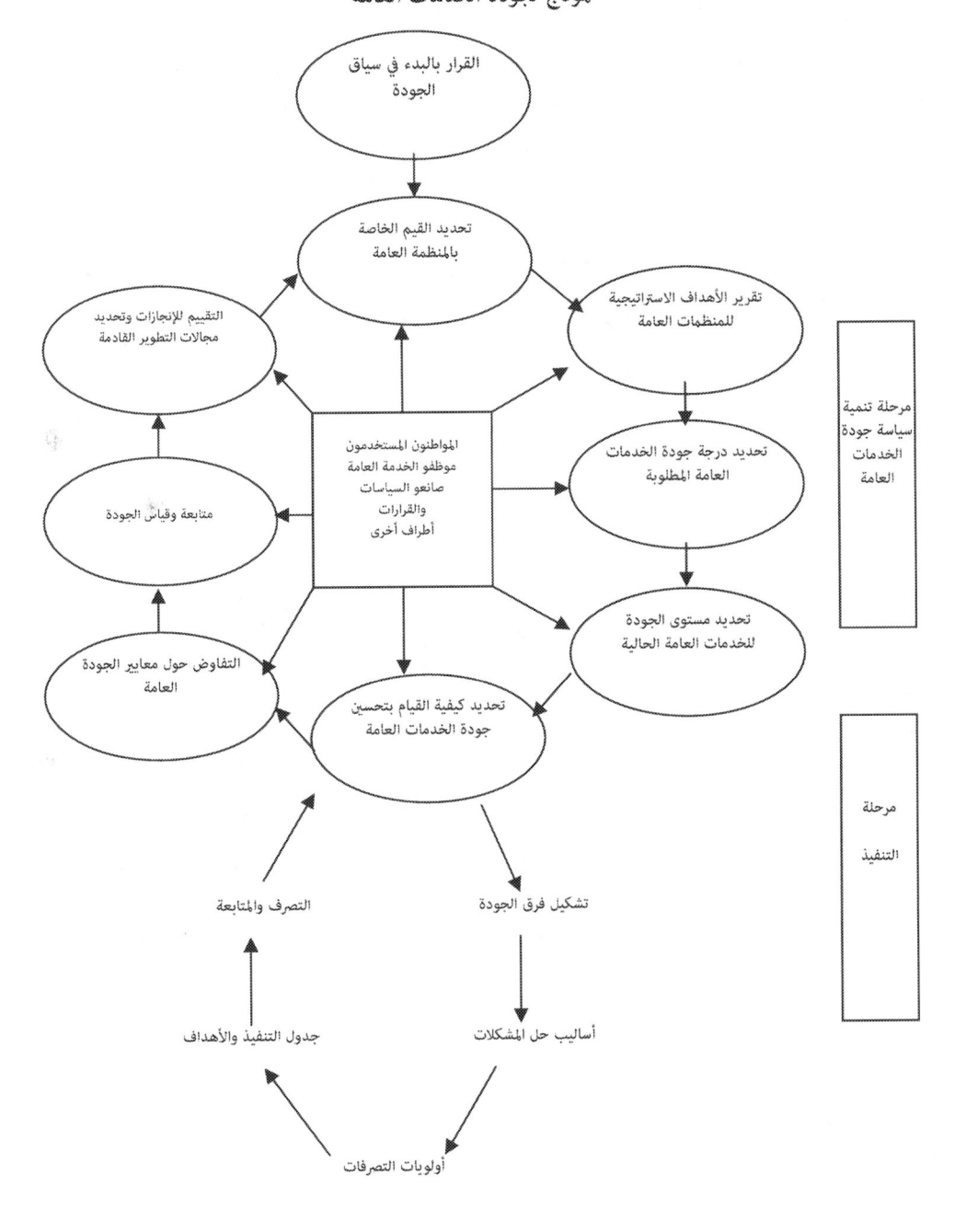

القرار بالبدء في سياق الجودة

تحديد القيم الخاصة بالمنظمة العامة

تقرير الأهداف الاستراتيجية للمنظمات العامة

التقييم للإنجازات وتحديد مجالات التطوير القادمة

المواطنون المستخدمون موظفو الخدمة العامة صانعو السياسات والقرارات أطراف أخرى

تحديد درجة جودة الخدمات العامة المطلوبة

مرحلة تنمية سياسة جودة الخدمات العامة

متابعة وقياس الجودة

تحديد مستوى الجودة للخدمات العامة الحالية

التفاوض حول معايير الجودة العامة

تحديد كيفية القيام بتحسين جودة الخدمات العامة

مرحلة التنفيذ

التصرف والمتابعة

تشكيل فرق الجودة

جدول التنفيذ والأهداف

أساليب حل المشكلات

أولويات التصرفات

المصدر: د. محمد صالح الحفناوى, ود. إسماعيل السيد, المرجع السابق, ص ١٤٤.

أهم إيجابيات هذا النموذج: تتمثل إيجابيات هذا النموذج في الآتي :

١) العلاقة بين الأجزاء المختلفة لسياسة تحسين الجودة, وتنفيذها, ومتابعتها, موضحة ومحددة في النموذج.

٢) مساعدة العاملين عن التطوير ورؤية الأنشطة كلها, فكل الأنشطة مترابطة, وتتأثر بعضها البعض, فلا يمكن النظر إلى أي منها بمعزل عن الأخرى, حتى يكون لهؤلاء الأفراد تصور حقيقي لتحسين جودة الخدمة العامة.

ولكن هذا النموذج لن يمنع من ظهور مشاكل, تتمثل في ظهور اختلاف أو تباين بين عملية تكوين السياسات, والمستويات المختلفة للتنفيذ داخل أي منظمة من المنظمات العامة الوطنية والدولية، فهناك عوامل خارجية يمكن أن تؤثر على أولوياتها, أو أهدافها. [1]

كما أن أهم الأسس التي تتبعها المنظمات العامة خلال تقديمها للخدمات, هي محاولة وصول الموارد بعدالة إلى كافة القطاعات, لتعويض الخلل الناتج من عدم اهتمام القطاع الخاص بعدالة التوزيع, خاصة في قطاعات الصحة والتعليم.

وقد أوضح "Le Grand" أن العدالة في الخدمات العامة يمكن تقييمها من خلال عدة مقاييس يمكن إجمالها فيما يلي :

المقياس الأول: الإنفاق :

لا يمكن الاعتماد فقط على مقياس الإنفاق؛ نظرًا لاختلاف الكفاءة بين المنظمات العامة, ولذلك فإن العدالة في الإنفاق قد لا تؤدي إلى المساواة في المخرجات, نظرًا لاختلاف المتغيرات من منطقة لأخرى مثل تكلفة العمالة.

المقياس الثاني: سهولة إيصال الخدمات:

قد يظهر هذا المبدأ بوضوح من خلال المسافات التي يضطر المرضى قطعها للوصول إلى المستشفيات, ولذلك فإن سهولة إيصال الخدمات يمكن أن تفسر بتساوي تكلفة الحصول على تلك الخدمة لجميع الأفراد.

---

(١) د. محمد صالح الحناوي ود. إسماعيل السيد، المرجع السابق، ص ١٤٥.

المقياس الثالث: الدخل النهائي

يتطلب هذا المبدأ أن يتم توجيه الخدمات لتحقيق أقصى استفادة للطبقات الفقيرة، بحيث تقترب دخولهم النهائية وهي" مجموع دخل الأموال الخاصة وقيمة الخدمات العامة المتاحة لهم" من مستوى الطبقات الغنية.[1]

* * *

(١) Boyme A.George., **Evaluating Public Management Reforms**, Buckingham Open University Press, 2003 p p. 23-25.

المبحث الثالث
علاقة تقييم الأداء المؤسسي بمستويات الأداء الأخرى

في ضوء التفاعل مع عناصر البيئة الداخلية والخارجية:يوجد لدينا ثلاثة مستويات يمكن تعريفهم على النحو التالي :

المستوى الأول: تقييم الأداء العام:

يهدف هذا المستوى إلى تقييم الأداء العام للدولة, أو أي قطاع من قطاعات الإنتاج الأخرى. ومثال ذلك تقييم خطة التنمية الاجتماعية والاقتصادية للدولة, وذلك للوقوف على نقاط القوة والضعف بهدف تحليلها والوصول إلى حلول يمكن الاستفادة منها عند وضع الخطة القادمة. كما تعد عملية تقييم أداء القطاع الصحي في الدولة مثالًا آخر لتقييم الأداء العام.

المستوى الثاني: تقييم الأداء المؤسسي:

ويتضمن هذا المستوى عمليًا تقييم لأداء الوزارة/الدائرة/المنظمات العامة أو أي وحدة تنظيمية ضمن هيكلها التنظيمي، وذلك من خلال تطوير مجموعة من مؤشرات الأداء، وقياس مستوى الإنجاز الفعلي في ضوء مستويات محددة للأداء المستهدف.

المستوى الثالث: تقييم الأداء الفردي:

يتضمن هذا المستوى تقييم الأداء لكل فرد من العاملين في المنظمات العامة, ويشكل مستوى تقييم الأداء المؤسسي حلقة الوصل التي تربط أدنى مستوى وهو الفرد، وأعلاها هي الدولة، وتظهر أهمية مستوى تقييم الأداء المؤسسي من خلال فهم علاقة الترابط بينها من منظور الاعتمادية بين مستويات تقييم الأداء، ويعتمد الأداء المؤسسي بصورة رئيسية على مستوى أداء العاملين في المنظمات العامة. ولن تستطيع المنظمة العامة تحقيق أهدافها دون أن يوجد لديها أفراد متميزون قادرون على إنجاز وظائفهم بدرجة عالية، كما أن نجاح المنظمات العامة يعتمد بصورة

أساسية على توافر إستراتيجية محددة المعالم يتم صياغتها على مستوى الحكومات وعلى دعم مركزي لتحقيق الأهداف العامة.

الشكل رقم (٣)

العلاقة بين مستوى الأداء المؤسسي والفردي

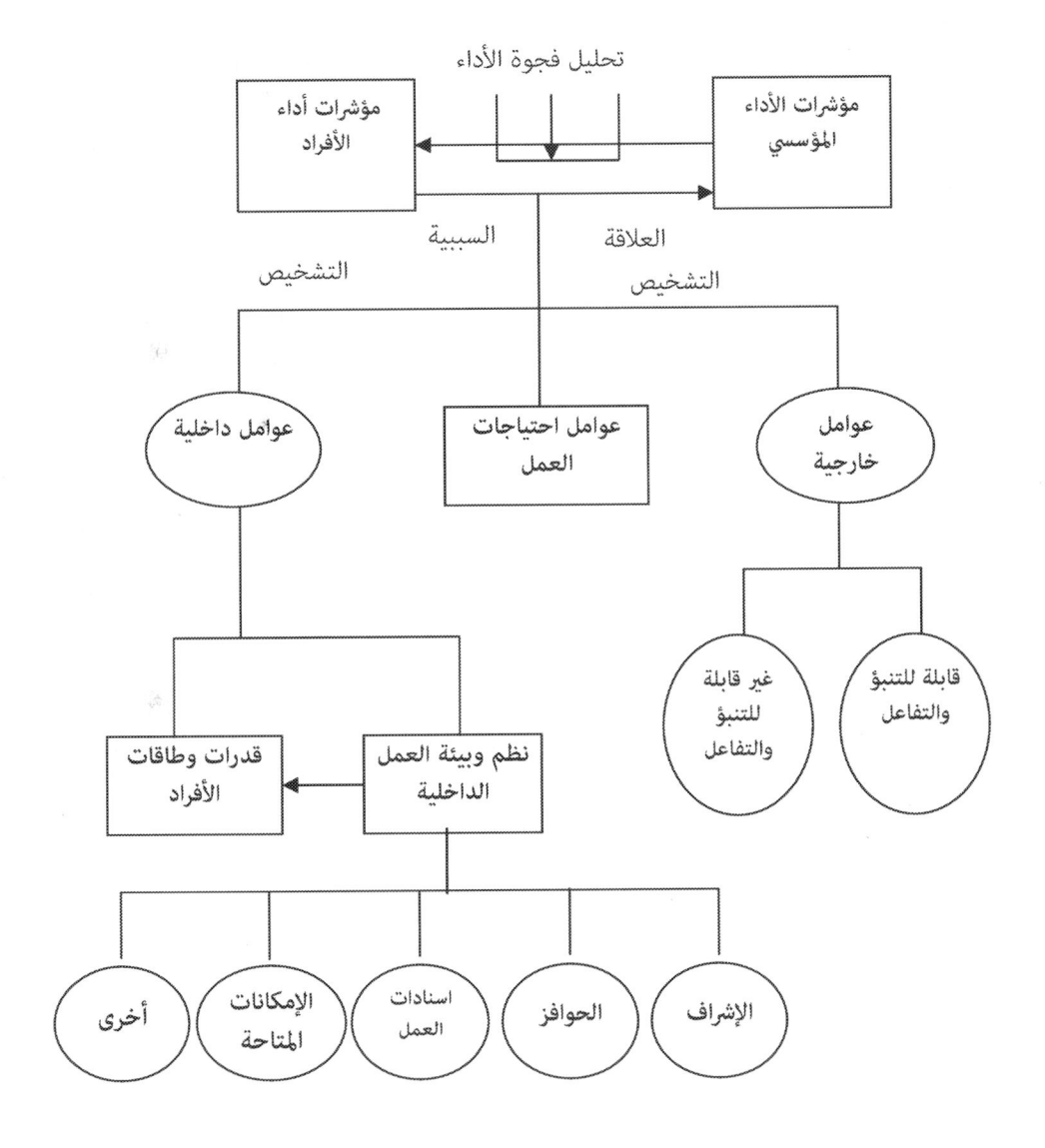

المصدر: د. محمد الطعامنة، المرجع السابق ، ص ص ١٤ –١٦.

يتضح من هذا الشكل الموضح آنفًا, أن هناك علاقة سببية بين الأداء المؤسسي- والأداء الفردى, أي إنه في حالة توفر المناخ التنظيمي الفعال للأفراد, فإن أداءهم العالي سيؤثر على الأداء المؤسسي، وأنه في حالة وجود فجوة في الأداء, فلابد من تشخيصها بصورة علمية. ومن خلال التشخيص يتضح أثر العوامل التالية على الأداء:

١- **العوامل الخارجية:** و تنقسم إلى عوامل قابلة للتنبؤ, وأخرى غير قابلة للتنبؤ, وتتمثل في عوامل بيئية (سياسية، اقتصادية، واجتماعية).

٢-**العوامل الداخلية:** و تتعلق بقدرات, ورغبات, وطاقات العاملين من جهة, وعوامل مرتبطة بالتنظيم الداخلي نفسه وتتمثل في نظام الإشراف والحوافز من جهة أخرى.[(١)]

ونظرًا لأهمية العنصر البشرى في أية منظمة، باعتبار أن الأداء المؤسسي لن يرتقي إلا من خلال العنصر البشري، فالأداء المؤسسي يعتمد بصورة رئيسية على مستوى أداء العاملين في المنظمات العامة، ومن هذا المنطلق تنبع أهمية دراسة تقييم أداء العاملين.

وهو ما سوف نتناوله في البند التالى, ونتناول فيه تقييم أداء العاملين المدنيين بالدولة.

تقييم وتطوير أداء موظفي المنظمات الحكومية:

في كل أنحاء العالم، تُوضَعْ الدولة الآن تحت الأضواء الكاشفة. فالتطورات بعيدة المدى في الاقتصاد العالمي تدفعنا إلى إعادة النظر في الأسئلة السياسية المتعلقة بالحكومة: ماذا ينبغي أن يكون دورها ؟ وما الذي تستطيع أولًا أن تفعله ؟ وما أفضل الوسائل لأن تفعله ؟[(٢)]

وكما يقول الدكتور حسن عباس زكى وزير الاقتصاد السابق: " الخصخصة

---

(١) د. محمد الطعامنة، مرجع سبق ذكره، ص ص ١٤ - ١٦.
(٢)تقرير عن التنمية في العالم "الدولة في عالم متغير", (البنك الدولي، واشنطن، الطبعة الأولى، ١٩٩٧)، ص١.

ليست مجرد نقل ملكية ولا إعادة توزيع الثروة، و إنما هي وسيلة لتدعيم القطاع الخاص وتربيته على الاستثمار والمشاركة في دفع عجلة التنمية وتخفيف العبء عن الحكومة لكي تنصرف إلى الأعمال السيادية, مع البقاء على الركيزة الأساسية للقطاع والتي لا غنى عنها كمشروعات الخدمات الأساسية والصناعات الكبرى ذات الإستراتيجية الاقتصادية أو العسكرية أو الصناعات التي لا بد منها، ولكن القطاع الخاص يعزف عنها لكبر المخاطرة أو عدم القدرة على إدارتها الفنية ."

لذلك فمن المهم رفع كفاءة القطاع العام ليكون أكثر تنافسًا مع القطاع الخاص وليكوّنا يدًا واحدة في دفع عملية التنمية، وذلك لن يتحقق إلا من خلال تقييم جيد لأداء الموظف ومحاولة رفع كفاءة أداء موظفي القطاع العام ليكونوا أكثر إنتاجية.

تحرص جميع المنظمات على القيام بأعمالها وأنشطتها المختلفة بمستوى عال من الكفاءة والفعالية من أجل تحقيق أهدافها وإرضاء عملائها. ويمثل العاملون الذي يخضعون لتقييم أدائهم الوظيفي أحد المتغيرات الأساسية المؤثرة على هذه الفعالية و الكفاءة و بالتالي أهداف المنظمة ورضاء عملائها. ولذلك تسعى أغلب المنظمات جاهدة للحصول على أفضل العناصر البشرية اللازمة بل تحاول تقويم أدائهم بصفة مستمرة من أجل تحقيق أهدافها وإرضاء عملائها أو متلقى الخدمة لديها.

ولهذا يمكن أن يمثل تقويم الأداء الوظيفي مؤشرًا حقيقيًا وموضوعيًا لقياس مستوى أداء العاملين, وتقديم الوصيات اللازمة لمعالجة أية نواحٍ سلبية في أداء العاملين أو تنمية وتطوير النواحي الإيجابية لديهم.

وقد أشار علماء الإدارة إلى أن أي نظام فعال لتقويم الأداء الوظيفي يرتكز على قاعدتين أساسيتين: القاعدة الأولى تتمثل في توفير الأساسيات اللازمة لتحقيق نظام فعال للتقويم مثل وضوح المعايير والأهداف والأساليب الخاصة بالتقويم، هذا بالإضافة إلى المتابعة المستمرة والصيانة الدائمة لهذا النظام بما يتناسب مع الظروف والمتغيرات البيئية الداخلية والخارجية. أما القاعدة الثانية فتتمثل في عدالة المقيم في تطبيق نظام عادل للتقويم وتدريبه على تقويم الأداء وتطوير إمكانياته الفنية والسلوكية.[١]

---

(١) د. سهيل فهد سلامة،" فعالية تقويم الأداء الوظيفي و تطبيقاته بالأجهزة الحكومية في المملكة العربية السعودية" ، **دورية الإدارة العامة**، العدد ٥٥، سبتمبر ١٩٨٧م، ص ١٥٢.

تفسير وتعريف الباحثين لمفهوم تقييم أداء العاملين:

سوف يتم هنا تناول كل من تفسير وتعريف تقييم الأداء وذلك على الوجه الأتي:

١- تفسير تقييم أداء العاملين:

ينظر بعض الباحثين إلى عملية تقييم الأداء على أنها قياس للأداء الفعلي للموظف ومقارنة النتائج المحققة بالنتائج المطلوب تحقيقها أو الممكن الوصول إليها، لمعرفة ما حدث ولما يحدث وإلى أي مدى قد تحققت الأهداف ونفذت الخطط الموضوعة بما يكفل اتخاذ الإجراءات الملائمة لتحسين الأداء.(١)

كما ينظر بعض الباحثين إلى عملية تقييم الأداء على أنها عملية تتبع عملية اتخاذ القرارات، الغرض منها فحص مركز المنظمة المالي والاقتصادي والمراجعة الإدارية.

بل أن بعض الباحثين الذين استخدموا أسلوب الأهداف والمؤشرات في تقييم الأداء اعتبروا أن عملية التقييم ترتبط بنهاية السنة المالية، وليست عملية حركية ومستمرة ومصاحبة لتدفق الأنشطة مما يؤدي إلى اعتبار أن الهدف من تقييم الأداء يقترب أيضًا من الهدف الخاص باستخدام أسلوب التحليل المالي والمراجعة الإدارية.(٢)

كما فسر بعض الباحثين عملية تقييم الأداء بأنها تمثل الحلقة الأخيرة في سلسلة العملية الإدارية. فقد فسر Kapoor في كتابه " Business "بأن تقييم الأداء يبدأ بتحديد الأهداف المرجو تحقيقها، ثم توضع خطة أو برنامج زمني محدد لتحقيق الأهداف الموضوعة ويتم إجراء تنظيم للوحدات الإدارية ومواردها لتنفيذ الخطة الموضوعة وفي أثناء عمليات التنفيذ للخطة تتم عملية الرقابة وهي تعتبر المرحلة الأخيرة في العملية الإدارية بهدف تحديد أي انحرافات للنتائج الفعلية مقارنة بالخطة والأهداف الموضوعة، وتعتبر عملية تقييم الأداء جزءًا أساسيًّا في عملية

---

(١) Gary Dessler, **Human Resource Management**, (New Jersey: Person Prentice Hall. 2003) , p.310.

(٢) د. توفيق محمد عبد المحسن، مرجع سبق ذكره, ص ٣.

الرقابة على التنفيذ في هذا التسلسل للعملية الإدارية.[١]

٢- تعريفات تقييم أداء العاملين:

تتعدد وتتنوع التعريفات المختلفة لتقييم الأداء لدى الباحثين والكتاب بحيث أصبح من الصعب تحديد تعريف جامع أو موحد على أنه التعريف الأمثل أو الأشمل لمفهوم تقييم الأداء. ويرى البعض إمكانية تقسيم التعريفات التي قدمت لمفهوم تقييم الأداء إلى ثلاث مجموعات, تتمثل في:

أ – تعريفات تركز على الأداء الحالي للعاملين، من أهم هذه التعريفات ما يلي[٢]:

(١) عملية رسمية تقوم المنظمة من خلالها بتقدير العامل ومعرفة مستوى أدائه.

(٢) نظام يتم من خلاله تحديد مدى كفاءة أداء العاملين .

(٣) وصف منظم لجوانب القوة والضعف في أداء الفرد أو الجماعة.

(٤) تقييم الأداء هو تقييم لأداء الموظف للعمل .

(٥) تقييم الأداء هو تقييم دوري ومنظم لسلوك وصفات الموظف خلال ساعات العمل.

(٦) تقييم الأداء هو حكم شخصي لإمكانية الشخص لعمل شيء ما.[٣]

---

(١) Pride, Hughes, Kapoor, **Business**, (U.S.A : Hougton Mifflin Company, 2002), pp. 282-290.

(٢) حمد سالم العامري، تقييم أداء العاملين بالجهاز الإداري في دولة الإمارات العربية المتحدة مع التطبيق على هيئة مياه وكهرباء أبو ظبي، **رسالة ماجستير في الإدارة العامة**، جامعة القاهرة، كلية الاقتصاد والعلوم السياسية ، يناير ٢٠٠١م، ص ص ٦- ٧.

(٣) د. توفيق محمد عبد المحسن، مرجع سابق، ص ٤٥-٥٦.

ب- تعريفات تركز على مقارنة أداء العاملين بمعايير محددة للأداء, ومن هذه التعريفات ما يلى[١]:

(١) العملية التي يتم من خلالها تقدير إسهامات العامل في المنظمة خلال فترة زمنية محددة، وتوفير تغذية عكسية تمكنه من التعرف على أدائه مقارنة بالمعايير التنظيمية.

(٢) عملية منظمة وشاملة تهدف إلى مقارنة حجم ومستوى ما تم إنجازه من عمل خلال فترة زمنية معينة مع حجم ومستوى العمل المراد إنجازه في الفترة نفسها في ضوء معدلات أداء موضوعه.

(٣) تقييم الأداء هو عملية يتم بموجبها تقدير جهود الموظف بشكل منصف وعادل، لتجري مكافأته بقدر ما يعمل وينتج، وذلك بالاستناد إلى عناصر ومعدلات يتم على أساسها مقارنة أدائه بها لتحديد مستوى كفاءته في العمل الذي يقوم به.

(٤) تقييم الأداء هو تحليل وتقييم دقيق ومنظم لخدمات الشخص القائم على ملاحظة عمله خلال فترة من الزمن وعلى دراسة جميع السجلات الموضوعية المتعلقة بأدائه للعمل ولمسلكه.[٢]

ج- تعريفات تري أن تقييم الأداء يمتد ليشمل تحسين وتطوير أداء العاملين، من ضمن هذه التعريفات ما يلي[٣]:

(١) دراسة وتحليل أداء العاملين لعملهم وملاحظة سلوكهم وتصرفاتهم مع عملائهم وزملائهم أثناء العمل وذلك للحكم على مدى نجاحهم ومستوى كفاءتهم في القيام بأعمالهم الحالية وأيضا للحكم على إمكانية النمو والتقدم للفرد في المستقبل وتحمله لمسئوليات أكبر أو ترقيته لوظيفة أخرى.

(٢) الاستقرار المنظم لقدرات العاملين وما ستكون عليه تلك القدرات في

---

(١) د. سعد صادق بحيري، د. عبد الرازق مجاهد، د. محمد أبو العلا، " اتجاهات الرؤساء التنفيذين نحو نظام تقويم أداء العاملين بالجهاز الحكومي بالمملكة العربية السعودية"، **دورية الإدارة العامة**، العدد ٧٠، أبريل ١٩٩١، ص ٦١.

(٢) د. توفيق محمد عبد المحسن، مرجع سابق، ص ٤٥-٥٦.

(٣) حمد سالم العامري، مرجع سابق، ص ص ٦- ٧.

المستقبل المنظور برصد وتحليل مستوى الفرد في الأداء الوظيفي والسلوك الإنساني وعلاقته في العمل مع زملائه أو عملائه بصفة ثابتة أو دورية.

(٣) تقييم الداء هو تحديد مدى مساهمة كل فرد في إنجاز الأعمال الموكلة إليه، وضمان الحفاظ على التوازن اللازم بين متطلبات الوظيفة و قدرات العامل الذي يشغلها أو سيرقى إليها.

(٤) تقييم الأداء هو التقييم المنظم للفرد فيما يتعلق بأدائه الحالي لعمله وقدراته المستقبلية على النهوض بأعباء ذات مستوى أعلى.[١]

ومن خلال التعريفات السابقة ترى الباحثة أن مفهوم تقييم الأداء قد يكون مقرونًا أكثر بأداء الفرد أو صفاته وسلوكه في العمل. أما في بعض الدراسات الأجنبية الحديثة فنجد أن المفهوم أصبح مقرونًا إلى حد كبير برضاء العميل كما هو متبع في العاملين. ومن فوائد هذا النظام أنه سيعمل على تحقيق الترابط بين الموظفين كثير من الدول المتقدمة حيث أصبحت جزئية رضاء العميل عنصرًا أساسيًا في نظم تقييم أداء من خلال تحسين العلاقات في بيئة العمل و معالجة أي قصور قد ينتج.

ما هو أداء العاملين ؟

الأداء له أكثر من مصطلح مثل المنتج، إنتاجية، كفاءة، فعالية, كل هذه المصطلحات تعطي معنى الأداء .

والأداء في الإدارة (Performance management) يمكن تعريفه بأنه: إدارة الموارد لتحقيق أهداف و رسالة المؤسسة، وهذا يتضمن الموارد المالية للمؤسسة والموارد البشرية.[٢]

وفي الوقت الحالي هناك انخفاض في الموارد المتاحة للمؤسسات العامة أو المؤسسات التابعة للقطاع العام, لذلك أصبح من المهم أن يعمل موظفوا القطاع

---

(١) د. سعد صادق بحيري، د. عبد الرازق مجاهد، د. محمد أبو العلا، مرجع سبق ذكره، ص ٦٢.

(٢) Klingner, Donald E. & John Nalbandian. **Public personnel management contexts and strategies.** Prentice Hall, New Jersey: 1993. Third edition.

العام تحت ظروف تشجعهم على أن يكونوا أكثر إنتاجية. ويتطلب تقييم الأداء من الناحية التقنية شيئين مهمين:

وهما الكفاءة والفعالية:

الكفاءة: تهتم بالعلاقة بين المدخلات والمخرجات, وتقاس هذه العلاقة عن طريق نسبة المدخلات إلى المخرجات وهى نسبة ساعات عمل الموظفين إلى العمل المؤدى. لذلك يعد البرنامج الكفء هو البرنامج الذي يساعد على تحقيق أهداف المؤسسة بأقل استخدام للموارد, بالإضافة إلى الاهتمام بجودة العمل المؤدى أو قياس مدى جودة المنتج طبقًا لمعايير محددة.

أما الفعالية: فتعنى التركيز على العلاقة بين ما تريد المؤسسة تحقيقه من مخرجات وما تحقق فعلًا.

ففي القطاع العام، هناك عدة برامج أنشئت لتحقيق إنتاجية أعلى في المؤسسة أو لرفع أداء الموظفين. وفي معظم الأحوال يتعامل البرنامج مع تحقيق تغيرات في هيكل المنظمة والإجراءات التشغيلية للمنظمة, ولكن بصفة عامة فإنه من الصعب تحقيق فعالية وكفاءة في القطاع العام [١].

هناك بعض البرامج التي أخذت على عاتقها رفع أداء المنظمات الحكومية بشكل عام، ,أحد أهم هذه البرامج، البرنامج المعروف باسم برنامج لرفع الأداء (PIP programming for Improved Performance) وقام بتطبيق هذا البرنامج الدكتور فؤاد شريف وهو مصري الجنسية وكان يشغل مدير الإدارة المالية والإدارة العامة في الأمم المتحدة وكان قبل وفاته، وزيرًا في عهد الرئيس السادات. كلف الدكتور شريف برفع كفاءة المؤسسات التابعة للقطاع العام في الدول النامية لتحقيق أداء عالي في المؤسسات.

وقبل أن يطبق الدكتور شريف هذا البرنامج، قامت الأمم المتحدة بإرسال مديرين للتدريب في عدة جامعات ومعاهد في الدول النامية. ولكن كانت النتيجة

---

(١) Lawton, Alan & Aidan Rose. **Organization and Management in the public sector**. Pitman publishing. London: 1994.

أن هؤلاء المديرين قد ارتفعت مهارتهم الفردية ورغم كل هذا لم يؤد إلى رفع كفاءة أداء المؤسسات التابعة للقطاع العام.

لذلك توصل الدكتور شريف إلى ضرورة إيجاد وسيلة أخرى وهى تطبيق بعض المفاهيم الغربية في الإدارة وهى تنمية المؤسسة (development organizational) والإدارة عن طريق تحقيق الأهداف (Management by objectives).

وقامت الإدارة العليا للمؤسسات التابعة للقطاع العام في عدة دول مختلفة، بالاستعانة بالدكتور شريف فؤاد وعدد من المستشارين في الأمم المتحدة لرفع كفاءة أداء مؤسساتهم بعد أن تعرفوا على البرنامج الخاص برفع الأداء الذي ينادى به.

ولكن حدثت بعض الإخفاقات نتيجة عدم اقتناع الإدارة العليا في بعض المؤسسات بالاقتراحات المتعلقة برفع أداء المنظمة ولكن عامة النتائج كانت مبهرة.(١)

إن تعاون القيادة السياسية والإدارة العليا للمؤسسة والمديرون في إدارة الأفراد في خلق البيئة التي تساعد موظفي القطاع العام ليكونوا أكثر إنتاجية وأن يرفعوا من كفاءة أدائهم أمر مهم جدًا وفعال. وهذا لا يتحقق إلا من خلال القيادة من أعلى والتي يجب أن تهتم بما يطمح إليه الموظف عن الاهتمام بكيفية تخويفه وعقابه، يجب أن تتغير الثقافة الخاصة بالمنظمة وأن تجعل الموظفين أكثر اهتماما برفع أدائهم.

ويجب أن يتعاون المسئولون أو المديرون في مؤسسات القطاع العام مع المراقبين والمشرفين لعمل أبحاث لاستخدام طرق جديدة خاصة بتنظيم العمل وإدارة الموظفين. هذه الطرق يجب أن تستقى من متطلبات البيئة الخاصة بالمنظمة وما الذي يريد الموظفون تحقيقه من عملهم.

هناك أربعة أشياء أساسية لتحقيق إنتاجية أعلى في المؤسسة وهى من مهمة المديرين، المشرفين، الإدارة الخاصة بشئون الأفراد، وأهم هذه الأشياء:

---

(١) Smith, Ian Mayo. **Achieving Improved performance in organizations public sector.** Connecticut press : 1986.

١-وضوح التعليمات:

فيجب أن يكون الموظفون على دراية بما هو مطلوب منهم, وذلك عن طريق وصف رسمي للأعمال.

٢-مهارة كافية:

فيجب أن يكون الموظفون على قدرة كافية لأداء الأعمال وذلك من خلال المهارة، القدرة والمعلومات.

٣-التغذية الاسترجاعية:

حيث يجب أن يكون الموظفون على دراية في كيفية أداء الأعمال وذلك من خلال وجود توثيقات تتضمن خطوات العمل.

٤-النتائج المنتظرة:

الأداء المتميز يجب أن يُقَدَر والأداء السيئ يجب أن يُعَاقَب الموظف عليه.[١]

ويجب أن تلعب القيادة العليا في أي مؤسسة حكومية دورًا مهمًا في كيفية رفع إنتاجية وأداء العامل. كما يجب أن تتصف بمهارة تمكنها من إدارة الموارد البشرية بكفاءة. أهم هذه المهارات هي المهارة التشخيصية (Diagnostic Skills) .

وتتطلب المهارة التشخيصية توضيح ما هي المطالب التي يجب أن يحققها الموظف من أجل المحافظة على كفاءة عالية في أدائه في المنظمة, وأيضًا كيفية رفع الأداء إذا كان ذلك ضروريًا، ولتحقيق ذلك يجب أن يكون المدير على دراية بعدة عوامل لها تأثير على الأداء وهى القدرة، التغذية العكسية و الحافز, وأيضًا يجب عليه أن يحدد أي الأفعال قد تؤثر على هذه العوامل ومن َثمَّ, على الأداء نفسه.

- **نماذج تقييم أداء العاملين :**

عملية تصميم نماذج تقييم الأداء (أو تقارير الكفاية) ليست عملية سهلة حيث لا يوجد اتفاق معين بين علماء الإدارة على العناصر التي يجب أن تحتويها هذه

(١) Klingner, Donald E. & John Nalbandian., Op.cit.

النماذج ، ففي مصر يلاحظ أن عناصر التقارير الخاصة بوظائف الدرجة الأولى و الثانية و المكتبية (إشرافية) التي أعدت بعد قانون رقم ٩٣ لسنة ١٩٩٢ يحتوي على عناصر معينة مثل : إتقان العمل و القدرة على المتابعة، والقدرة على تحمل المسئولية، القدرة على الحفاظ على أدوات العمل و علاقات العمل و الانضباط .[١]

و بالرجوع إلى تجارب بعض الدول المتقدمة، نجد أن نماذج تقارير الأداء في عدد من المصالح و الوزارات الأجنبية قد تم تصنيفها إلى نوعين من التقارير: الأول يخصص لقياس مستوى أداء الفرد و إنتاجه و من ثم يحتوي فقط على العناصر المتعلقة بهذا الشأن و يطلق عليه تقرير قياس الأداء والثاني يتعلق بتحديد مستوى القدرات والخصائص الشخصية ويطلق عليه تقرير تقويم الكفاءة.[٢] و لكن لوحظ أيضا أن نماذج تقارير الأداء بالدول المتقدمة أصبحت تركز أكثر على مدى تحقيق الفرد للأهداف المتفق عليها مع إدخال بعض العناصر أو المعايير التي تشير إلى رضاء المواطن أو العميل سواء بأساليب مباشرة أو غير مباشرة.[٣] و من خلال ما سبق، يلاحظ تطور العمليات الإدارية وظهور بعض الاتجاهات الحديثة في علم الإدارة حيث أصبح مفهوم تقييم الأداء مقترنا أكثر ليس بأداء الموظف و صفاته الشخصية فقط ، بل بمدى رضائه عن الخدمة المقدمة والتي يمكن أن تقاس باستخدام أسلوب المؤشرات.

معايير أداء العاملين:

كان الأسلوب التقليدي لتقييم الأداء موجه إلى الفرد المؤدى للوظيفة، لكن بدأت تظهر أساليب مختلفة للتقييم موجهة أكثر إلى أداء العمل بدلًا من التركيز على الفرد المؤدى للوظيفة. لقد أصبح التقييم الآن أداة يتم من خلالها التركيز تجاه تحطيط العمل، وعقد اجتماعات مراجعة بين المديرين والموظفين للمشاركة في تحليل

---

(١) د. محمد ماهر الصواف، مرجع سابق، ص ص ٩٩- ١٠٦.
(٢) المرجع السابق، ص١٣.
(٣) Thomas W, Edick, Vicki L. Whipple, " Continuous Quality Improvement of Emergency Services", **Journal of Health Care Marketing**, Vol. 13, No. 4, 1993, p. 9.

أداء الجهة وتحديد الأهداف المراد تحقيقها.

وتنصب معايير الأهداف في ثلاثة اتجاهات رئيسية:

الأول وهو المواصفات الشخصية – والثاني يتمثل في مواصفات الأداء – والثالث يكمن في تحقيق الأهداف.

الاتجاهان الأول والثاني من الممكن تطبيقهما على جميع الأفراد العاملين في الشركة، أما تحقيق الأهداف فممكن تطبيقها بشكل فردي دون المقارنة بباقي العاملين.

فمن أمثلة المقاييس الشخصية الحماس، الولاء، التكامل، والقبول. ففي هذا النظام يقوم الشخص المسئول عن التقييم بالمقارنة بين الموظفين على أسس موحدة، مما يعطى تقييمًا موضوعيًا.

أما مقاييس الأداء فتضمن الدقة، الوضوح، القدرة التحليلية والتفويض، في هذا الاتجاه يتم مقارنة سلوك الموظف طبقًا لمعايير موضوعة سلفًا.

ولكن واجه النظام المعتمد على مقاييس الشخصية العديد من الانتقادات, نتيجة صعوبة وضع مقاييس ثابتة للشخصية، أيضًا تتوقف بعض المقاييس الشخصية على التفاعل بين الموظف والمسئول عن التقييم، كما أن شخصية المسئول عن التقييم تؤثر على حكمه, لذلك فإن معايير الأداء أصبحت أكثر قبولًا كوسيلة للتقييم. فيمكن الاعتماد عليها بسبب اعتمادها على أداء الوظيفة المكلف بها الموظف، كذلك تفي بأغراض عديدة مثل تحديد العلاوات أو الحوافز، تحسين الأداء، والاتجاهات الإدارية. لذلك فالمقاييس المستخدمة لتقييم الأداء يجب أن تكون معتمدة على النجاح أو الفشل في أداء الوظيفة. ويجب على القائم على التقييم أن يكون محايدًا وليس متحيزًا لموظف معين.

كذلك يجب مراعاة بعض أو كل الاقتراحات التالية لتسهيل عملية التقييم:

١- يجب أن تكون خالية من الصعوبات حتى يستطيع المديرين كافة تطبيقها.

٢- يجب أن يشعر الموظف بأنها عادلة ومتعلقة بأداءة الوظيفة.

٣- يجب أن تتفق متطلبات الوظيفة مع الأهداف العامة للمنظمة.

قديمًا، كان الأسلوب التقليدى لتقييم الأداء، موجهًا إلى الفرد المؤدى للوظيفة، إلا إنه قد بدأت تظهر أساليب مختلفة للتقييم موجهة أكثر إلى أداء العمل، بدلًا من التركيز على الفرد المؤدى للوظيفة. لقد أصبح التقييم الآن أداة يتم من خلالها التركيز تجاه تخطيط العمل، وعقد اجتماعات مراجعة بين المديرين والموظفين للمشاركة في تحليل أداء الجهة، وتحديد الأهداف المراد تحقيقها.[١]

أبعاد لتقييم أداء العاملين:

ففي فترة الثمانينات، لوحظ أن مفهوم تقويم الأداء قد أخذ أبعادًا جديدة في ذلك الوقت، بالإضافة إلى المفهوم التقليدي له. فالمعروف أن تقييم الأداء أو تقويم الأداء عبارة عن عملية يقاس فيها مستوى أداء الموظف وسلوكياته في العمل، خلال فترة زمنية معينة. أما الأبعاد التي كانت تعتبر حديثة في ذلك الوقت، كان من أهمها اعتبار تقويم الأداء وثيقة رسمية سنوية يستند إليها من الناحية القانونية عند إثبات قرارات المنظمة العادلة التي تتعلق بالموظف مثل عدالة المنظمة في قرارات التوظيف أو الترقية أو النقل أو الفصل أو التدريب أو التطور الوظيفي. هذا بالإضافة إلى الاهتمام الأكبر بحقوق الموظفين وظروفهم الاجتماعية وبيئة العمل التي يعملون فيها. وقد تم أيضًا اعتبار وثيقة تقويم الأداء وسيلة تخطيطية ورقابية تستخدم من قبل المنظمة في تخطيط إدارة القوى البشرية بهدف تحديد الاحتياجات التدريبية و التعليمية، وبالتالي تحديد سياسة التطور الوظيفي لديها.

أما البعد الآخر في تقويم الأداء، فهو استخدام تقويم الأداء غير الرسمي وهو يمثل تقويمًا مستمرًا لا يحدد بزمن معين، فقد يكون يوميًا أو أسبوعيًا أو عند الحاجة. ويتمثل هذا التقويم في إعطاء الموظف معلومات مرتدة عن مستوى أدائه وسلوكياته ومدى تحقيقه للمقاييس المحددة بطريقة غير رسمية. ويساعد هذا التقويم غير الرسمي في تحديد أهداف معينة للموظف بناء على المعلومات التي

(١) Stewart, Valerie and Andrew Stewart., **Practical Performance Appraisal.**, (England: Gower Press , 1997), p. 388.

يحصل عليها من رئيسه المباشر وتساهم في توجيهه و إرشاده بشكل مباشر وأثناء تأديته للعمل .[1]

وفى هذا الإطار، يجب وضع معايير لكل قسم ووظيفة على حدة، وبالتالى يكون الموظف أكثر استعدادا في السعى إلى تحقيق الهدف الحالى مقارنة بالهدف الذي يتم طرحه فجأة. كما نجد أن العاملين الذين هم على معرفة دائمة بوظيفتهم، أكثر اطمئنانًا بشأن التقييمات الرسمية للأداء.

وحينما يقوم المديرون بتحديد أهداف كل وظيفة وقسم في المنظمة العامة، ستصبح الفائدة مزدوجة بالنسبة للمديرين والموظفين على حد سواء، فالمديرون الذين هم على دراية بنقاط القوة والضعف لدى الموظفين هم أكثر استعدادا لتقديم المشورة والعون، والموظفون الذين هم على دراية بمسئوليات وظيفتهم هم أكثر تحفيزًا على تحقيق الأهداف و يؤدى ذلك كله إلى نجاح المنظمة العامة، ونجاح تطبيق الأداء المؤسسي فيها. ولذلك هناك بعض النقاط التي يجب أن تؤخذ في الاعتبار:

أ -إشراك الموظف:

نجد إنه من الضرورى أن يفهم الموظفون المعايير التي تم تحديدها من قبل المنظمة العامة. فإشراك الموظفون يسهل الحصول على تأييدهم ومشاركتهم، كما قد يساعد أيضًا على تحقيق مستوى عالى من الأداء الفردي والمؤسسي.[2]

ب -القياسات التحفيزية:

يعد القياس التحفيزى من الأمور المألوفة في معظم أشكاله الصريحة مثل المكافآت، مقابل المبيعات، الأجور التحفيزية، مكافآت الإجادة، والدفع مقابل الأداء، أو غيرها من المحاولات الأخرى لمنح مكافآت مقابل الأداء القوى، أو مبالغ نقدية على النحو الذي يحدده نظام القياس المعمول به. تتكون النظم الفرعية

(١) د. سهيل فهد سلامة, مرجع سبق ذكره، ص ص ١٣١-١٥٣.
(٢) أندرو‌إي شوارتز, **إدارة الأداء** (الطبعة الأولى), ترجمة مكتبة جرير, (الرياض: مكتبة جرير,٢٠٠١), ص ص ٢٨-٣٠.

التنظيمية من الأشخاص الراغبين في الظهور بشكل جيد أمام أولئك الذين تعهد إليهم بمسئولية تقويم وتخصيص المكافآت. وهذه الرغبة في أن يبدو الأشخاص بشكل جيد، توفر لهم الحافزفى القيام بمراقبة المعلومات التي تتدفق لأعلى.(١)

ج -التحفيز الداخلى في مقابل التحفيز الخارجى:

تعتمد العديد من النظم المعمول بها في المنظمات العامة على حوافز خارجية لتحفيز العاملين، فالمكافأة التي يحصل عليها مندوب المبيعات الذي يبيع أكثر من عدد معين من أجهزة الكمبيوتر في الشهر، لهى مثال على الشكل الشائع في التحفيز الخارجى.ومن ناحية أخرى فمن أمثلة التحفيز الداخلى، مندوبى المبيعات الأمناء ممن يرفضون المبالغة في وصف المزايا التي تتمتع بها منتجاتهم ومن ثم تضيع عليهم عمولات البيع.

وفى ضوء ذلك يمكننا تعريف **التحفيز الخارجى** على أنه:" **الميل للمشاركة النشطة كرد فعل لصدور وعود بالمكافآت مقابل الأداء, وذلك وفقًا لمعايير معروفة بين الأطراف وهى معايير محددة سلفًا**". وعلى النقيض من ذلك، يمكننا تعريف **التحفيز الداخلى** على أنه: " **الميل للأداء النشط وفقًا لمعايير شخصية لدى صاحب هذا الأداء النشط. والقرار بالاعتماد على التحفيز الخارجى هي التي غالبا ما يطلق عليها المصلحة الذاتية العقلانية**".(٢)

د - التكيف والتغذية العكسية(دور الفرد):

تفترض هذه الرؤية أن الأفراد يبحثون عن التغذية العكسية في الأمور المتعلقة بالمواقف الحديثة وغير المؤكدة، كما أوضحت الأبحاث أن الأفراد يلحون في طلب التغذية العكسية عندما يخافون الفشل في تحقيق الأهداف،حيث يسعى العاملون بالمنظمة العامة لمعرفة البيئة التنظيمية الداخلية والخارجية التي يعملون في إطارها، حتى تصبح مفهومة لديهم، وفى سبيل الوصول إلى ذلك يقومون بتحليل المعلومات

(١) Austin, Robert., Op. Cit., pp. 22-28.
(٢) Ibid, pp. 82-83.

التي يحصلون عليها. وهو ما يطلق عليه التكيف "Adaptation" وترتبط المعلومات المهمة في عملية التكيف بمدى مناسبة وصحة السلوك الذي يساعد على تحقيق الأهداف المتنوعة، وتتضمن التغذية العكسية معلومات عن كيفية إدراك، وتقييم الآخرين لسلوك الفرد.كما تتوفر للفرد التغذية العكسية من خلال إنجاز واجباته الوظيفية.[(١)]

ووفقا لما قاله" Ashord and cunnings" أن هناك إستراتيجيتين من خلالهما يمكن للشخص الوصول إلى تغذية عكسية: وهما إستراتيجية الملاحظة، وإستراتيجية السؤال المباشر.

فإستراتيجية الملاحظة:

تعنى أن الفرد يركز في البيئة المحيطة، ويأخذ المعلومات منها.

و يتعلق بإستراتيجية الملاحظة نوعان رئيسيان.

النوع الأول: يستلزم أن يلاحظ الأفراد ردود فعل الآخرين تجاه سلوكهم وهذا النوع يطلق عليه "التقييم التأملى".

أما النوع الثانى: يتطلب قيام الأشخاص بمقارنة سلوكياتهم وسلوكيات الأخرين وهذا النوع يسمى "التقييم المقارن".

أما إستراتيجية السؤال المباشر: وتعنى محاولة الشخص زيادة المعلومات المختصة به،وذلك من خلال سؤال الأخرين مباشرة عن ملاحظتهم أو تقييماتهم للسلوك الذي يريد معرفته.[(٢)]

العوامل المؤثرة على قيمة التغذية العكسية:

- كلما زادت رغبة الفرد في تحقيق أهدافه، زادت قيمة التغذية العكسية، حيث تساعد هذه المعلومات في بناء المواقف والقيام بالاختيارات الضرورية لتحقيق

(١) د. عبد الحكم أحمد الخزامى, **إدارة الأداء وتكنولوجيا إدارة الأداء** (القاهرة: مكتبة ابن سينا ١٩٩٩), ص ٢٤.

(٢) د. أحمد مدواس اليامي, التقصي عن بعض المتغيرات المتوقع أن تؤثر على سلوك البحث عن تغذية عكسية عن الأداء: دراسة ميدانية, **مجلة الإدارة العامة**, المجلد الأربعون, العدد الرابع, يناير ٢٠٠١, ص ص ٦٤١-٦٧٩.

أهدافه. ويفترض في هذا الإطار أن الخدمة في مؤسسة، ما تساعد الفرد على معرفة المؤشرات عن السلوكيات المرغوبة وغير المرغوبة، على سبيل المثال، نجد العامل الجديد دائم السؤال والبحث على ما هو الأداء؟

- يرى الأفراد الواثقون بأنفسهم أن التغذية المرتدة سواء كانت إيجابية أم سلبية بأنها في صالحهم، وتساعدهم على التعلم، بينما ينظر غير الواثقين في أنفسهم إلى التغذية العكسية السلبية على أنها تهديد مباشر لمستقبلهم الوظيفى، ولذلك لايهتموا بعملية التغذية العكسية.[١]

طرق قياس أداء العاملين:

1- Graphic rating scale:

تستخدم هذه الطريقة الرسم البياني لقياس أداء الموظف، حيث يتم اختيار عدد من العوامل من (٩ إلى ١٢) كل عامل من العوامل يساهم بخمس درجات في تقييم أداء الموظف، على سبيل المثال نفترض أن العوامل المستخدمة في النموذج هي الأمانة، التعاون، السرعة، الكفاءة، المبادأة أي يقوم المدير بعمل رسم بياني لكل موظف بحيث يحتوى هذا الرسم على جميع العوامل السابقة ويتم تقييم الموظف من خلال منحة درجات عن كل عامل.

ويمكن تقسيم هذه العوامل بناء على معيارين:

المعيار الأول: يتمثل في الصفات الشخصية التي يتميز بها الموظف مثل التعاون و المبادأة.
المعيار الثاني: يعتمد على كفاءة الموظف وقدرته على إنجاز أكبر قدر ممكن من العمل. هذا النموذج يحتاج بعض الوقت والجهد، لأنه في بعض الإدارات سيتعين على المدير عمل هذا النموذج لحوالي ٣٠ موظفًا.[٢]

2- Forced Choice Technique:

يعتمد هذا النموذج على وجود خبير يقوم بعملية تقييم الموظفين من خلال

---

(١) د. عبد الحكم أحمد الخزامى، مرجع سبق ذكره، ص ٢٦.
(٢) Edwin flippo, **principles of Personnel Management** (McGraw Hill, 1971,p248-249).

مديرين الإدارات. ويقوم الخبير بتحديد مواصفات مسبقة لأداء العمل بكفاءة عالية في إدارة معينة، ثم يقوم بعمل نموذج من الأسئلة تعتمد في أجابتها على اختيارات, ويطرحها على مديرين الإدارات, وبمطابقة أجابتهم بالصفات التي قام بتحديدها مسبقًا، سيتمكن من معرفة مدى كفاءة هذا الموظف في عمله. ومن مميزات هذا النموذج أنه لا يعطى الفرصة لتحيز المدير نحو موظف معين لعدم إلمامه بالمواصفات التي حددها الخبير مسبقا .[1]

3- Checklist:

يتم اختيار الموظفين في إدارة شئون الأفراد لوضع أسئلة يتم طرحها على الشخص الذي سيتولى عملية التقييم وتكون إجابات هذه الأسئلة إما (نعم) وإما (لا). ومن خلال هذه الإجابات يمكن تحديد مدى كفاءة الموظف. ولكن من مساوئ هذا النموذج إعطاء الفرصة للمدير للتحيز لأحد الموظفين. ويمكن التغلب على هذه المشكلة من خلال طرح السؤال نفسه بطريقتين مختلفين، والتأكد بأن إجابة المدير واحدة في السؤالين[2] .

4- Degree Performance appraisal system 360:

لا يستطيع المدير في نظام تقييم الأداء التقليدي أن يعرف ما إذا كان الموظف يعمل بكفاءة عالية طوال اليوم أم عندما يتواجد المدير بجانبه، لذا يصعب تقييم الموظف من جميع النواحي بدون أي تحيز. ففي بعض الأحيان يعمل الموظف بكفاءة عالية و يكون غير اجتماعي و لا يستطيع الانسجام مع بقية زملائه، و في أحيان أخرى قد لا يعمل الموظف بكفاءة و لكن عنده القدرة على الظهور بمظهر اجتماعي بحيث يكون محبوبًا و يثنى عليه من قبل الجميع. لكن هناك طريقة جديدة لتقييم الأداء و هي تسمي " نظام ٣٦٠ درجة لتقييم الأداء " Degree 360 " Performance appraisal system" .

---

(١) Donald E. Klinger & john Nalbandian, Op cir , P.218.

(٢) Edwin flippo , Op.cit.

وتختلف هذه الطريقة عن الطرق القديمة في أنها لا تعتمد على شخص واحد يقوم بعملية التقييم، وإنما تقام هيئة من المقيمين تضم أشخاصًا من داخل و من خارج المنظمة، من داخل المنظمة تضم المديرين و الإدارة العليا و الموظفين، أما من خارجها فتضم العملاء، الموردين، و المستشارين. أي شخص لديه معلومات عن كيفية أداء الموظفين قد يكون في هيئة التقييم. ومن مميزات هذا الأسلوب أن تتعرف المنظمة على أداء الموظفين من خلال عملائها، بحيث يقوم العملاء بتقديم وجهة نظرهم بالنسبة لأداء الموظفين والمنظمة، وبهذا يصبح لدى المؤسسة صورة كاملة عن أدائها. ويساعد هذا الأسلوب الموظف على تقييم نفسه و على توثيق العلاقات بين الموظفين والعملاء، وبذلك يصبح اهتمام الموظف ليس فقط على كيفية التأثير على المدير ولكن الاهتمام أيضًا بالعملاء لأنهم يشاركوا في عملية التقييم.

ومن سلبيات هذا النظام، أن الأشخاص الذين يقومون بالتقييم قد لا يعرفون الموظف جيدًا والحالة التي كان عليها الموظف وقت التقييم، أيضًا جميع المعلومات تقدر بالأهمية نفسها بدون النظر إلى الأشخاص الذي يعرفون الموظف جيدًا والذين لا يعرفونه جيدًا، ويحتاج هذا النظام إلى جهد و وقت كبيرين. ولكن هذا الأسلوب إذا طبق جيدًا يساعد المنظمة على تحقيق أداء عالي.

مقاييس أداء العاملين:

يختلف تقييم الأداء بين المنظمات، كذلك يختلف أيضًا بدرجة أوضح بين الدول، ويرجع ذلك إلى عدة عوامل مؤثرة مثل مبادئ ومعتقدات الشعوب, كذلك النظم السياسية والاقتصادية. فإذا أردنا أن نقارن بين الأسلوب الإداري في الولايات المتحدة واليابان سنجد فروقًا كثيرة مرتبطة بالعوامل الاجتماعية، ففي الولايات المتحدة يتم التركيز على الأداء الفردي والإنجازات. أما الإدارة اليابانية فتهتم بقدرة الفرد على العمل في مجموعات لذلك تختلف قواعد التقييم في البلدين.

ونجد أن أحد العوامل الأخرى المؤثرة هي النظم القانونية، ففي الدول ذات النظم القانونية المتواضعة لا يتم التركيز على المقاييس الفردية في الأداء، كذلك يؤثر العامل الاقتصادي على مقاييس الأداء، فعند حدوث تباطؤ في الأداء الاقتصادي

يقاس الأداء على أسس قصيرة الأجل وتمثل الحد الأدنى؛ لذلك فالمسئول الذي لا يحقق إنتاجية عالية لكن يستطع تنمية وتحميس مرءوسيه سينال تقييمًا مختلفًا طبقًا للحالة الاقتصادية. كذلك تؤثر البيئة على تقييم الموظفين، فمثلًا عند نقص المواد الخام يفضل العامل ذو الإنتاجية الأقل ولكن يحافظ على الموارد عن العامل ذو الإنتاجية الأعلى مع إهدار أكثر للموارد والمواد الخام؛ لذلك فأسس التقييم غير ثابتة طبقًا للعوامل العديدة المختلفة.

أهمية عملية تقييم أداء العاملين:

تقوم عملية تقييم الأداء بتقوية الصلات داخل المنظمة عن طريق التواصل بين المسئولين والعاملين لمناقشة المشاكل التي قد تواجه عملية الأداء قبل حدوثها، وهذا يمنع حدوث المفاجئات من قبل العاملين أو المديرين.

كذلك تسهم عملية التقييم في المشاركة في الإدارة, عن طريق إنصات المديرين للمقترحات ووجهات نظر العاملين من أجل رسم سياسات وأهداف العمل، ويؤدى ذلك أيضًا إلى تنمية واكتشاف المواهب والخبرات.

ويبقى السؤال الأهم هو من يقوم بعملية التقييم؟ ففي معظم الحالات يقوم المدير المباشر للموظف بعملية التقييم، فهو الأكثر دراية بطبيعة العمل ومدى الجهد المبذول لتحقيق أهداف العمل من قبل الموظف، كذلك فإن المدير المباشر هو الأكثر احتكاكًا مع الموظف. لكن قد يؤدى هذا إلى حدوث بعض المشاكل التي قد تنتج عن اختلاف طبيعة المديرين, فالبعض يميل إلى إعطاء تقييم عال لمرءوسيه في حين يفضل البعض إعطاء تقييمات أدنى مما يؤدى إلى إحساس المرءوسين بالظلم وعدم المساواة بزملائهم.

وإحدى المشاكل أيضًا في عملية التقييم هو إعطاء درجات كمؤشر للتقييم في ظل عدم وجود قواعد ثابتة وواضحة للتقييم. فقد يؤدى هذا إلى مؤشرات زائفة، وقد تظهر أيضًا تلك المؤشرات الزائفة نتيجة وجود قواعد إدارية تحدد أسسًا للتقييم.

إن الاعتماد المباشر على نتائج التقييم بدون أخذ العوامل المؤثرة المتغيرة في الحسبان قد يؤدى إلى نتائج عكسية غير مرغوبة.

وعلى الجانب الآخر توجد وسائل وأساليب أخرى للتقييم، مثل تقييم الزملاء Peers وتقييم المرءوسين.

إن تقييم Peers يأخذ عوامل عدة في الحسبان, وعادة ما يعطى تقييمات أعلى من تقييم الرؤساء التقليدي، كذلك يهتم هذا التقييم بقدرة العامل على التجانس مع باقي المجموعة كأحد أهم العوامل المؤثرة على التقييم.

أما تقييم المرءوسين فهو يعتمد على تقييم المرءوسين لمديرهم، وقد استخدم هذا الأسلوب في الصناعة من أجل تشجيع المديرين على تنميه أدائهم، وتبقى المشكلة التي تواجه التقييم وهى تغليب مصلحة الشخص المسئول عن التقييم على مصلحه المشروع.

أما في مصر فإن أكثر أساليب تقييم الأداء انتشارا هو التقييم من خلال المديرين. لكن يختلف تطبيق أساليب التقييم بين القطاعين العام والخاص، كذلك بين مختلف الشركات في القطاع الخاص. أما في القطاع العام، فإن التقييم يتم أتوماتيكيًا لتحديد الترقيات والعلاوات مما يفقده دوره الحقيقي في تقدير أداء وسلوك الموظفين. أما في القطاع الخاص، فهو وسيلة حقيقية وهامة لتحديد كفاءة الموظف وقدرته على تنفيذ العمل المنوط به. وتعتمد بعض الشركات والبنوك على السرية في التقييم، ولا يعلم الموظف شيئًا عن هذه التقارير إلا من خلال حجم الحوافز والأرباح التي منحت له بعد ذلك.

ومن ثم, فإن توفير أساس عادل وموضوعي لمنح الحوافز وربطها بالإنتاج يستلزم المقارنة بين مستوى الأداء الفعلي و بين معايير أداء متفق عليها، ويتطلب ذلك وضوحا في الواجبات والمسئوليات باعتباره شيئا ضروريا لتسهيل عملية التقويم و تجنب سوء الفهم بين الرئيس و مرءوسيه. فعندما ينفذ تقييم الأداء باستخدام معايير مستمدة من واجبات الموظف في التوصيف الوظيفي له سيساعد هذا في معالجة مشكلة ضعف الأداء، و عند ربط نتائج التقييم بما يتوقعه الموظف من نتائج، فسيساعد هذا أيضا على زيادة درجة الرضا الوظيفي له، وشعور الموظف بالعدالة و الإنصاف و سينعكس ذلك على سلوكه مع المتعاملين معه في العمل

ومستوى أدائه في العمل.[1] و لذلك فإنه لا فائدة من التعرف على نقاط الضعف في أداء كل من العاملين التي قد تكشفها عملية تقويم مستوى الأداء إذا لم يتم الربط بين هذه النتائج وبين خطط التدريب و التطوير.

وتختلف أنواع أنظمة التقييم المستخدمة، حيث تتراوح من الاعتماد غير الرسمي على اجتهادات الرؤساء إلى الخطط المتطورة للإدارة بالأهداف، و كثير من الأدبيات الحديثة تشير إلى أنه لا توجد طريقة صحيحة واحدة لإجراء التقويمات تتناسب مع كل الظروف ؛ حيث إنه يحتم على كل منظمة فحص و دراسة الموقف الخاص بها لكي تكتشف أكثر الأنظمة ملاءمة لها. فأنظمة التقويم ليست حيادية في آثارها ولكنها تؤثر على هيكل المنظمة وعلى العلاقات بين المديرين والموظفين.

وتعتبر أنظمة تقييم الأداء جزءا لا يتجزأ من الإستراتيجية الشاملة للمنظمة. ولذلك لابد أن تتبع هذه الأنظمة الأهداف الإستراتيجية للمنظمة وأن تكون معبرة عن هذه الأهداف. و يكون الهدف الرئيسي لهذه الأنظمة هو مساعدة المنظمة على تحقيق أهدافها الإستراتيجية الشاملة. لذا لابد من فحص منتظم لنظام التقييم لمعرفة مدى مساعدته للمنظمة في تحقيق أهدافها ولابد أن يكون التقييم عملية مستمرة.

العوامل التي تؤثر على أداء العاملين بالقطاع العام:

تعتبر القدرة والحافز من أهم العوامل التي تؤثر على الأداء. فأي فرد لا يستطيع أن يؤدى عمله بجودة عالية إلا إذا رغب في أدائه جيدًا، وإذا كان لدية القدرة لإنجازه ومن ثم تتحول الرغبة في أداء العمل إلى إنجاز العمل بجودة عالية.[2]

١-القدرة

يجب أن يكون لدى الفرد القدرة على إنجاز العمل. وهناك بعض العوامل

---

(١) د. تحسين الطراونة، " تقييم الأداء و الوصف الوظيفي"، **مجلة مؤتة للبحوث والدراسات**، العدد ٤، يونيو ١٩٩٢، ص ٢٣٤ .

(٢) Wright, peter L. & David S. Taylor. ,Op.cit

المرتبطة بهذه النقطة يجب أن تؤخذ في الاعتبار، وهي:

١-الأجور :

فنظام الأجور الذي يحدده المشرع و المسؤولون الإداريون له أكبر تأثير على أداء العامل. في بعض الأحوال تقوم إدارة شئون الأفراد بتحري ظروف سوق العمل وجمع معلومات عن معدل الأجور ليقوم المشرعون بتحديد أجور الموظفين .[١]

أما نظام الأجور في الحكومة المصرية لا يعتمد على اعتبارات السوق، و إنما يعتمد على قانون ١٩٥١ والذي يحدد أجور الموظفين طبقًا للشهادة التي حصل عليها، بالإضافة إلى وجود نظام ثابت للعلاوات الدورية طبقًا للأقدمية والشهادات التي يحصل عليها أثناء عمله، بغض النظر عن المرتبة التي يشغلها.[٢]

و نجد أن القطاع العام يعطي مرتبات ضئيلة للعاملين و الموظفين ذوى الخبرة، لذلك يقوم الموظفون بترك القطاع العام و الذهاب إلى القطاع الخاص للحصول على مرتب أعلى.

إذا قام القطاع العام برفع مرتبات موظفيه سيجذب بالطبع الموظفين ذوى الكفاءة العالية و سيكون أكثر تنافسًا مع القطاع الخاص.[٣]

٢- نظام اختيار الموظفين (Employee selection):

يلاحظ أن نظام اختيار الموظفين من خلال مديري شئون الأفراد و مديري الأقسام المختلفة له تأثير على إنتاجية الموظف، فإذا افترضنًا أن القطاع العام قام برفع مرتبات العاملين فيه، فمن المهم أن يقوم القطاع العام باختيار الموظفين ذوى القدرة و المهارة و الاستعداد لتعلم مهارات جديدة .

ففي عام ١٩٦١ قامت الحكومة المصرية بتعيين كل من حصل على شهادة عليا

(١) Klingner, Donald E. & John Nalbandian. ,Op.cit .

(٢) Valsan, E.H. **Conference on Civil Service Systems in Comparative perspective**. Country Study, Egypt. Indiana University, Bloomington Indiana, 1997.

(٣) Klingner, Donald E. & John Nalbandian.,Op.cit .

في وظائفها بدلًا من التعيين عن طريق امتحانات للقبول في الوظيفة.

ثم جاء القانون رقم ٥ لعام ١٩٩١ بإحداث تغييرات في نظام الترقية، متضمنًا اختيار موظفي الإدارة العليا، فتقوم إدارة شئون الأفراد في كل وزارة في وحدات القطاع العام بإنشاء لجنة عليا لتقرر الوظائف الخالية، والإعلان عن هذه الوظائف في داخل المنظمة و في خارجها عن طريق جريدة وطنية لشرح مسئوليات الوظيفة، و المرتب ... إلخ. وعلى المتقدمين أن يقدموا سيرتهم الذاتية – من شهادات وخبرات - ليتقدموا للمقابلة الشخصية.

٣- التدريب:

من أهم العوامل التي تؤثر على قدرة الموظف على أداء الأعمال هو التدريب على متطلبات العمل و توفير فرص لتدريب الموظفين.

انتقدت بعثة الأمم المتحدة التي أرسلت إلى مصر عام ١٩٨٩ بشدة معاهد التدريب من ناحية: الفعالية، الملائمة مع متطلبات العمل، جودة المدربين و أيضًا نوعية البرامج التي تقدم و أخيرًا القدرة على تقديم برامج تدريبية مبتكرة و متخصصة. و بالرغم من توصيات هذه اللجنة إلا إن برامج التدريب الخاصة بالخدمة المدنية لم تتحسن.[١]

٤-جودة و سرعة التغذية العكسية:

أساليب تقييم الأداء يجب أن تتطور، ومهارات المشرفين في تقييم الموظفين يجب أن ترتفع .[٢] في مصر يعتمد نظام الترقية على الأقدمية و تقييم الأداء, و بما أن جميع الموظفين يحصلون على الدرجات النهائية في التقييم، فإن نظام الترقية يعتمد أساسًا على الأقدمية.[٣]

---

(١) Valsan, E.H. Conference on Civil Service Systems in Comparative perspective.,**Op.cit.**

(٢) Klingner, Donald E. & John Nalbandian. ,Op.cit.

(٣) Valsan, E.H. Conference on Civil Service Systems in Comparative perspective. ,Op.cit.

٥- الحافز الشخصي:

يمثل العامل الآخر المؤثر في إنتاجية الفرد في الحوافز الشخصية، حيث إن انخفاض الحوافز التي تمنح للأفراد وما يؤدى إليه من انخفاض الروح المعنوية للموظف تؤثر حتمًا على الأداء. (١)

بفرض أن لدينا عددًا من الموظفين ولديهم القدرة على أداء بعض الخدمات العامة، والمطلوب هو الوسيلة التي يمكن من خلالها تشجيع هؤلاء الأفراد لكي يبذلوا قصارى جهدهم في إنجاز المهام المطلوبة، بمعنى آخر كيف يمكن تحفيز هؤلاء الموظفين للعمل؟

يمكن تحقيق ذلك من خلال :

١- إنشاء وتطبيق برنامج شخصي: يقوم هذا البرنامج بمنح الحوافز للأشخاص الأجدر والأكفأ من حيث مستوى الأداء, ويجب أن يتضمن هذا البرنامج نظامًا تكون فيه الحوافز والعلاوات مبنية على الكفاءة، فمثلًا الأرباح التي تمنح للموظفين يجب أن تتوقف على نتائج أعمالهم.

وفي الحكومة المصرية تطبق نظامًا يقوم على منح مدفوعات إضافية في أشكال مختلفة وتمثل هذه المدفوعات أحد المكونات الأساسية لدخل الموظف. وفى الوقت الذي تمثل فيه هذه العلاوات دافعًا لإبقاء الموظف في عملة, إلا إنها لا تمثل أي حافز للموظف لكي يعمل بكفاءة أكثر أو أن يصبح أكثر إنتاجية.

٢- إنشاء وظائف جديدة يشعر فيها الفرد بنتائج أعماله وهذا يؤثر بشكل إيجابي على أداء الموظف. ففي مصر على سبيل المثال يعانى معظم القطاع العام تكدس عدد الموظفين في كل إدارة, وهذا يؤدى إلى تقسيم الوظيفة التي يمكن أن يقوم بها فرد واحد على عدد كبير من الأفراد, وهذا يفقد الموظف شعوره بنتيجة عمله.

---

(١) Lawton, Alan & Aidan Rose. **Organization and Management in the public sector.** Pitman publishing. London: 1994.

٣- استحداث وظائف جديدة تجعل الموظف ينظر إلى المستقبل.

٤- هناك عامل أخر مهم جدًا من حيث تأثيره على أداء الموظف وهو تطبيق العدالة الكاملة في معاملة الموظفين وكذلك في الطريقة التي يتم بها تقييم الموظف.

٥- تدريب المديرين على الطريقة التي تمكنهم من تحفيز وتشجيع الموظفين على العمل. وكذلك كيفية تعزيز الإدراك الحسي للعدالة بين الموظفين في مكان العمل.

٦- تطوير وتنمية الخطط التي من شأنها تشجيع الموظفين على الإبداع والابتكار في مجال العمل .

٧-يجب أن يكون المدير قدوة حسنة بالنسبة للموظفين.[(١)]

٦- الفرصة (Opportunity):

لكي تتمكن أي مؤسسة من تحسين إنتاجية الأفراد لابد أن يكون لها هدف محدد ومعلن من البداية، كما ينبغي أيضًا توافر الموارد الكافية لتحقيق هذا الهدف.

و ينبغي أن يتم هذا كله في إطار نظام إدارى منظم ومستقر, ويجب على كل من مديرى العموم ومديرى الإدارات أن يحددوا أولويات العمل بالنسبة للموظفين, وكذلك أهداف المؤسسة التي يعملون بها, ثم يتم بعد ذلك تقييم أداء الموظف بالنسبة للمهمة الموكولة إليه و إبلاغه بهذا المستوى. أي لابد من وجود عملية تغذية عكسية داخل المؤسسة الواحدة بين المدير والموظف.

٧-تدريب المديرين على كيفية كتابة التقارير التي تحدد مستوى أداء الموظف:

وبصفة عامة يمكن القول بأنه يمكن زيادة إنتاجية الموظفين من خلال:

١- تقسيم العمل.

٢- تحسين ظروف العمل.

٣- منح حوافز للموظفين.

(١) Klingner, Donald E. & John Nalbandian. ,**Op.cit.**

٤- تطبيق برنامج إداري عادل يتمكن من إدارة الموارد البشرية بطريقة تحقق أقصى كفاءة.

٥- تطبيق برنامج يتولى عملية تحديد الأهداف والأولويات.

٦- تحديد الموارد المطلوبة فعلا لتحقيق الهدف.

٧- وضع برامج محددة لتدريب الموظفين.

٨- إمداد المديرين بالمعلومات التي تمكنهم من تحديد العوامل المؤثرة في إنتاجية الموظفين.

٩- تطبيق العدالة في معاملة الموظفين مع مراعاة العدالة الكاملة في عملية توزيع الأرباح و المكافآت.

أنظمة العمل التي تساعد على رفع الأداء:

تتمثل هذه الأنظمة في عدة أمور منها: التفويض والإدارة بالأهداف والجودة الشاملة، ويتم تناولها على النحو التالي:

١-التفويض:

يعتبرالتفويض من أهم العوامل التي تساعد الموظف على الإحساس بقيمته ومشاركته في العمل وعلى رفع حافزه الشخصى مما يؤدى إلى زيادة إنتاجيته.

ومن أهم مزايا التفويض:

- إنه يساعد على تنمية قدرات الموظف.

- يوجه المدير أو المشرف إلى التركيز في الأعمال الإشرافية والتخطيطية عن القيام بالأعمال الخدمية. فتحويل المسئوليات إلى آخرين ممن يمتلكون المهارات اللازمة، وتم تدريبهم جيدًا، من شأنه إتاحة الفرصة أمام المدير لتوجيه وقته وطاقاته نحو أنشطة أكثر أهمية لا يستطيع الآخرون القيام بها. وهذا يحقق الاستثمار الجيد للوقت والجهد معًا ومن ثم فإن التفويض يعنى مزيدًا من النمو للمنظمة وللأفراد على حد سواء.

الأسباب التي تؤدى إلى فشل عملية التفويض:

هناك بعض الأسباب التي تؤدى إلى فشل عملية التفويض, تتمثل في الآتى:

١- عدم وجود ثقة بين الرؤساء والمرءوسين.

٢- خوف المرءوسين من اتخاذ القرارات.

٣- رغبة الرئيس في إبراز إمكانياته الشخصية.

٤- عدم اختيار الوقت المناسب.[١]

٥- رغم الأهمية البالغة للتفويض في مجال الإدارة والتي أكدتها الدراسات النظرية والممارسات العملية، فالكثير من المديرين يرفضون تفويض سلطاتهم لأناس آخرين لإحساسهم بأن العمل من خلال التفويض يستغرق وقتًا طويلًا, ويستنزف جهدًا أكبر وكذلك اقتناعهم بأن لديهم القدرة على إنجاز الأعمال بأنفسهم بصورة أفضل من الغير.[٢]

وهناك بعض الاقتراحات لنجاح عملية التفويض:

اختيار المهمة المكلف بها بعناية.

اختيار الموظف القادر على تنفيذ الأعمال المكلف بها.

تزويد الموظف بتغذية عكسية.

أن يكافئ الموظف عن عمله.[٣]

العلاقة بين التفويض وكيفية التقييم الجيد للموظف لرفع من كفاءته الإنتاجية:

هناك خمسة متطلبات تحدد هذه العلاقة :

١- **النتائج المطلوبة:** تحديد النتائج المطلوب تحقيقها بوضوح والتأكد من أنها

---

(١) Klingner, Donald E. & John Nalbandian ., **Op.cit .**

(٢) R.Covey Stephen , **The 7 habits of highly effective people powerful lessons in personal change** . fireside book, Simon & Schuster, new York, USA, 1990 .

(٣) Klingner, Donald E. & John Nalbandian. ,**Op.cit .**

مفهومة تمامًا للأشخاص المرغوب في التفويض إليهم، يجب التركيز على ماذا وليس على كيف، أي على النتائج وليس على الأساليب.

٢- **الإرشادات:** أي تحديد المعالم الأساسية التي سيعمل في إطارها الشخص المعنى بالتفويض، ويجب أن يكون ذلك في أضيق الحدود حتى لا يتحول التفويض إلى إشراف على الأساليب, ولكن يجب أن تتضمن هذه الإرشادات التعريف بالعقبات الكبيرة التي يعلمها المدير بحكم الخبرة الذاتية.

٣- **تحديد الموارد:** البشرية والمالية والفنية والتنظيمية التي يستطيع الشخص من خلالها تحقيق النتائج.

٤- **المساءلة:** تحديد معايير واضحة لمستوى الأداء التي سيتم استخدامها لتقييم النتائج والمواعيد المحددة لتقديم التقارير ومتى سيتم التقييم.

٥- **جوانب التقييم:** تحديد ماذا يمكن أن يحدث كنتيجة للتقييم سواء كان جيدًا أم سيئًا, ويمكن أن يشمل ذلك الجوانب المالية والنفسية والتنظيمية وغيرها من الحوافز الإيجابية أو السلبية.[(١)]

٢- الإدارة بالأهداف:

من خلال هذا الأسلوب الفني، يمكن التأكد من أن الأعمال قد أنجزت وهذا يتطلب توضيح للأهداف، وربط أداء الأفراد بما حققه من أهداف المنظمة.

وقد لجأت كثير من المنظمات إلى اتباع أساليب حديثة في التقييم مثل نظام التقييم الذاتي ِ "Self-Reviews"، التقييم من خلال الزملاء " Peer Reviews " أو من خلال المرءوسين "Upward Assessments" ولكن النظام الأكثر شيوعا هو نظام التقييم الشامل أو ما يسمى (Appraisal 360 Performance) وأحيانا يعرف باسم (e 360 Halogen) وتتم عملية التقييم في هذا النظام من خلال أشخاص متعددة مثل الزملاء ، وفريق العمل ، والمرءوسين، والعملاء، و المدير

---

(١) R.Covey Stephen, **Op.cit** .

المباشر. وبالرغم من أن أسلوب الإدارة بالأهداف ليست من الأساليب الحديثة في التقييم حيث ظهرت في مطلع الخمسينات ولكن مازالت كثير من المنظمات في الدول المتقدمة تتبع أسلوب الإدارة بالأهداف. والهدف الأساسي من وراء هذه الأساليب الحديثة هو تحقيق التواصل الدائم بين الموظف والأشخاص الذين لديهم تعامل معه في العمل من أجل تحسين أدائه وتطويره ولتحقيق أداء متميز من خلال العمل كفريق [١] .

٣-إدارة الجودة الشاملة:

هو أسلوب فني يهتم بمشاركة الموظفين في تحقيق رسالة المؤسسة, وذلك من خلال اجتماع مجموعة من الموظفين اجتماعات دورية لتوضيح وتحليل وحل المشاكل التي يواجهونها في العمل. هؤلاء الموظفون قد تدربوا على حل المشاكل وجمع وتحليل المعلومات. [٢]

ويعتبر نظام الجودة الشاملة أسلوب تفكير جديد لإدارة الموارد البشرية، ويعتمد على المشاركة الواسعة في التخطيط والتنفيذ والتحسين المستمر في العمليات التي تفوق توقعات العملاء، فهو نظام متكامل موجه نحو كسب ولاء العملاء في الحاضر والمستقبل. والعملاء ضمن مفهوم الجودة الشاملة هم العملاء الخارجون أي الأشخاص أو الجهات التي تتأثر بمنتجات وخدمات وأنشطة المنظمة. والعملاء الداخليون هم العاملون الذين ينتمون داخليًا إلى المنظمة ويتأثرون بالأنشطة والقرارات. فرضاء العميل الداخلي أو الخارجي يعتبر من أهم محاور ومتطلبات إدارة الجودة الشاملة، وهو بدوره يتطلب تعميق فكرة " العميل يدير المنظمة" على المستويات التنظيمية كافة بالمنظمة. ويتطلب ذلك خلق علاقات قوية

---

(١) **http://www.toolpack.com/performance.htm** Toolpack Consulting, Tools To Turn Information into Action.

(٢) تاريخ دخول الموقع ٢٠٠٥/١٢/٧.

Klingner, Donald E. & John Nalbandian. ,Op.cit.

ومنفتحة مع العملاء والمحافظة عليهم مما سيكون ذات تأثير إيجابي على السلعة أو

الخدمة المقدمة وعلى أداء الجودة بشكل عام [1].

ونجد أن هناك بعض الأمثلة التي أوضحت أهمية مشاركة الموظفين في تحقيق أهداف

المؤسسة أو المنظمة، منها المشروع الخاص بالرقم القومي التي تقوم بتنفيذه الحكومة المصرية.

* * *

---

(١) د. صلاح حسين الهتمي، زياد يوسف المعشر،" العلاقة بين إدارة الجودة الشاملة ومجالات الموارد البشرية وأثرها على الأداء، دراسة ميدانية في القطاع الهندسي الأردني"، **مجلة النهضة**، جامعة القاهرة، كلية الاقتصاد والعلوم السياسية، العدد الثاني عشر، يوليو ٢٠٠٢، ص ص ٤٦-٥١.

المبحث الرابع
مداخل تقييم وتحسين الأداء المؤسسي

أولاً: مداخل تقييم الأداء المؤسسي:

١-مدخل تحليل النظم :

تتعدد وتتنوع المداخل والنماذج في النظر والتفكير في المنظمات العامة, ويعد النموذج التقليدى أول نموذج ينظر إلى العلاقات المستقرة الرسمية بين الوظائف ووحدات العمل على أنها أهم العناصر في أي منظمة, إلا إن هذه النظرة تعد نظرة محدودة للغاية, وذلك لكونها تستبعد عناصر مثل سلوكيات القيادة, وتأثير البيئة, والعلاقات غير الرسمية, وتوزيع السلطة. إذا فقد نجح هذا النموذج فقط في الإمساك بجزء بسيط مما يدور فعليًا في المنظمات العامة, فهو منظور ضيق.

ولذا فقد برز نموذج آخر حظى بالإجماع, وهو النموذج الذي ينظر إلى المنظمة العامة على أنها نظام اجتماعي، حيث يرى عدد من الأدبيات والدراسات إلى أن المنظمات العامة يمكن فهمها بشكل أفضل, لو أنه جرى دراستها على أنها نظم اجتماعية مفتوحة وديناميكية.

كما يمكن النظر الى المنظمات العامة على أنها عبارة عن" تجمع اجتماعي مشروع", ووفقًا لهذا التعريف فإن المنظمات يتم النظر إليها باعتبارها مجموعات من الأشخاص, ويتفق مع هذا التعريف "مارسن وأولسن" حيث يشيران إلى أنه عندما يدخل الأفراد إلى إحدى المنظمات العامة فإنهم يتعلمون القواعد المعمول بها في تلك المنظمة, ومن ناحية أخرى تدعي المدرسة الفكرية التقليدية إن الهوية يتم العثور عليها في الأفراد ذاتهم من خلال نوعية جيناتهم الوراثية.

ولقى هذا المذهب انتقادًا حادًا من جانب مدرسة البيئة الاجتماعية التي ترى بأن على المجتمع أن يجبر الأفراد على لعب دور محدد في المنظمات التي يعملون بها.

في حين ترى المدارس الحديثة أن خلق الهوية ينظر إليه باعتباره عملية ثنائية الاتجاه، فالهوية يتم خلقها من خلال التفاعلات بين الأفراد في السياق الاجتماعي، فالأفراد يدخلون إلى تلك التفاعلات و يضاف إليها ما غرسه المجتمع من قواعد, وفوق كل ذلك لغته.[١]

ويثور الآن سؤال عن **المقصود بالنظام ؟**

أ-التعريفات

* **تعريف النظام:** هو عبارة عن: "مجموعة من العناصر المتشابكة والمرتبطة ببعضها على نحو وثيق", بمعنى أن التغيير في أي عنصر يؤثر على العناصر الأخرى.

والنظام المفتوح هو النظام الذي يتفاعل مع بيئته, فالمنظمة العامة الوطنية والدولية أكبر من كونها مجرد مجموعة من العناصر المرتبطة ببعضها, وإنما هذه العناصر تشكل معًا آلية تتلقى مدخلات من البيئة وتقوم بتحويل هذه المدخلات, ثم تنتج مخرجات.[٢]

يعرف الفقيه "بيرتالاتفي" النظام بأنه: "هناك نماذج وقواعد وقوانين تنطبق على كافة النظم العامة أو مكوناتها بغض النظر عن طريقة النظام أو نوعية المكونات والعلاقات المتبادلة بينها" وبالتالي تكون مهمة النظرية العامة للنظم هي تكوين واستنباط هذه المبادئ التي تكون قابلة للتطبيق على النظم كافة. بينما يعرف"مرجع استانفورد " النظام على أنه: "عملية تنفيذ لمجموعة من العناصر, كل منها متحد في الوظيفة والتشغيل لتحقيق الأهداف المحددة". أما تعريف " تاجرت " النظام بأنه: " مجموعة من النظم الفرعية, وعلاقتها في بيئة معينة, لتحقيق أهداف محددة"[٣].

بينما يعرف عبد الحكم أحمد الخزامى النظام بأنه "مجموعة من الأجزاء

---

(١) Czarniawska, Barbara., **Narrating The Organization** (Chicago: The University of Chicago Press, 1997), pp. 42-44.

(٢) Nadler, David and Tushman, Michael: **Strategic Organization Design** (London: Scott, Foresman and Company, 1988), pp. 19-20.

(٣) د. توفيق عبد المحسن، مرجع سبق ذكره، ص ٧٧.

والعمليات المترابطة والتى تستخدم مدخلات معينة تجرى عليها عمليات تشغيلية لإنتاج مخرجات معينة، أيضًا وكما يقول خبراء النظم، فإن فعالية النظام تتوقف على مدى قدرته على توظيف نوع من أنواع التغذية العكسية Feedback، للوقوف على ردود فعل بيئته التنظيمية بالنسبة لما أحدثته مخرجاته من تأثير"[١].

ب - تحليل النظم:

يعرف تحليل النظم بأنه "التقويم الإجرائى لأنشطة وعمليات المنظمات العامة للتوصل إلى وفهم مشكلات العمل الأساسية ووضع الحلول التي تناسبها".

ونظام تقييم الأداء المؤسسي من خلال هذا المدخل يتكون من ثلاثة محاور كما هو في الشكل التالى :

الشكل رقم ٤

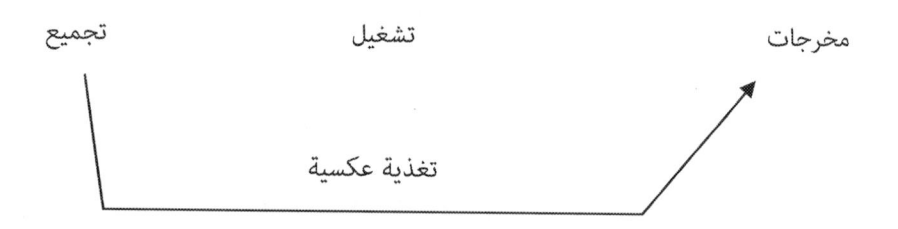

تجميع
تشغيل
مخرجات
تغذية عكسية

ومن أهم مميزات هذا المدخل أخذ العوامل البيئية سواء الداخلية أو الخارجية بالمنظمة العامة في الحسبان, والتركيز على ما يجب أن تكون عليه المنظمة العامة [٢].

ج- أهم مظاهر المنظمات فيما يلي:

التداخل والتشابك الداخلي:

لاشك أن التغيرات التي تطول أحد مكونات إحدى المنظمات العامة غالبًا ما يكون لها تبعات بالنسبة للمكونات الأخرى, لأن المكونات جميعها متشابكة ومتداخلة على نحو وثيق.

---

(١) عبد الحكم أحمد الخزامى، **تقييم الأداء**، (القاهرة, مكتبة ابن سينا:١٩٩٠), ص ٢٢.
(٢) المصدر: د. عفاف الباز، مرجع سبق ذكره، ص ص ١٤، ١٥ .

المقدرة على التغذية العكسية:

ويقصد بذلك توافر معلومات عن المخرجات التي يمكن استغلالها للسيطرة على النظام. وبمقتضى هذه الخاصية يكون بمقدور المنظمات العامة تصحيح الأخطاء, بل وحتى تغيير نفسها إذا اقتضى الأمر, فليس صحيحًا أن معلومات التغذية العكسية دائمًا تؤدي إلى إجراء التصويب, فبعض المنظمات لديها المقدرة على استخدام التغذية العكسية لأغراض التصويب الذاتي, إلا إنها لا تقوم بذلك في كل الأحوال.

حالة الاتزان:

يقصد بها بذلك حالة التوازن, فعندما تقع أحداث معينة تجعل النظام في حالة عدم اتزان، فإن النظام يتفاعل ويصدر عنه رد فعل بالتحرك لإعادة نفسه مرة أخرى لوضع الاتزان. ومثال ذلك أنه لو حدث وقامت إحدى جماعات العمل بمنظمة عامة ما وعلى نحو فجائي بزيادة أدائها بصورة دراماتيكية، فإن ذلك من شأنه جعل النظام فاقدًا للاتزان, فمثل هذه الجماعة ستتقدم بطلبات ضخمة لدى الجماعات المكلفة بإمدادها بالمعلومات عن المواد التي تحتاجها. ولو كان هناك نوع من الحوافز مطبق ومعمول به, فإن الجماعات الأخرى قد تشعر بعدم المساواة, لأن هذه الجماعة تبدأ في كسب المزيد بدرجة تفوق الآخرين. ويمكننا التنبؤ بصدور بعض الأفعال لاستعادة الاتزان إلى النظام, فإما أن تقوم بقية المنظمة بالتغيير لزيادة الإنتاج أو أنها ستمارس ضغوطًا على تلك الجماعة لتعديل سلوكها بحيث يستقيم مع مستويات الأداء بباقي النظام.

التأقلم: إذا ما أريد لأي نظام أن يستمر في الحياة, فلابد أن تتوافر لديه مقدرة الحفاظ على توازن معقول بين المدخلات والمخرجات من معاملات مع البيئة المحيطة, وإلا فسد النظام وتلاشى .

السياق: يتضمن السياق العناصر التي تشكل فيما بينها المتطلبات التي يتعين على المنظمة العامة مواجهتها, أو الموارد التي يتعين عليها أن تعمل بها.[1]

---

(١) Nadler, David and Tushman, Michael, Op. Cit., pp. 20-22.

ج- أنواع النظم: يمكن تصنيف النظم إلى أربع مجموعات , وهي:

المجموعة الأولى: النظم المغلقة والنظم المفتوحة.

المجموعة الثانية: النظم المحتملة والنظم المحددة والمستقرة.

المجموعة الثالثة: النظم المتكيفة وغير المتكيفة.

المجموعة الرابعة: النظم البسيطة والنظم المتشابكة.

ونتناول كل مجموعة بصورة أكثر تفصيلًا , وذلك على النحو التالى:

المجموعة الأولى: النظم المغلقة والنظم المفتوحة:

* النظام المغلق: هو النظام الذي لا يتطلب فردًا أو أفرادًا للإشراف عليه؛ لأنه يتحكم ويعدل في عملياته أتوماتيكيًّا.

* النظام المفتوح: هو النظام الذي يتطلب فردًا أو عدة أفرادًا للإشراف عليه, لأنه لا يستطيع أن يتحكم أو يعدل في عملياته أتوماتيكيًّا.

المجموعة الثانية: النظم المحددة والمحتملة والمستقرة:

* النظم المحددة: هي النظم التي يمكن توقع أحداثها ومكوناتها بدقة خلال فترة محددة، ويمكن التنبؤ بما سيلي من خطوات.

* النظم المحتملة: هي النظم التي لا يمكن توقع أحداثها بسهولة وبدقة.

* النظم المستقرة: هي النظم التي تتكون من علاقات وارتباطات محددة بدقة وعند حدوث أي خلل, فإن ذلك يكون لفترة معينة, سريعًا ما تعود الأوضاع إلى حالتها الطبيعية مرة أخرى.

المجموعة الثالثة: النظم المتكيفة وغير المتكيفة:

* النظام المتكيف: هو النظام الذي يعدل نفسه أو بيئته أتوماتيكيًّا عندما يستلزم الأمر ذلك.

* النظام غير المتكيف: هو النظام الذي لا يستجيب للتغيرات التي تحدث في بيئته.

المجموعة الرابعة: النظم البسيطة والنظم المتشابكة:

* **النظم البسيطة:** هي تلك النظم التي تحتوي على مكونات قليلة, وتتميز بعدد قليل من العلاقات المتبادلة فيما بينها.

* **النظم المتشابكة:** هي النظم التي تحتوي على مكونات كثيرة, وتتميز بعدد كبير من العلاقات المتبادلة. [١]

تقييم أداء النظام: يتم تقييم أداء النظام من خلال عدة مداخل, يتم سردها على الوجه الآتي:

١- مدخل النظام – الموارد:

تعرَّف الفعالية على أنها الدرجة التي عندها تكون المنظمة العامة ناجحة في الحصول على الموارد الشحيحة والقيمة. ويقوم مدخل النظام- الموارد بالتركيز على التفاعل بين المنظمة وبيئتها. فالمدخلات تحل محل المخرجات, وذلك باعتبارها موضع الاهتمام الأساسي. ويتم النظر إلى المنظمات العامة باعتبارها مشاركة في علاقة مساومة مع بيئتها, بحيث تحصل على الموارد الشحيحة التي يتم تحويلها وإعادتها إلى البيئة كبضائع وخدمات.

القيود على مدخل النظام-الموارد: طرحت عدة قيود على مدخل النظام – الموارد , أهمها:

- في الوقت الذي يسعى فيه مدخل النظام- الموارد إلى أن يأخذ في الاعتبار أن المنظمات العامة معتمدة على بيئتها المحيطة من أجل الموارد، فإنه لم يقدم التوجيه الخاص بما من شأنه أن يشكل الاستغلال الأمثل للموارد.

- هو أنه لا يقدم توجيهًا كافيًا في التحديد لأي الموارد الشحيحة والقيمة التي تكون مرتبطة كأساس للتقييم.

- المبالغة في التركيز على حيازة الموارد ويتجاهل استخدامها.

---

(١) د. توفيق عبد المحسن، مرجع سبق ذكره، ص ص ٨٤-٨٥.

٢ - مدخل أصحاب المصلحة :

بدأ ظهور مدخل أصحاب المصلحة في جذب الاهتمام في أواخر السبعينات من القرن الماضى. ويقوم هذا المدخل شأنه شأن مدخل النظام الموارد, بتوجيه الاهتمام إلى علاقة المنظمة العامة مع بيئتها الكبرى, كما أنه يوجه اهتمامه إلى المخرجات المترتبة على أداء منظمة معينة. ويقوم هذا المدخل بتعريف الفعالية على أنها الحد الذي عنده يتم إرضاء أصحاب المصلحة. ويركز هذا المدخل على المجموعات المختلفة سواء الداخلية أم الخارجية التي تستطيع إما التأثير في أو تتأثر بأداء إحدى المنظمات العامة ويشتمل أصحاب المصلحة التقليديين على الملاك, والموظفين, والعملاء, والموردين, والحكومة, والمجتمع ككل.

القيود الواردة على مدخل أصحاب المصلحة: ترد مجموعة من القيود على هذا المدخل, تتمثل فيما يلى :

- **تتغير الفعالية بمرور الوقت, حتى لو ظل الأداء على حاله بلا تغير.**

- **وأحكام أصحاب المصلحة على الفعالية وتفضيلاتهم قد تتغير**؛ لثلاثة أسباب رئيسية, وهى:

السبب الأول:

قد يؤدي الأداء السابق لإحدى المنظمات العامة إلى تغيير تفضيلات أصحاب المصلحة, فإذا ما نظرنا على سبيل المثال لتفضيلات الموظفين للحصول على أجور عالية, فإن تعريف الموظف لما يمثل أجور عالية يتغير بمرور الوقت, بسبب تزايد تكاليف المعيشة, والتغييرات في الأجور التي تقدمها تلك المنظمات.

السبب الثاني:

يتغير السياق الاجتماعي الذي يجري فيه تقييم الأداء، بمرور الوقت, فعلى سبيل المثال فإن حركة الحقوق المدنية ترتب عليها تغيير في تعريفات ممارسات التوظيف المقبولة، فلم يعد باستطاعة أصحاب الأعمال التمييز على أساس العنصر, ولا الديانة, ولا الأصل الوطني, ولا الجنس, ولا السن, وجميعها كانت ممارسات مسموح بها.

السبب الثالث:

قد يجلب مع جماعات أصحاب المصلحة الجدد توقعات جديدة و تؤثر على عمليات المنظمة العامة، ولذلك يتعين القيام ببحث أهداف تلك المنظمات بصورة دورية للوقوف على ما إن كانت تتواءم مع البيئة الاجتماعية أم لا؟ ومن ثم معرفة إن كانت أهداف المنظمات العامة توفر توجيها للحفاظ على علاقات مُرضية مع أصحاب المصلحة ممن يقدمون الموارد الضرورية لبقائها سواء الآن أم في المستقبل.(١)

**** تطبيق مدخل تحليل النظم في تقييم الأداء المؤسسي**

يساعد منهج تحليل النظم على تحقيق الطريقة العملية في تقييم الأداء المؤسسي، وذلك من خلال تحديد المشكلة والنظر إليها من جوانب متعددة، بحيث تؤخذ جميع العوامل في الاعتبار, ثم اتخاذ القرار ووضعه في شكل برنامج عمل يمكن تنفيذه, وعلى هذا يمر تطبيق هذا المنهج بالمراحل الآتية:

١- تحديد المشكلة: يجب التعرف على المشكلة وعلى أسبابها، وجوانبها المتعددة التي ترتبط بها وتؤثر فيها وتتأثر بها, حتى لا نتركها تتعقد وتتفاقم, وبالتالي يصعب علاجها.

٢- تحليل المشكلة وجمع البيانات المتعلقة بحدوثها: تصنيف المشكلة أمر حيوي, لأنه يساعد على معرفة المسئول عنها, وكيف يتم التغلب عليها, ويتم جمع البيانات لعملية التحليل من خلال:

- الملاحظة.

- المقابلات الشخصية مع العاملين داخل الإدارات المختلفة.

- التقارير المنشورة.

---

(١) Bedian, Arthur and Zammuto, Raymond., **Organizations Theory and Design** (Chicago: The Dryden Press International Press, 1991), pp. 67-69.

- تصميم واستخدم قوائم الاستقصاء.

وإن كانت هناك صعوبة في عملية جمع البيانات من المنظمات العامة, وذلك بسبب تعاملهم بمبدأ السرية في الحصول على بعض البيانات.

- الحصول على بعض البيانات.

- صعوبة مقابلة الشخصيات الهامة في المنظمات العامة.

- تقادم البيانات الموجودة.

٣-تحليل البيانات والمعلومات:

تتطلب هذه الخطوة، تفتيت المشكلة إلى جزئيات متعددة لتحديد أهم العوامل المؤثرة فيها.

وأهم الأسئلة التي تتناولها هذه الخطوة:

- من يؤديها؟

- ماذا يؤدي؟

- كيف تؤدى؟

- لماذا يؤديها؟

- متى يؤديها؟

- أين يؤديها ؟

٤- اختيار البديل الأمثل: اختيار البديل الأفضل,من أصعب مراحل تطبيق منهج النظم, ولكن هناك بعض الاعتبارات التي يجب أن تؤخذ في الاعتبار عند اختيار البديل الأمثل، وهي:

- درجة المخاطرة وعلاقتها بالعائد المنتظر.

- توفير الجهد والوقت والمال.

- إمكانية تنفيذ الحل.

٥- تحويل القرار إلى عمل فعال:

يتم تحويل القرار إلى عمل فعلي قابلًا للتنفيذ من خلال مجموعة من العاملين في المنظمـة العامة، ولكي تنجح هذه المرحلة يجب أن يفهم القائمون الهدف مـن هـذا العمـل، والتغيرات المتوقع حدوثها في سلوكهم، مـع تشجيعهم مـن خـلال وضـع سياسـة ناجحـة للحوافـز الماديـة والمعنوية حتى يشعر العاملون الذين يقومون بالتنفيذ أن القرار نابعًا منهم.

٦- التقييم:

حيث يرى البعض من الباحثين أن الخطوة الأخيرة من عملية اتخاذ القرارات تحتوي كـلًا من تنفيذ القرار وتعديله، وفقًا للظروف المحيطة التي تحدث بمجرد اعتبار القرار نافذًا.[١]

د - أهمية استخدام مدخل تحليل النظم في تقييم الأداء المؤسسي:

ترجع أهمية استخدام مدخل تحليل النظم في تقييم الأداء المؤسسي، إلى مجموعة من العوامل، أهمها :

١- النظر إلى المنظمة العامة كنظام مفتوح يتضمن أنظمـة فرعيـة توجـد بينها علاقـات متبادلة عديدة، تتيح النظرة الكلية للنظام دراسة أو تقييم أداء تلك المنظمات ككل، ثم تحليل مكونات النظام، ودراسة أجزائه دون التركيز على جزء واحد وإهمال الأجزاء الأخرى.

٢- التركيز على العوامل البيئية المحيطة بالمنظمة العامة.

٣- التركيز فيما يجب أن تكون عليه المنظمـة العامـة في المستقبل ممـا يـؤدي إلى تحسـين كفاءة الأداء المؤسسي.

٤- يساعد تحليل المنظمة العامة داخليًا علـى الاستفادة مـن الخبرات السـابقة في تقييم الأداء المؤسسي.

٥- أثبتت الدراسات الميدانية أن معالجة انخفاض كفاءة أداء النظام

---

(١) د. توفيق عبد المحسن، مرجع سبق ذكره، ص ص ٨٥ – ٨٨.

البيروقراطى, يكون من خلال استخدام مدخل تحليل النظم, أي من خلال النظر إلى السياسة العامة للدولة والمدخلات التي تأتي إلى النظام من البيئة الخارجية، وكيف يتفاعل مع مفردات هذه البيئة, سواء كان ذلك في نظام مؤسسات الحكم أو في الإطار الأهم للنظام الاجتماعي.[١]

٢ - مدخل الإدارة بالأهداف:

أ- تعريفه:

هو نظام مصمم لضمان التزام المديرين بأهداف المنظمة, ووفقًا له يتوقع من المديرين أن يتولوا تحديد أهدافهم على ضوء إستراتيجية المنظمة, وأن يعبر عن هذه الأهداف بصورة تكون قابلة للقياس حتى يتمكنوا من تقييم أدائهم .

وهناك عدة مؤشرات يمكن استخدامها لقياس الأهداف, منها: نصيب المنظمة من السوق- جودة الإنتاج – عدد شكاوى العاملين – أسعار ومنتجات المنظمة بالنسبة للمنافسة – رضاء المستهلك عن الخدمة أو السلعة.[٢]

تتعدد الأهداف التي تسعى المنظمات العامة إلى تحقيقها, وهو ما جعل "سيشور" يلاحظ أن المشكلات تحدث, لأن الأهداف المتعددة للمنظمة الواحدة أحيانًا ما تتعارض مع بعضها البعض, وذلك في السعى للحصول على الموارد الشحيحة, وهو ما يستوجب القيام بمبادلات. كما أن الأهداف غالبًا ما تكون غير متوافقة لكونها مرتبطة ببعضها سلبيًا.

وهناك عدد من الكتاب الآخرين بما فيهم "دراكر" و"سيرت" و"مارسن"، يقترحون أن هناك مزايا تتحقق من جراء سعي المنظمات العامة لتحقيق أهداف متعددة, فعلى سبيل المثال فإن " دراكر" ذكر أن المديرين عاجزون عن استغلال وقتهم بكفاءة إذا ما ركزوا على تحقيق هدف واحد صحيح, ولذلك, فإنه يقترح

---

(١) عايدة سيد على خطاب، **تقييم كفاءة الأداء بقطاع الخدمات، رسالة دكتوراه**، كلية التجارة، جامعة عين شمس، ١٩٧٩.
(٢) د. عفاف محمد الباز، مرجع سبق ذكره، ص١٤.

ضرورة وجود أهداف متعددة في ثمانية مجالات رئيسية من نشاط الأعمال وهي: التسويق، الابتكار، التنظيم البشري، الموارد المالية، الموارد المادية، الإنتاجية، المسئولية الاجتماعية، واحتياجات الربحية. مع ملاحظة أن بعض هذه المجالات (كالتسويق, والموارد المالية، الموارد المادية، والمسئولية الاجتماعية) ذات توجه خارجي, وفي مثل هذه الحالات تكون البيئة بمثابة قوة معاونة وليس مجرد قوة معوقة لتحديد الأهداف.[١]

المفاهيم:

اختلف الكتاب والباحثون في تعريفهم لنظام الإدارة بالأهداف, إلا إن أهم التعريفات المعروضة في هذا الخصوص, تعريف Morrisey " حيث يعرفها بأنها: "إدارة تحتوي على أهداف أو نتائج متوقعة واضحة ومحددة، كما تحتوى على وضع برامج واقعية لتحقيق تلك الأهداف, وتقييم الأداء في ضوء قياس النتائج" .[٢]

يعرفها "Humble" بأنها: "أن الإدارة بالأهداف عبارة عن نظام ديناميكي, يربط بين حاجة المنظمة العامة لتحقيق أهدافها الخاصة بالربحية والنمو, مع حاجة المدير للإسهام ولتطوير نفسه ذاتيًا."[٣]

ب - مميزات الإدارة بالأهداف : تتميز الإدارة بالأهداف بما يلي :

١- تحويل المهمة إلى أهداف للوحدات.

٢- تحويل الوحدة إلى أهداف فردية.

٣- التعرف على النظام المناسب لتقييم الأداء والمراجعة وهو ما يساعد على ضمان تحقق الأهداف.[٤]

٤- أن تطبيق نظام الإدارة بالأهداف يساعد على تنمية القدرة التخطيطية لكل من الرؤساء والمرءوسين, فهي تعظم من وعي المديرين بأهداف المنظمة العامة,

---

(١)   Gerloff, Edwin A, Op.Cit., p. 150.

(٢)   Morrisey, George L., **Management by objectives and Results in the Public Sector** (Massachusetts: Addison – Wesley,1976).

(٣)   William, Humble., **Management Objectives** (London: Gower Press, 1985)

(٤)   Gerloff, Edwin A, Op. Cit., p. 151.

وارتباطها بأهداف المجتمع, كما ترفع من وعى المرءوسين بهذه الأهداف وكيفية اختيار البدائل الملائمة لتحقيقها.

٥- يساعد هذا النظام على تدعيم وسائل الاتصال بين الإدارة العليا, وبين المستويات الأدنى داخل التنظيم, مما يساعد على إحداث جو من الرضاء والتفاهم داخل المناخ الوظيفي بدلًا من الاختلاف والتضارب.

١- يسهل هذا النظام عملية الإشراف والرقابة داخل المنظمة العامة, فالمرءوسون سيشعرون بالمسئولية ويأخذون على عاتقهم مهمة تحقيق الأهداف, لأنهم اشتركوا في صياغتها منذ البداية.

٢- يساعد هذا الأسلوب العاملين على الابتكار والتجديد, وبالتالى تعظيم قدرة المنظمة على المنافسة الداخلية, نتيجة لتقديم المنتجات الجديدة والتى تكون نتاجًا لقدرة العامل على الابتكار والتجديد.[1]

* * *

(١) د. توفيق عبد المحسن، مرجع سبق ذكره، ص ص ٩٩-١٠١.

شكل رقم (٥)

مخطط التدفق الخاص بعملية الإدارة بالأهداف

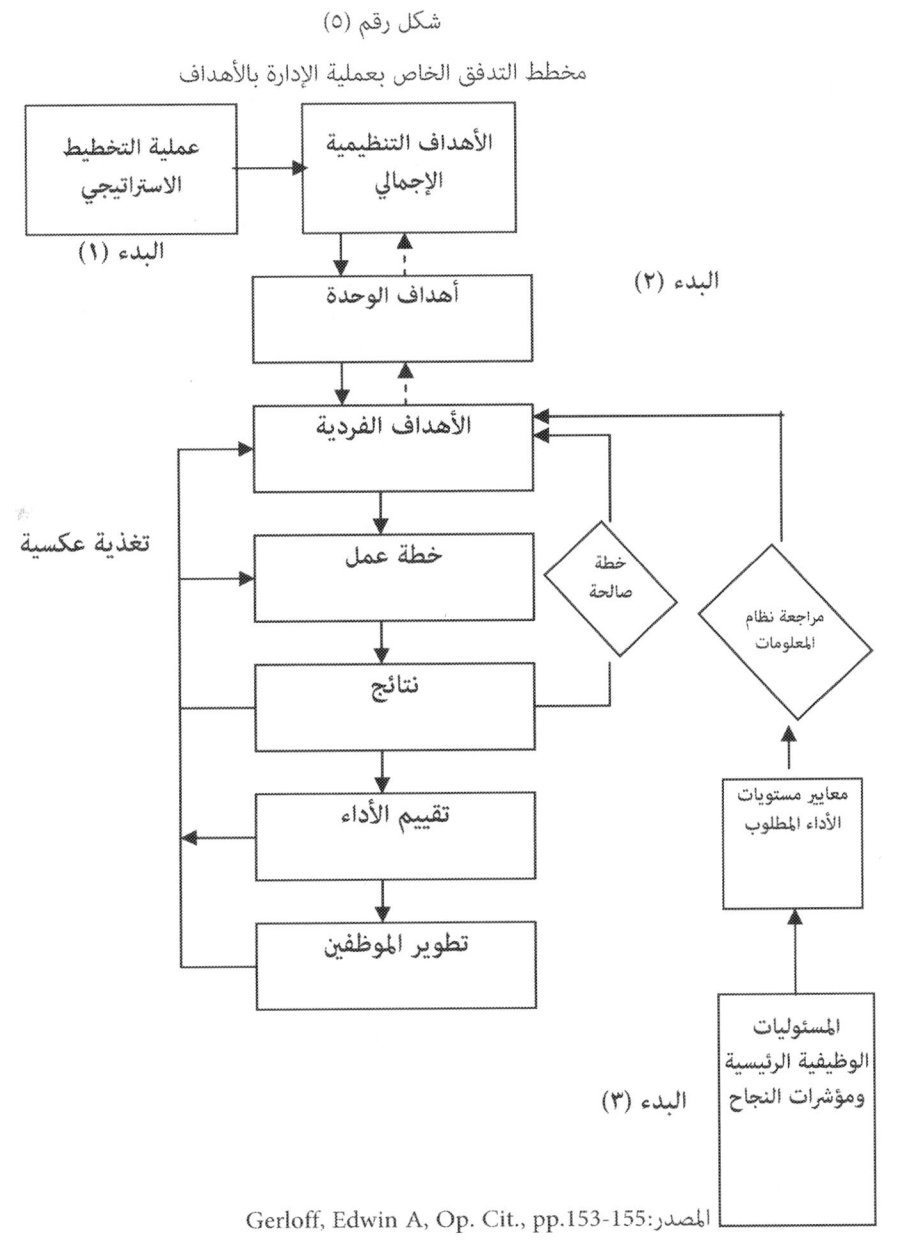

المصدر:Gerloff, Edwin A, Op. Cit., pp.153-155

يبين الشكل السابق المستويات الثلاثة من شكل التصميم والمتمثلة في: الإستراتيجية والمهمة (البدء ١), ثم الهيكل والأهداف (البدء ٢), ثم الإسهام الفردي (البدء ٣), فعلى المستوى الإستراتيجي, يتطلب الأمر التعرف على المهام

التي تتفق مع الفرص الموجودة في الأسواق, والكفايات الموجودة في المنظمة العامة, والقيم التي يعتنقها الائتلاف الإدارى بتلك المنظمة. وفى الوضع المثالى, فإن مديرى الإدارة العليا باستطاعتهم التعرف على الأهداف التنظيمية الإجمالية والتى تسمح بدورها بتحديد أهداف الوحدات الفردية ومن ثم استخدام أهداف الوحدات كدليل في التوصل إلى الأهداف الفردية .(١)

**** معايير الفاعلية والكفاية: يمكن تقييم الأداء المؤسسي بطريقتين, وكلاهما يرتبطان بالأهداف:**

الطريقة الأولى:

وهى تحديد النطاق الذي عنده تم تحقيق أهداف المنظمة العامة, ويطلق على قياس الأداء في هذه الحالة معيار الفعالية, حيث يقوم هذا المعيار بالتركيز على الحد الذي عنده تقوم إحدى المنظمات العامة بتحقيق أهدافها .

أما الطريقة الثانية:

ويطلق عليها "معيار الكفاية", وهو المعيار الذي يركز على معرفة الكيفية التي تحقق بها إحدى المنظمات العامة هدف معين, وذلك بدلًا من معرفة ما إن كان الهدف تحقق أم لا؟ فالمنظمة العامة عبارة عن نظام مفتوح, ومن ثم فهى تعتمد على البيئة المحيطة بها و التي تحصل منها على المدخلات و تقدم لها المخرجات في شكل بضائع أو خدمات, ويعنى ذلك أننا نستطيع تحديد الأهداف, وقياس الأداء بالنسبة للارتباطات الخارجية. ويبين الجدول التالى الكيفية التي يتم بها قياس الفعالية التنظيمية:

(١) Gerloff, Edwin A, Op. Cit., pp.153-155.

جدول رقم(٢)

الكيفية التي يتم بها قياس الفعالية التنظيمية

داخلية	خارجية
كفاية	
- الوحدات التي يتم إنتاجها من كل ساعة عمل	- تكلفة رأس المال
- معدل العائد على رأس المال المستثمر	- حصة السوق
- المواد الهالكة لكل وحدة	- تكلفة العمالة والمواد الخام
الفعالية	
- رحيل الموظفين عن المنظمة	- رضا المجتمع عن المنظمة
- التغيب عن الحضور	- رضا المستهلك
- عدد الشكاوى	- التاثير البيئى[(١)]
- المناخ التنظيمى	

المصدر: Gerloff, Edwin A, Op. Cit., pp.153-155.

ج - الانتقادات الموجهة لنظام الإدارة بالأهداف:

يوجه لنظام الإدارة بالأهداف عدة انتقادات, أهمها :

١- يحتاج استخدام نظام الإدارة بالأهداف وقتًا طويلًا من الأفراد من أجل فهمه, ثم البدء في تطبيقه.

٢- صعوبة وضع معايير دقيقة, يتم على أساسها قياس الأداء؛ لأن بلوغ الأهداف قد يكون معيارًا غير واقعى في الفاعلية التنظيمية, فالمنظمات العامة كنظام للنشاط هي اجتماعية, ومادامت كذلك فهى تميل إلى عدم الثبات على حال, ولذلك

(١) Ibid., pp. 155-156.

يوجد دائمًا نوع من التباين والاختلاف بين الأهداف, وبين الأداء. فإن الحكم على الفاعلية من ناحية البلوغ التام للأهداف أو حتى معظم هذه الأهداف فقط, معناه أن تصاب بخيبة الأمل من جراء النتيجة التي نحصل عليها في معظم الأحوال, كما أن معظم المنظمات العامة, وبصفة خاصة المنظمات الكبرى, يكون لديها أهداف متعددة تسعى إلى تحقيقها في آن واحد ومع ذلك فإن تحقيق هدف واحد قد يعيق بلوغ الأهداف الأخرى وعلى حساب النمو التنظيمى على الأمد الطويل.

وتتمثل صعوبة وضع المعايير, في صعوبة التوصل إلى معايير خالية من الغموض بالنسبة لقياس الفاعلية, فالعديد من المنظمات العامة الساعية للربح تقوم بعمل بيان غامض بالأهداف المطلوب تحقيقها, كما أن العديد أيضًا من المنظمات العامة غير الساعية للربح, مثل الجمعيات التطوعية تقوم بوضع أهداف غاية في الغموض.(١)

٣ - القياس المقارن (Benchmarking)

فى ظل المتغيرات والتحديات العالمية الجديدة, تحاول منظمات الأعمال تحسين أداءها للوصول إلى أفضل أداء يمكنها من الاستمرار في المنافسة في السوق, ولذلك ظهرت كثير من المداخل الإدارية التي تسعى إلى تحسين أداء منظمات الأعمال, ولعل من أحدثها ما يطلق عليه القياس المقارن بالأفضل "Benchmarking".

أ- نشأة القياس المقارن :

حينما بدأت اليابان إعادة البناء بعد انتهاء الحرب العالمية الثانية, أولت اهتماما متزايدًا لمجالات التعليم والمعرفة, حيث قامت بأخذ الأفكار من أكثر الشركات الأمريكية تقدمًا ونجاحًا(٢).

وبرز ذلك واضحًا مع شركة Xerox في عام ١٩٧٩ , حتى امتد تطبيقه ليشمل الشراء والتسويق، والبنوك, والمستشفيات كمنظمات حكومية خدمية, وهو وسيلة

---

(١) Bedian, Arthur G. and Raymond Zammuto, Op.Cit., pp. 63-64.

(٢) د. عبد العزيز مخيمر وآخرون، مرجع سبق ذكره، ص ١٧٤.

للوصول إلى أعلى مستوى للمنافسة يركز على العمليات, والممارسات, وتوضيح الفجوة في الأداء[1].

ب- تعريف القياس المقارن

قدم الباحثون والكتاب تعريفات متعددة للقياس المقارن, من أهمها: أنه "معيار للتميز أو الإنجاز, يمكن من خلاله الحكم على الأشياء المتشابهة." ويعرفه مركز الإنتاجية والجودة في أمريكا بأنه "عملية تحديد وتفهم ومواءمة الممارسات المتميزة داخل المنشأة أو خارجها مع مختلف المؤسسات الأخرى في أي مكان في العالم لمساعدة المنشأة في تحقيق أدائها." ويعرفه Dervitsiotis بأنه دراسة منظمة لمقارنة مؤشرات الأداء الأساسية في إحدى الشركات بأهم المنافسين في أي مجال آخر مثل جودة الإدارة, أو الرقابة على المخزون".[2]

ج-فوائد وأهداف القياس المقارن: وتتمثل الأهداف والفوائد فيما يلى:

- عدت المقارنة المرجعية وسيلة ناجحة لتطوير معايير ومؤشرات الأداء المتعلقة بأعمال وأنشطة المنظمات العامة، بهدف تحسين وتطوير العمل وتحقيق أفضل أداء ممكن.

- تسهل عملية المقارنة المرجعية من عملية التعلم بين المنظمات العامة، بمعنى أنها عملية تعلم من أجل أخذ درس من إحدى المنظمات العامة, وترجمته, وتطبيقه في إطار المناخ التنظيمى, ورسالة وأهداف المنظمة العامة في التعلم من المنظمة العامة الأخرى[3].

- إرضاء أصحاب المصلحة والمستفيدين في المنظمة العامة وهم العاملون، والملاك, والموردون.

(١) د. عفاف البار، مرجع سبق ذكره، ص ١٧.
(٢) د. توفيق عبد المحسن، **قياس الجودة والقياس المقارن، أساليب حديثة في المعايرة والقياس** (القاهرة: دار الفكر العربي، ٢٠٠٣-٢٠٠٤)، ص ١٩٥.
(٣) د. محمد الطعامنة، مرجع سبق ذكره، ص ٢٤.

- يهدف هذا المدخل إلى التحسين المستمر, والتطوير الدائم في العمليات والأنشطة, لتحقيق المزيد من النجاح في إرضاء المستفيدين.[١]

د - أهمية القياس المقارن:

توضح (Larsen, 1993) في دراستها في قطاع الخدمات الصحية, أنه يمكن قياس تطوير الجودة بسهولة, وذلك من خلال إجراء مقارنات كمية يمكن الحصول عليها بواسطة نظام المعلومات بالمستشفى, مثال ذلك وقت انتظار المرضى للتسجيل, عدد الشكاوى. فمعالجة هذه الأمور تؤدى إلى زيادة رضاء العملاء وزيادة إيرادات المستشفى, بالإضافة إلى تدعيم العلاقة مع عملائها.

كما توصل كل من Simpson and Kondauli, 2000 في أبحاثهم, أن القياس المقارن وسيلة فعالة لقياس جودة الخدمات, كما يساعد المنظمات الخدمية في رسم إستراتيجيتها, وزيادة الكفاءة والفاعلية, وتطوير نظام التدريب, والإقلال من التكلفة, وسهولة تصميم الخدمة, وتحسين الاتصالات الداخلية, ومحاولة إرضاء العاملين والمتعاملين.[٢]

هـ - أنواع القياس المقارن : هناك عدة أنواع من القياس المقارن أهمها : -

أ - **القيام المقارن داخل المنظمة العامة** وفى هذه الحالة تجرى مقارنة بين الإدارات أو الخطط أو الأقسام داخل المنظمة العامة. فمثلًا فى المستشفى تجرى المقارنة بين العمليات, مع إدارة أو خطة أو قسم يتسم أداؤه بأنه أفضل من باقى الإدارات والأقسام الأخرى.

ب - القياس المقارن التنافسى:

وفى هذه الحالة تتم مقارنة الأداء الحالى للمنظمة بالأداء الحالى للمنافسين الذين يقدمون الخدمات نفسها, وهذا لا ينطبق على المنظمات العامة التي تقدم خدماتها بشكل احتكارى.

---

(١) د. على السلمي، مرجع سبق ذكره، ص ١٥١.
(٢) د. توفيق عبد المحسن، قياس الجودة والقياس المقارن، مرجع سبق ذكره، ص ص ١٩٢-١٩٣.

جـ- القياس المقارن العام: General Benchmarking :

هو أكثر الأنواع استخداما في مجال المنظمات العامة, حيث يقوم المسئول بتحديد أفضل الممارسات عمومًا في مجال الخدمات الحكومية, وتتم المقارنة بها, والتعلم منها, وهذا النوع من القياس يساعد في التغلب على مشاكل المقارنة بالمنافسين(١).

و -مراحل عملية القياس المقارن:

حدد كل من " Andersen and Pettersen, 1996" الخطوات الست لتنفيذ القياس المقارن عمليًا والمتمثلة في :

أولًا: التخطيط: يحتوى على اختيار العملية التي ستكون محلًا لدراسات القياس المقارن, والتى هي ضمن إستراتجية المنظمة العامة, وتشكيل فريق القياس المقارن, وفهم وتوثيق العملية, وإرساء معايير لقياس الأداء من الجودة, والوقت والتكلفة.

ثانيًا: البحث: البحث عن النموذج الأفضل من خلال دراسة المنشأة الرائدة في المجال.

ثالثًا: الملاحظة: تحتوى هذه المرحلة على تقييم المعلومات التي تحتاجها, واختيار الطرق والأدوات لجمع البيانات والمعلومات.

رابعًا: التحليل: ويقصد به التوصل إلى الفجوة في الأداء بين المنظمة, والنموذج الأفضل, وتحليل الأسباب الرئيسية التي أدت لهذه الفجوات, مع تحديد الطرق والممارسات التي أوصلت النموذج الأفضل للأداء المتميز.

خامسًا: التكيف: ويقصد به تحديد مواطن التحسين التي توصلنا إليها في المرحلة السابقة, ثم محاولة تطويعها بما يتلاءم مع ظروف التطبيق العملى بالمنشأة.

سادسًا: التكرار: تحتوى هذه الخطوة على إعادة المعايرة, بمعنى تغيير أهداف القياس المقارن للوصول إلى ممارسات أفضل, وتغيرات, وتحسينات.(٢)

---

(١) د. عبد العزيز مخيمر وآخرون، مرجع سبق ذكره، ص ١٧٦.
(٢) د. توفيق عبد المحسن، قياس الجودة والقياس المقارن، أساليب حديثة في المعايرة والقياس، مرجع سبق ذكره، ص ص ٢٠٢-٢٠٣.

مراحل القياس المقارن كما حددها "Robert C: Camp" موضحة في الشكل التالى:

شكل رقم (٦) [1]

دعم من الإدارة

↓

الاتصالات داخل التنظيم

↓

مشاركة العاملين

الأداء المتميز

ما هي المهارات المطلوبة لتنفيذ برنامج المعايرة؟ يتطلب تنفيذ برنامج المعايرة تعزيز مهارات القائمين عليه من حيث:

١ - **مهارات أحد المنظمات المتميزة:** ففى جميع مجالات النشاط تتواجد منظمات عامة من حيث:

- كفاءات المديرين.
- إنتاجية العاملين.
- أداء إدارة الموارد البشرية.
- الأداء التسويقى والتنافسى خاصة في حالة المنافسة مع القطاع الخاص.
- الأداء المالى.
- أنشطة البحوث والتطوير.

٢ - **مهارات تصميم الأهداف الكمية والنوعية للتحسن المستمر:** تتميز بعض المنظمات العامة من حيث :

---

(١) مصدر الشكل :
Robert. C.B., Benchmarking, The Secret for Industry Best Practices that lead to superior performance ASQC Quality progress, January 1989, p 63.

- إشراك المستويات الأدنى في وضع الأهداف (الإدارة بالأهداف).

- تصميم الأهداف القابلة للقياس.

٣ - مهارات جدولة برنامج الـ "Benchmarking" :

- تحديد أولويات المجالات التي سيجرى فيها التطوير.

- تحديد الوقت اللازم لعملية التحسن.

٤- مهارات تكوين وحفز فرق العمل في برنامج الـ "Benchmarking" : والمقصود في هذا الصدد : اختيار القائد- إشراك القائد - تثبيت روح المنافسة في الفريق.

٥ - مهارات صياغة آليات تنفيذ وقياس التحسن: وذلك من حيث موضوعية أدوات القياس[١].

٤-مدخل المراجعة الإدارية:

أ- تعريف المراجعة الإدارية:

تعتبر المراجعة الإدارية أداة رقابية فعالة, حيث تمتد الاستفادة بها إلى جهات عديدة, تهتم بأمور المنظمات العامة, ونتيجة نشاطها, ومركزها المالي, وعوامل نجاحها أو فشلها, ومدى تنفيذها للسياسات, وتقييم إدارتها وأجهزتها[٢].

ويعتبر "جاكسون مارتنيل" من الأوائل الذين استخدموا هذا المدخل, حيث يرى أن المراجعة الإدارية هي" إجراء للاختيار والتحليل والتقدير المنسق للأداء الكلي للإدارة, وأن الهدف منها هو قياس جودة الإدارة لخدمة الأفراد أصحاب المصلحة المتعلقين بالمنظمات العامة سواء كانوا مستثمرين، أم عاملين أم مستهلكين.كما يعرفها أحد الباحثين بأنها "الدراسة الاقتصادية للنشاط الإداري

---

(١) د. أحمد سيد مصطفى، مرجع سبق ذكره، ص ص ١١-١٢.

(٢) إبراهيم على عشماوى، **أساسيات المراجعة والمراقبة الداخلية** (القاهرة : مطابع أهرام الجيزة)، ص ص ١٨- ١٩.

بأكمله في المنظمة العامة, بهدف التوصل إلى نقاط الضعف من أجل إحداث التحسينات."[(١)]

ب- أسباب الاهتمام بالمراجعة الإدارية: لقد زاد الاهتمام بالمراجعة الإدارية والمراجعين الداخليين خلال العقدين الأخيرين, وذلك لأسباب عدة أهمها:

* زيادة واتساع حجم المنظمات العامة, وكثافة العمليات المالية والإدارية والرقابية المطلوب مراجعتها أول بأول.

* قدرة المراجعين الداخليين على وضع أسس ومعايير الأداء لأعمال المنظمة العامة.

* المسئولية الكبيرة الملقاة على عاتق المراجعين الداخليين عند متابعة وتقييم النظم المالية, والإدارية, والرقابية, المستخدمة في المنظمات العامة.

* تمكين إدارة المنظمات العامة من اتخاذ القرارات الاقتصادية, والفنية, والإدارية المناسبة.[(٢)]

ومن الجدير بالذكر أن المراجعة الإدارية كأسلوب حديث تختلف في التقييم عن الأسلوب القديم الذي كان يطلق عليه المراجعة المحاسبية, وذلك من جوانب عدة, أهمها: أن المراجعة الإدارية هي مدخل شامل للتقييم من تسويق وإنتاج وتمويل وتطوير وأفراد وعلاقات عامة وبحوث ، بينما المراجعة المحاسبية مقيدة فقط بنشاط المحاسبة, وتدقيق الحسابات.

ويوضح الجدول التالي الفرق بين المدخلين بصورة أشمل :

---

(١) د. توفيق عبد المحسن، تقييم الأداء، مداخل جديدة لعالم جديد، مرجع سبق ذكره، ص ١٢٤.
(٢) د. صلاح الدين خضر محمد، تطوير معايير المراجعة الداخلية ومعايير الجودة، بحث مقدم في ندوة **تطوير الأداء في مؤسسات القطاع العام**، القاهرة: المنظمة العربية للتنمية الإدارية، ٢٠٠٥.

جدول رقم (٣)

معايير المقارنة

معايير المقارنة	المراجعة الإدارية	المراجعة المالية والحسابات
الشمول	شاملة	نوعية وقد تتم بالعينات
الدورية	خلال العام ونهايته	بعد إعداد الحسابات الختامية
مجال التطبيق	جميع أنشطة الأعمال ووظائف الإدارة	المعاملات المالية الملموسة
الهدف	مراجعة تفصيلية لتحسين النتائج	للتدقيق لأغراض داخلية وخارجية قانونية
المسئولية	الإدارة العليا	إدارة الحسابات والمراجعة
مشاركة الإدارات	تتم المشاركة بين المستويات المختلفة	الحسابات مع المراجع الخارجي
توازن الأهداف	شاملة	أهداف ربحية ومالية فقط
مصدر السلطة	داخلية عليا	خارجية / مراقب الحسابات
التكلفة	تبررها الفوائد	غالبا ما تكون مرتفعة
المراجع	داخلي أو خارجي	خارجي
التوقيت	يمكن أن تتم في أي وقت	لا تتم إلا بعد إنهاء الحسابات الختامية
درجة التركيز	على الوسائل والنتائج الملموسة وغير الملموسة السلوكية	على النتائج المالية النهائية
درجة الاهتمام بالبيئة المؤثرة	عالية	منخفضة
الاهتمام بالتفاصيل	متوفرة	تركز على النتائج الكلية

نوع المراجعة	مانعة	مصححة للخطأ	
الطابع	إداري شامل	قانوني نوعي	
درجة المراجعة	تراجع الإدارة العليا	تراجع الحسابات الختامية	
الاهتمام بالسبب	تهتم بالسبب لتحسين النتائج	تهتم بالنتيجة أساسا	
درجة الانتشار والتطبيق	محدود	واسع الانتشار	

(**المصدر:** د. فريد راغب النجار، المراجعة الإدارة، أسلوب متكامل لمراجعة الإدارة، برامج التنمية الإدارية، ندوة التخطيط والمتابعة، المركز العربي للتطوير الإداري. القاهرة ١٩٨٢ ص ١١ ، ٨٢).

فى هذا الإطار نقترح لضمان قيام المراجعة الإدارية بمهامها بالكفاءة والفعالية المطلوبة, الأخذ بمعايير جائزة مالكوم بالدريج. وذلك بهدف تقييم الأداء المؤسسي في المنظمات العامة .

حيث يعتبر ظهور معايير مالكوم بالدريج لتقييم نتائج أعمال المنظمات المختلفة في الولايات المتحدة الأمريكية, تحولًا تاريخيًا في مجال تقييم الأداء المؤسسي, حيث يؤكد على مايلى:

١- جودة التخطيط الإستراتيجي للمنظمات المختلفة في الولايات المتحدة .

٢- خلق وإبداع الأساليب لقياس الأداء المؤسسي.

وتتكون معايير بالدريج من سبع مجموعات رئيسية كما أنها تحتوي على عشرين معيارًا فرعيًا بإجمالي درجات ١٠٠٠ درجة, وهذه المجموعات هى:

المجموعة الأولى: القيادة (pts ١٠٠)

تعتبر هذه المجموعة أن القيادة لـديها القـدرة عـلى حمايـة مـوارد المنظمـة, ولهـا دورهـا ومسئوليتها الاجتماعية نحو المجتمع، مـع قيـاس تحقيـق الأهـداف عـلى مـا يصـدر مـن نظـم, وتعليمات, ومتطلبات قانونية, وأخلاقية.

المجموعة الثانية: التخطيط الإستراتيجي (pts ٨٠) وتتمثل في تطوير النظم المستخدمة لحل مشاكل واحتياجات العملاء.

المجموعة الثالثة: التركيز والاهتمام بالعميل والسوق (pts ٨٠)

يتم من خلال هذه المجموعة فحص كيفية نجاح المنظمات العامة بتحديد متطلبات, وتوقعات العملاء والسوق, وتحديد مدى رضائهم من الخدمة المقدمة.

المجموعة الرابعة: تحليل المعلومات (pts ٨٠)

يتم من خلال هذه المجموعة فحص إدارة وفعالية استخدام البيانات والمعلومات, وذلك على نحو دعم عمليات وأداء المنظمات العامة.

المجموعة الخامسة: إدارة وتنمية الموارد البشرية (pts ١٠٠)

يتم من خلال هذه المجموعة فحص كيفية تمكين قوة العمل من التطوير, والاستفادة من إمكانيات, ومهارات العاملين التي تتوافق مع أهداف المنظمات العامة.

المجموعة السادسة: إدارة العمليات (pts ١٠٠)

يتم من خلال هذه المجموعة فحص إدارة العمليات من كافة الوجوه مع الاهتمام بالعميل، والمنتجات، والموردين, والمشاركين في أعمال المنظمات العامة.

المجموعة السابعة: قياس نتائج الأعمال (pts ٤٥٠)

تعتبر هذا المجموعة شاملة لقياس نتائج أعمال المنظمات العامة, وأهمية ذلك في الربط بين الأداء والنتائج المحققة لكل نشاط داخل المنظمات العامة.[1]

٥- تقييم الإنتاجية كمدخل لتقييم الأداء المؤسسي:

يحظى موضوع الإنتاجية باهتمام كبير من قبل الممارسين والباحثين، نظرًا لأن الإنتاجية تعتبر مقياسًا لمستوى الكفاءة في استغلال الموارد البشرية والمادية في إنتاج السلع الخدمات. فالإنتاجية تعتبر مؤشرًا قويًا، ومعيارًا شاملًا لمدى الكفاءة في استخدام الموارد المتاحة, وتحويلها إلى إنتاج في صورة سلع وخدمات قادرة على

(١) د. صلاح الدين خضر محمد، مرجع سبق ذكره ص ص ٨٦ - ٩٥.

إشباع الحاجات الإنسانية.

وتمثل الإنتاجية العلاقة النسبية بين كمية الإنتاج, والجهد البشري المبذول في تحقيقه، كما أنها تعكس العديد من العوامل والمتغيرات التكنولوجية والبيئية، وهي بهذا المعنى تعبر عن كفاءة الأداء، سواء كان ذلك على مستوى الفرد, أم الوحدة الإنتاجية، أم قطاع من القطاعات الاقتصادية، أم الاقتصاد الوطني ككل.

١- **مفهوم الإنتاجية:**

تعرف الإنتاجية على أنها: مقياس الكفاءة في استغلال الموارد البشرية, والمادية المتاحة, والمستخدمة في إنتاج السلع والخدمات, خلال وحدة زمنية محددة، وغالبًا ما تستخدم العلاقة النسبية بين كمية الإنتاج من المنتجات أو الخدمات (المخرجات), وكمية الموارد التي استخدمت في تحقيق هذه الكمية من الإنتاج (المدخلات)، وهو ما يطلق عليه output input ratio .

٢- **أهمية قياس الإنتاجية:** يتمتع قياس الإنتاجية بمجموعة من المزايا, أهمها:

- توفر البيانات الإحصائية عن الأجور, والإنتاج, وعدد ساعات العمل, مما يجعل عملية قياس الإنتاجية أسهل في الفهم والحساب.

- يتم الاهتمام بعنصر العمل لأهمية مقارنته بباقي عناصر الإنتاج الأخرى, حيث يساهم هذا العنصر في تحسين أداء الوحدات الإنتاجية, ويؤثر بشكل واضح في أغلب العمليات الإنتاجية.

- يبرز الاهتمام المتزايد بإنتاجية عنصر العمل, وذلك للسيطرة على اتجاهات الارتفاع الملحوظ في التكلفة المصاحبة لعنصر العمل.

- وجود علاقة مباشرة بين إنتاجية الأداء, ومستويات الدخل، مما يؤثر على مستوى معيشة الأفراد وأنماط استهلاكهم.[1]

- قياس الإنتاجية يساعد على تقييم أداء العاملين، إذ يمكن من خلال مقارنة

(١) د. محمود محمد المنصوري، **إدارة النظم والعمليات الإنتاجية** (بنغازي: مركز بحوث العلوم الاقتصادية، الطبعة الثانية، ١٩٩٨) ص ص ٣٢٨ - ٣٣٣.

إنتاجية عامل من فترة لأخرى, و تحديد مدى التحسن أو التأخر الذي طرأ على أدائه بشكل كمي, وهو ما يفيد في موضوعية قياس وتقييم الأداء المؤسسي.

- قياس عائد التدريب, إذ يمكن من خلاله مقارنة إنتاجية عامل قبل التدريب وبعده, وتحديد مدى إسهام التدريب في تحسين إنتاجية هذا العامل.

- قياس مدى فاعلية استخدام باقي المدخلات مثل الخامات, ورأس المال, والطاقة المحركة. وبصفة عامة لتحري المسببات التي أدت إلى انخفاض الإنتاجية كأساس لعلاجها.[1]

ويذكر في هذا الصدد أن الاتجاه الحديث لتقييم الإنتاجية, كمؤشر حقيقي لمستوى الكفاءة, يأخذ في الاعتبار تحليل التقلبات المالية التي تحدث في مستويات التكاليف والأسعار للمنتجات, وعدم إمكانية الاكتفاء المطلق بمعطيات ودلالات التحليل الكمي للإنتاج.[2]

نخلص من ذلك إلى القول بأن هناك ارتباطًا جذريًا بين مدخل تقييم الإنتاجية, وفكرة الأداء المؤسسي المبنية على المنظور التكاملي للأداء.

٣- أساليب قياس الإنتاجية:

يعنى تقييم الإنتاجية على المستوى الكلى, وقياس المستوى المطلق للإنتاجية, واتجاهاتها, والتى يعبر عنها من خلال سلسلة من المؤشرات, ويمكن استخدام نوعين من النسب الإنتاجية لقياس الإنتاجية وهما :

إجمالى المخرجات / المدخلات = الإنتاجية الكلية

$$\text{الإنتاجية الجزئية} = \frac{\text{إجمالى المخرجات}}{\text{المدخلات الجزئية}}^{[3]}$$

(١) د. أحمد سيد مصطفى, إدارة الإنتاج والعمليات في الصناعة والخدمات (القاهرة: دار النهضة العربية, الطبعة الثالثة, ١٩٩٨) ص ٦٠٧.
(٢) د. محمود المنصوري, مرجع سبق ذكره, ص ٣٣٣.
(٣) د. عفاف الباز, مرجع سبق ذكره, ص ١٥.

٣- عناصر الإنتاجية :

تتفاعل عدة عناصر لتحدد مستوى الإنتاجية والتى تعد محصلة الأداء والتكنولوجيا معًا.

الأداء = القدرة × الرغبة   التكنولوجيا = التجهيزات × طرق استخدامها

والقدرة = المعرفة × المهارة × وضوح الدور

والرغبة = الاتجاهات × المواقف

ونتناول بالشرح والتفصيل لهذه النقاط :

الأداء: يقصد بالأداء، العمل الذي يؤديه الفرد، وكم الإنجاز الذي يحققه، ويتأثر هذا الإنجاز بالعوامل البيئية المحيطة به سواء كانت من داخل المنظمة أم خارجها.

القدرة: يقصد بالقدرة, مدى تمكن العامل فنيًا في عمله, و تتأثر مستوى قدرة الفرد بمحصلة كل ما يعرفه عن وظيفته, وأبعادها وخصائصها، وكذا مهارته في ممارسة هذه الوظيفة. أما المعرفة، فتتمثل في المعلومات والخبرات التي حصل عليها الفرد من خلال التعليم والتدريب. وأما المهارة فهي كيفية ترجمة المعرفة التي اكتسبها الفرد لأداء عملي.

الرغبة : هي تعبير عن اتجاهات العامل ومشاهده إزاء عمله وما يحيط به, وإلى أي مدى يحب عمله وينجذب إليه, وهل لديه ولاء لإدارته أم لا؟

وأما المواقف: فتتمثل في الظروف التي عايشها الفرد، وإلى أي مدى أثرت على سلوكه وشخصيته.

والتكنولوجيا: تتمثل في التجهيزات المستخدمة وسواء كانت حديثة أم متقادمة، فاعلة أم أقل فاعلية, ويذكر أن مستوى التجهيزات المستخدمة مع قدرة مستخدميها سيؤثر بلا شك في مستوى الجودة، حيث تستبعد الوحدات المعيبة من الوحدات المنتجة التي ستخضع لقياس الإنتاجية.[١]

---

(١) د. أحمد سيد مصطفى، مرجع سبق ذكره، ص ص ٦٠٨ - ٦١١.

وقد شهد النصف الثانى من القرن العشرين, تغير العديد من المفاهيم الإدارية. فبعد أن كان الاهتمام بالإنتاج أصبح التركيز نحو التسويق, ومن التركيز على الجمهور الخارجى إلى الاهتمام بالجمهور الخارجى والداخلى. ومن التركيز على رأس المال المادى إلى الاهتمام برأس المال الفكرى. والتساؤل الذي يطرح نفسه هنا هو " لماذا تسعى المنظمات إلى استخدام أفكار إدارية جديدة؟". وتتمثل الإجابة المنطقية على هذا التساؤل في أن هي الرغبة في التميز وتحقيق ميزة تنافسية, هي التي تدفع المنظمات للبحث واستخدام أفكار إدارية جديدة . وهنا يجدر بنا الإشارة إلى أهم المداخل الحديثة لتحسين الأداء المؤسسي.[1]

ثانيًا: مداخل تحسين الأداء المؤسسي

١- التحسن المستمر في الأداء "Kaizen" :

Kaizen كلمة يابانية تعنى التحسن المستمر. ويرى هذا المدخل أن تطوير الأداء للمنظمة العامة يتميز بالصفات التالية:

١- يقع التطوير المستمر على عاتق كل إنسان في المنظمة العامة وليس مسئولية جماعة أو مستوى إدارى بعينه.

٢- يقع التطوير المستمر على تطوير العمليات, وليس فقط على النتائج, وإنما يقوم بتطوير وتحسين العمليات للوصول إلى النتائج المثلى.

٣- تركز فلسفة Kaizen على تطوير الأداء في كل الأنشطة داخل المنظمة, سواء كانت أنشطة تسويقية, أم تمويلية, أم إدارية.

٤- يقع التطوير المستمر على عاتق الإدارة والعاملين أيضًا.

٥- Kaizen, منظومة متكاملة من الفكر الإدارى, ونظم العمل, وأدوات تحليل المشاكل واتخاذ القرارات.

٦- الاعتراف بداءة بوجود المشاكل حتى يتم التطوير, فبدون الإقرار بوجود

---

(١) د. عادل زايد، **الأداء التنظيمي المتميز: الطريق إلى منظمة المستقبل**, (القاهرة: المنظمة العربية للتنمية الإدارية، ٢٠٠٣) ص ٦.

مشكلات, لن يكون هناك تحسين للأداء.

٧- يركز مدخل Kaizen على أهمية إشباع رغبات العميل, حيث تعتمد فلسفته على
"Customer driven".

٨- ألا يقل اهتمام الإدارة بالتحسين المستمر عن ٥٠% من الوقت.

٩- تركز فلسفة Kaizen على الاهتمام بعمليتين أساسيتين هما : الصيانة والتحسين.

فالصيانة تعنى وضع المعايير والمعدلات والتأكد من الالتزام بها, أما التحسين يقصد به
تطوير المعايير والمعدلات والوصول بها إلى مستوى أعلى.

أخيراً يتشابه هذا المدخل مع الفكر التقليدى المتمثل فيما يسمى بالعملية الإدارية
(Managing Process)، إلا إن الفارق الجوهرى, يتمثل في أن تطبيق هذا المنهج لا يتم في أسلوب
تتابعى Sequential, ولكن في أسلوب متزامن, بسبب استخدام التقنيات الحديثة في تبادل
المعلومات التي تساعد على رصد الأداء ومقارنته بالأهداف في الوقت الحقيقى[1].

٢- إدارة التغيير كمدخل لتحسين الأداء المؤسسي:

تسمح إدارة التغيير للمنظمات العامة, بأن تكون أكثر تنافسية, وأن تصبح أكثر قدرة على
الاستجابة السريعة لطائفة متنوعة من الاحتياجات.

وتمر عملية التغيير بسبع مراحل:

١- التخطيط: ويقصد به التعرف على المسألة المطلوب بحثها, وتجميع ما يتطلبه التغيير.

٢- التقويم: يتم من خلاله تحديد ما إن كانت هناك فجوة بالنسبة للمنظمة بين الوضع
الحالى والوضع المطلوب بلوغه.

٣- التحليل: ويقصد به اتخاذ القرار بشأن الوسائل التي تكفل سد الفجوة.

---

(١) د. علي السلمي, مرجع سبق ذكره, ص ص ٩٢-٩٥.

٤- التصميم: وهو تصور الهدف المطلوب بلوغه من مبادرة التغيير.

٥- ترجمة التصميم إلى واقع: ويقصد به إعداد كل شيء لصالح التغيير: النظم, الأشخاص والمواد.

٦- التنفيذ: ويقصد به وضع الخطة موضع التنفيذ.

٧- التقييم: وهو متابعة وقياس فعالية التغيير[1] فإذا ماجعلت إحدى المنظمات أفرادها مشاركين وعلى دراية معلوماتية, وممثلين في أثناء مبادرة التغيير فإن هؤلاء الأشخاص من غير المحتمل أن يقاوموا جهد التغيير.

تحليل البيانات:

تعد مسألة مهمة في عملية إدارة التغيير, و تحتاج إلى وجود محلل إحصائي, ضمن لجنة توجية مسار التغيير, شريطة أن يتمتع المحلل بالخبرة في أساليب جمع البيانات, إضافة إلى القدرة على تحليلها. ويتطلب جمع وتحليل البيانات أربع أنشطة هى:

١- إنشاء ملفات قواعد البيانات في الحزمة الإحصائية من أجل سهولة الدخول إلى البيانات.

٢- جمع وإدارة البيانات.

٣- تفسير البيانات.

٤- توثيق ما تتوصل إليه من نتائج في تقرير التقييم, ثم تفسير البيانات مقارنة بأهداف المشروع, وتحديد ما إن كانت النتائج تضاهى ما تم التوصل إليه أم لا؟ وفي حالة ما إذا كانت الأهداف تضاهى النتائج فيتم اختيار واحدة مما يلى:

• القيام بتنفيذ واسع النطاق للحل والاستمرار في جمع البيانات وصولاً إلى نتائج متسقة ثابتة.

• القيام بتنفيذ واسع النطاق والتوقف عن جمع البيانات.

---

(١) Lee William W and Karlj. Krayer., **Organizing Change, An Inclusive Systematic Approach to Maintain Productivity and Achieve Results** (USA Pfeiffer publisher, 2003), pp. 18-25.

- القيام بتنفيذ واسع النطاق والانتظار لفترة محددة من الوقت ثم إجراء تقويم آخر.

أما إذا كانت النتائج لا تطابق الأهداف فتقرر القيام بواحدة من الخطوات التالية:

- تعديل المبادرة.

- تعديل آليات القياس.

- إعادة الدراسة بعد إجراء التعديلات.

- اختيار عينة تمثيلية أخرى وإعادة التقييم.

- التخلص من المبادرة بكاملها.

دراسة العائد على الاستثمار: يعتبر العائد على الاستثمار من الأمور الهامة في عملية إدارة التغيير, حيث تعكس النتائج عدد الدولارات التي تحققت كعائد مقابل كل دولار تم إنفاقه على مبادرة التغيير. وتتحدد الفائدة من التغيير من واقع الأهداف التي وضعت أثناء مرحلة التصميم التي فيها عرفت من الإدارة العليا ما اعتبر كعائد, ووازنت ذلك مع تكلفة التغيير.

ويسمى هذا القياس تحليل فائدة التكاليف, والمعادلة المستخدمة في حساب هذا القياس هي:

الفائدة الدولارية المطلوبة الكلية ÷ التكلفة الدولارية المتوقعة الإجمالية = التكلفة/ الفائدة

بينما معادلة العائد على الاستثمار هي:

العائد على الاستثمار= فوائد البرنامج الصافي / تكاليف البرنامج × ١٠٠

والتكاليف المباشرة هي تلك التكاليف التي يتم تقاضيها في مقابل المشروع.

أما التكاليف غير المباشرة , فهي تلك التكاليف التي قد تتكبدها الشركة, إضافة إلى التكاليف المباشرة للمشروع.

تعتبر وضع الآليات من الأمور الهامة في عملية التغيير, وتتمثل في الاختبار,

ونماذج استطلاع الرأى, والمسح, والملاحظات, وهى جميعًا ملاحظات يجب التوصل إليها بناء على الغرض من التقييم. وهذه الآليات يقوم بتحديدها محللو التدريب / الأداء.[1]

٣- التعلم التنظيمى كمدخل لتحسين الأداء المؤسسي :

يتعلم الأفراد فى المنظمات العامة الحديثة مجالات فنية متنوعة, ومهارات التفاعل الاجتماعى, ويحاولون دائما تنمية مهارتهم ذاتياً ويتعلمون طرق التفاعل, والتداخل مع الجماعات الأخرى. كما تتعلم المنظمة العامة ككل كيف تفكر وتتصرف إستراتيجيا لتستجيب للتغيرات البيئية المتلاحقة. ويعرف الباحثون المنظمات التي تبحث عن المستقبل بأنها "منظمات تعليمية " " Learning Organizations " ولا يقصد بالمنظمة التعليمية البحث عن معلومات من الخارج ودمجها في أنظمتها الداخلية, وإنما تكون عمليات التعلم جزءًا من كيان ونسيج المنظمة العامة ويوجد هناك ثلاث عمليات تعليمية متداخلة:

- التعلم التشغيلى Operational Learning .
- تعلم النظم Systemic Learning .
- تعلم التحول Transformative Learning .

١ - التعلم التشغيلى

هو نتيجة جهود المنظمة العامة مستهدفًا تطوير عملياتها الرئيسية. فالتعلم التشغيلى يعنى كيفية أدائنا لواجباتنا الوظيفية على أحسن وجه ممكن لخدمة العملاء وأن نقوم بتصحيح ما يقع من أخطاء بصورة مستمرة. وتقدم شركة (موتورولا) مثالًا جيدًا للتعلم التشغيلى, فهذه الشركة تحقق أقل من ٣,٤ غلطة لكل مليون فرصة أداء, ويتطلب ذلك جهودًا مضنية لكى تصل (موتورولا) إلى هذا المستوى.

٢ -تعلم النظم

يعتمد تعلم النظم على فكرة أن المنظمة العامة هي عبارة عن مجموعة معقدة من

---

(١) Lee William., Op.Cit., pp. 186-190.

النظم المتداخلة. يحدث تعلم النظم عندما تقوم المنظمات العامة بإحداث تغيرات, ليس فقط في إجراءات العمل, وإنما في قيم وسياسات وقواعد تلك المنظمة. ويركز تعلم النظم على تحسين أداء المنظمة العامة ككل, وليس الاهتمام فقط بتحسين أداء نظام بمعزل عن النظم الأخرى.

٣-تعلم التحول

ويقصد به هو عملية التحسين المستمر للمنظمة العامة. و يتضمن تعلم التحول كلًا من التعلم التشغيلى, وتعلم النظم في عملية مستمرة لتحقيق التغير الثورى.[١]

كما تستطيع المنظمات العامة تحسين الفعالية على الأمد الطويل بالتركيز على خلق نظام تنظيمى, و يسعى لتعظيم دور التعلم على المستويات الفردية, وفِرَق العمل, والمستوى التنظيمى. وتتمتع منظمات التعلم بخصائص رئيسية وهى: وجود أفراد, وفرق عمل تعمل في اتجاه بلوغ الأهداف المرتبطة والمشتركة, فضلًا عن التمتع بالاتصال المفتوح مع توافر المعلومات, واقتسامها, وتقديم دعم الإدارة للتعلم, وخلق مناخ يشجع ويكافئ على التعلم, إضافة إلى الترحاب بكل أفكار جديدة.[٢]

٤-إدارة الجودة الشاملة كمدخل لتحسن الأداء المؤسسي

تعتبر الجودة السمة الرئيسة للأداء المطلوب, ومن ثم تصبح إدارة الجودة الشاملة هي المدخل الطبيعى لتحسين أداء المنظمة. كما تعد الجودة إحدى ركائز الميزة التنافسية لأى منظمة عامة، ومن ثم فهى تحقق رغبات العميل.

الجوده الشاملة:

هي جودة كل الوظائف, وكل الأعمال في المنظمة العامة على مختلف

---

(١) د. عبد الحكم أحمد الخزامى، **تحسين الأداء** (القاهرة: مكتبة بن سينا، ١٩٩٩) ص ص ٢٤٢-٢٤٥.

(٢) Swanson, Richard, and Elwook Holton., **Results: How to Assess Performance**, Learning and **Perceptions in Orgnizations** (California: Benett - Koehler Publishers Inc., 1999) p. 233.

المستويات. وتقع الجودة الشاملة على عاتق كل شخص في المنظمة العامة.

ومن أهم عناصرها الرئيسية :

- مراجعة الموقف وتحديد الأهداف.

- وضع الخطط لتحقيق الأهداف.

- تنفيذ الخطط.

- مراجعة ما تحقق من الأهداف .

- تعديل الخطط والأهداف.

أ- **المرتكزات الرئيسية في نظام الجوده الشاملة: تتمثل تلك المرتكزات فيما يلى:**

- تحديد العملاء ورغباتهم.

- وضع معدلات للأداء تتطابق مع رغبات العملاء.

- الرقابة على النظم والعمليات للتأكد من الوفاء بالمعدلات.

- توفير الدعم, والمساندة، والتأييد من الإدارة العليا لمفاهيم الجودة الشاملة، وتحفيـز الأفراد القادرة على تطبيق المفهوم.

- إعطاء الأفراد فرصة العمل لتحسن الجودة .

- الالتزام بتطبيق مبدأ التحسن المستمر.

- دعم الاتصالات وإزالة العقبات بين الإدارات والأقسام وتنمية عمل الفريق.

- الأخذ بفلسفة عدم الخطأ ومبدأ الإنجاز الصحيح من أول مرة.

ب - **مجالات إدارة الجودة الشاملة: وتتمثل أهمها فيما يلى :**

- الأنشطة التسويقية.

- تخطيط وتطوير العمليات الإنتاجية.

- الهيكل التنظيمي.

- الموارد البشرية.

- خدمات ما بعد البيع.

- النظم والإجراءات المالية.

ج - الدورة الكاملة لإدارة الجودة الشاملة: يحتوى تطبيـق تكنولوجيـا الجـودة الشـاملة على الخطوات المتكاملة التالية:

- تخطيط الجودة.

- تنظيم الجودة.

- تأكيد الجودة.

- مراجعة الجودة.

ويرى Deming أن **أهم إيجابيات الجودة الشاملة,** هي:

١- تحسين الجودة من خلال تقليل إعادة التشغيل.

٢- تقليل الأخطاء.

٣- تقليل التأخير.

٤- تحسين استخدام الآلات والخامات, وهو ما يؤدي في النهاية إلى تحسين الإنتاجيـة, ومـن ثم غزو السوق بجودة أعلى وسعر أقل. [١]

* * *

_____

(١) د. علي السلمي، مصدر سبق ذكره، ص ص ١٥٥ - ١٥٩.

الفصل الثالث

العوامل المؤثرة في أداء المنظمات العامة الدولية

تحتاج جميع المنظمات لتقييم أدائها وفعاليتها بصورة دورية طرح التساؤلات حول القناعات السائدة، ومراجعة السياسات، ومواجهة الاحتياجات الحالية، والقيود والتحضير للمستقبل. وتتهيأ مؤسسات القطاع الخاص لخوض مثل هذه التقييمات مدفوعة, بهدف أساسى هو تحقيق الربح. أما في أجهزة الإدارة على المستوى القومي, فيكون الدافع هو إجراء الإصلاح الإدارى من خلال الضغط السياسي, والتهديدات بالخصخصة.

وبعد العديد من سنوات النمو، فقد أصبح العديد من المنظمات العامة الدولية- والتي تم إنشاء معظمها عقب الحرب العالمية الثانية- عرضة لانتقادات صارخة لبرامجها، وللنتائج التي تحققت وتهديد الدول الأعضاء بعزمها على الانسحاب منها أو قيامهم بالانسحاب الفعلي.

وقد أدت مثل هذه الضغوط المتعددة إلى أهمية الأخذ بأسلوب الأداء المؤسسي- في المنظمات العامة الدولية.

ينقسم الفصل الثالث إلى مبحثين:

المبحث الأول: التعريف بالمنظمات العامة الدولية وأجهزتها.

المبحث الثاني: بيئة المنظمات والعوامل المؤثرة في أداء المنظمات العامة الدولية.

* * *

المبحث الأول

التعريف بالمنظمات العامة الدولية وأجهزتها

سوف يتم تخصيص الجزء الأول من الدراسة في الفصل الثانى, لتحليل ماهية المنظمات العامة الدولية, والفرق بينها وبين المنظمات غير الحكومية ذات النشاط الدولي, بحيث يلى أثر ذلك, دراسة العوامل المؤثرة على الأداء المؤسسي للمنظمات العامة الدولية, وقياس الأداء المؤسسي لهذه المنظمات.ويتضمن المبحث الأول:

أولًا : التعريف بالمنظمات العامة الدولية.

ثانيًا : الأجهزة الرئيسية للمنظمات العامة الدولية.

ثالثًا : أنواع المنظمات العامة الدولية.

رابعًا: وظائف المنظمات العامة الدولية.

أولاً: التعريف بالمنظمات العامة الدولية

يمكن تعريف المنظمة العامة الدولية أو الحكومية بأنها: " هيئة دائمة ذات إرادة ذاتية مستقلة, تنشأ بمقتضى اتفاق, تعقده مجموعة من الدول, وذلك لتحقيق أهداف مشتركة بين هذه الدول" .

من التعريف السابق يمكن أن نتوصل للعناصر الأربعة التالية والتي يجب أن تتصف بها هذه المنظمات العامة الدولية[1]:

١- تنشئ الدول المنظمة الدولية العامة:

تقوم المنظمات العامة الدولية على أساس اتفاق حكومي, يميز هذا العنصر المنظمات العامة الدولية أو الحكومية الدولية عن المنظمات الدولية غير الحكومية أو

(١) د. وائل أحمد علام، **المنظمات الدولية، النظرية العامة** (القاهرة: دار النهضة العربية، ١٩٩٥), ص ٣٣.

المنظمات الدولية الخاصة.[١] وقد جرى العمل في الأمم المتحدة على التفرقة بين المنظمات العامة الدولية أو المنظمات الدولية الحكومية والمنظمات غير الحكومية باعتبار أن الأخيرة لا تنشأ عن اتفاقات بين الحكومات، وإنما بين هيئات غير حكومية ولا تمثل فيها حكومات الدول. وقد أشار المجلس الاقتصادي والاجتماعي, في قراره رقم ٢٨٨ الصادر في فبراير ١٩٥٠ إلى هذا التمييز, ببيانه: أن المنظمات التي لا يتم تكوينها بين الحكومات تعتبر منظمة دولية غير حكومية, ومن أهم أمثلة المنظمات الدولية غير الحكومية, اتحاد الحقوقيين العرب, والاتحاد الدولي للمحامين.[٢]

و تشير عبارة منظمة غير حكومية إلى منظمة تطوعية لا تسعى للربح, وتتمثل أهدافها الرئيسية التي أنشئت من أجلها, في النهوض بالتنمية, والتغيير الاجتماعي، وقد استبعدت المنظمات الخاصة, أو الشركات الخاصة التي تسعى إلى تحقيق الربح. كما استبعدت دور العبادة, والمؤسسات ذات الوظائف الدينية.[٣]

وتخضع المنظمات غير الحكومية, للأنظمة الداخلية لدول معينة أو لعدة دول، كما أن هناك علاقات وثيقة بينها وبين المنظمات العامة الدولية (المنظمات الدولية الحكومية)، من خلال أن يكون لها دور في تشكيل أجهزتها, أو إمدادها بالمعلومات والوثائق، أو أي مهام أخرى.[٤]

وقد أصدر المجلس الاقتصادي والاجتماعي, قراره رقم ٢٨٨ لعام ١٩٤٦، بتقسيم المنظمات الفنية غير الحكومية, إلى ثلاثة فئات:

(١) د. جعفر عبد السلام، **المنظمات الدولية** (القاهرة: دار النهضة العربية، الطبعة السادسة، ١٩٩٠)، ص٩.
(٢) د. صالح عرفة، **المنظمات الدولية والإقليمية**, (ليبيا: الدار الجماهيرية للنشر والتوزيع، ١٩٩٩)، ص ٣٠.
(٣) لويس إيمري وآخرون، **سباق مع الزمن, أفكار الأمم المتحدة في مواجهة التحديات العالمية**, (القاهرة: مركز الأهرام للترجمة والنشر، ٢٠٠٢)، ص ١٩٠.
(٤) د. جعفر عبد السلام، مرجع سبق ذكره، ص ٩.

الفئة الأولى : وهي المنظمات التي تهتم بمباشرة معظم اختصاصات المجلس, ولديها الحق في إرسال مراقبين لحضور جلسات المجلس الاقتصادي والاجتماعي, ومن أمثلة هذه المنظمات، الاتحاد البرلماني العربي، والاتحاد العام لنقابات العمال.

الفئة الثانية : وهي المنظمات التي تهتم بمباشرة اختصاصات محدودة, ولها أن ترسل مراقبين لحضور جلسات المجلس, وأن تعطي رأيها للمجلس, بصدد الأمور التي تدخل في نطاق اختصاصاتها.

أما الفئة الثالثة : فهي المنظمات التي تهتم فقط بنشرـ المعلومات, وتنمية الرأي العام, وتتصل هذه المنظمات بالأمانة العامة للأمم المتحدة, حتى يمكن الأخذ برأيها في الأمور المتصلة بنشاطها. [١]

٢- المنظمة الدولية العامة تنشأ بمقتضى اتفاق دولي:

تنشأ المنظمة الدولية, من خلال اتفاق مجموعة من الدول على تأسيسها, حيث ينص على هذا الاتفاق في وثيقة, يطلق عليها "الوثيقة المنشئة للمنظمة", والتي يتم اعتمادها في مؤتمر دولي, تدعى إليه الدول المؤسسة للمنظمة، ثم يتم التصديق على هذه الوثيقة, طبقًا للإجراءات التي يقرها دستور كل دولة.

ويتم تحديد أهداف ومبادئ المنظمة, والأجهزة التي تتكون منها, ووظيفة كل جهاز, وتحديد حقوق وواجبات الدول الأعضاء, في الوثيقة المنشئة لتلك المنظمة, بالإضافة إلى موعد سريان الوثيقة في النفاذ, وكيفية تعديلها.

٣- المنظمة الدولية هيئة دائمة: يجب أن تتمتع المنظمة العامة الدولية بصفة الدوام والاستمرار, وذلك لكي تحقق أهدافها؛ لأن الأهداف والمصالح التي تريد المنظمة العامة الدولية تحقيقها, هي أهداف ومصالح مستمرة.

٤- المنظمة العامة الدولية ذات إرادة ذاتية مستقلة : يجب أن تكون المنظمة العامة الدولية ذات إرادة مستقلة, عن إرادات الدول الأعضاء في المنظمة.

وهذا العنصر, هو عنصر مهم, ورئيسي في تعريف المنظمات العامة الدولية,

---

(١) د. صالح عرفة، مرجع سبق ذكره، ص ٢٣٧.

نظرًا لأن الذاتية المستقلة هي التي تعطي هذه المنظمات وجودًا مستقلًا, وأن القرارات الصادرة عن المنظمة العامة الدولية تنسب إليها, وليس إلى الدول الأعضاء فيها, كما أن القرارات الصادرة تكون ملزمة لكل الدول الأعضاء سواء أيدوا هذه القرارات, أو لم يوافقوا عليها.[1]

وفي بعض الأحيان يتم انتهاك هذه العناصر من قبل بعض الدول, وسيتم شرح ذلك, في الجزء الخاص بالعوامل السياسية المؤثرة على أداء المنظمات العامة الدولية.

وبصفة عامة تتمتع المنظمات الدولية - في أراضى كل دولة عضو فيها- بالشخصية القانونية ويكون لها - على وجه الخصوص - الأهلية في التعاقد, واقتناء الأموال الثابتة والمنقولة, و كذلك حق التقاضى .

ويلاحظ أن الاعتراف بالشخصية القانونية على الصعيد الداخلى (فى تشريع داخلى أو في اتفاقية المقر) لا يعنى – في ذاته – التسليم للمنظمة بها على المستوى الدولى, لأن غرض التشريع أو اتفاق المقر هو تنظيم الوضع القانونى للمنظمة فوق إقليم الدولة, أي في إطار نظامها القانونى الداخلى .

مع ضرورة الأخذ في الاعتبار أن مجرد إبرام معاهدة دولية مع المنظمة، يعنى التسليم لها بميزة من مزايا الشخصية الدولية، وهو حق إبرام المعاهدات، خاصة وأن الشخصية الدولية يمكن استنباطها من أمور أخرى: كتحمل المنظمة تبعة المسئولية الدولية عن أفعالها وأفعال موظفيها تجاه الغير، وإبرامها لمعاهدات دولية، وتبادلها للتمثيل مع أشخاص القانون الدولى الخاص[2].

---

(١) وائل علام، مرجع سبق ذكره، ص ص ٣٥ – ٣٦.
انظر أيضًا : د. صالح عرفة، مرجع سبق ذكره، ص٢٩-٣٣. ود. عبد العزيز سرحان، **المنظمات الدولية** (القاهرة: دار النهضة العربية، ١٩٩٠), ص ص ١٧ – ١٨.

(٢) يراجع أ.د أحمد أبو الوفا, في **قانون العلاقات الدبلوماسية والقنصلية علمًا وعملًا**, مع إشارة خاصة لما هو مطبق في مصر, دار النهضة العربية, طبعة ٢٠٠٣, ص٢٩٤ .

ثانيًا: الأجهزة الرئيسية للمنظمات العامة الدولية

تتكون المنظمة الدولية من مجموعة من الأجهزة الأساسية، هي :

١-الجهاز العام للمنظمة الدولية:

يطلق على هذا الجهاز أسماء كثيرة, مثل الجمعية العامة, والجمعية العمومية أو المجلس. وهو يضم كل الدول الأعضاء في المنظمة على قدم المساواة, ويملك هذا الجهاز حق مناقشة كل الأمور المرتبطة بالمنظمة المنصوص عليها في معاهدة إنشائها, واتخاذ القرارات والتوصيات بشأنها؛ لذلك يسمى الجهاز التشريعي للمنظمة. علمًا بأن اجتماعات الجهاز العام ليست مستمرة, وإنما دورية كل عام (الجمعية العامة للأمم المتحدة), وقد تكون كل سنتين مثل مؤتمر اليونسكو, أو كل ثلاث سنوات مثل منظمة الطيران المدني الدولية.

وتحكم عملية التصويت في هذا الجهاز قاعدة عامة تتمثل فى: إن لكل دولة صوتًا واحدًا، (الجمعية العامة للأمم المتحدة ومؤتمر رؤساء الدول والحكومات في منظمة الوحدة الأفريقية). إلا إن لهذه القاعدة استثناءات، حيث تقدم بعض المنظمات العامة الدولية نظام وزن الأصوات بما يتفق مع ما تساهم به الدولة في المنظمة. وسوف نناقش دراسة هذا النظام, في الجزء الخاص بالعوامل المؤثرة على الأداء المؤسسي للمنظمات العامة الدولية.

٢-الجهاز الخاص للمنظمة الدولية:

هو الجهاز التنفيذي للمنظمة, الذي يقوم بدراسة المشاكل المستعجلة وتنفيذ التوصيات والقرارات الصادرة عن الجهاز التشريعي للمنظمة العامة الدولية. ويتكون هذا الجهاز من عدد محدود من الدول الأعضاء, يتم اختيارهم طبقًا للنظام المنصوص عليه في وثيقة إنشاء المنظمة.

وتنص بعض هذه الوثائق على اختيار الأعضاء في الجهاز التنفيذي بصفة دورية، بحيث يستبدلون بغيرهم بعد مرور فترة زمنية محددة لإتاحة الفرصة لأكبر عدد من الدول الأعضاء, للاشتراك في الجهاز الخاص بالمنظمة,مثال ذلك (تشكيل المجلس الاقتصادي والاجتماعي). كما يتكون الجهاز الخاص للمنظمة من أعضاء

دائمين وغير دائمين. مثال ذلك: (مجلس الأمن) .

٣-الجهاز الإداري للمنظمة العامة الدولية

ويسمى بالأمانة العامة أو السكرتارية، وهو جهاز مستقل عن أجهزة المنظمة, والدول الأعضاء فيها .

ومن مهامه الأساسية تسيير الأعمال الإدارية اليومية للمنظمة, والقيام بالاتصالات الإدارية الداخلية والخارجية. ويقوم برئاسة هذا الجهاز الإدارى للمنظمة, الأمين العام أو سكرتير عام طبقًا للتسمية المنصوص عليها في الوثيقة المنشئة للمنظمة, ويتم تعيينه من قبل الجمعية العامة ومجلس الأمن كما في حالة الأمم المتحدة لمدة معينة قابلة للتجديد.

٤-الأجهزة الثانوية للمنظمات العامة الدولية

تُنشأ المنظمات الدولية, لتعمل بصفة مستمرة في المجالات والأنشطة التي أقرها الميثاق المنشئ لها، ونظرًا لعدم استطاعته التنبؤ بمدى اتساع نطاق عملها، فقد منحت معظم الوثائق المنشئة للمنظمات الدولية سلطة إنشاء أجهزة, وفروع مؤقتة أو دائمة، لمساعدتها في القيام بمهامها.[(١)]

ثالثًا: أنواع المنظمات الدولية

يمكن تقسيم المنظمات الدولية, من حيث الاختصاص إلى منظمات شاملة, ومنظمات متخصصة, و تقسيمها من حيث العضوية إلى منظمات عالمية وأخرى إقليمية وذلك على النحو التالى وحسب الرسم الموضح :

---

(١) د. صالح عرفة، مرجع سبق ذكره، ص ص ٨٠ - ٨٦.
انظر أيضًا:
د. على إبراهيم، **المنظمات الدولية، النظرية العامة. الأمم المتحدة** (القاهرة: دار النهضة العربية، ٢٠٠١), ص ص ٢١٢ - ٢١٤.
د. رجب عبد الحميد، **المنظمات الدولية بين النظرية والتطبيق** (القاهرة: مطابع الطوبجى، ٢٠٠٢), ص ص ٣٠ - ٤٠.

الشكل رقم (٧)

تقسيم المنظمات الدولية

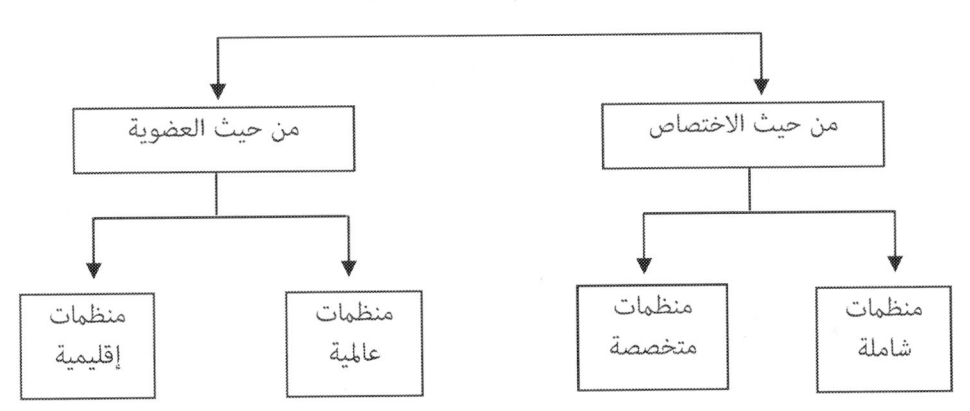

المصدر: د. وائل علام، مرجع سبق ذكره، ص٣٧.

- من حيث الاختصاص:

تقسم المنظمات الدولية العامة من حيث الاختصاص إلى منظمات شاملة, ومنظمات متخصصة. وذلك على النحو الوارد في التعريف والبيان التالى :

أ - المنظمات الشاملة:

هي المنظمات التي يشمل اختصاصها جميع مظاهر العلاقات الدولية, في المجالات السياسية, والاجتماعية, والاقتصادية, والثقافية وغيرها.ومن أمثلة هذه المنظمات ذات الاختصاص الشامل أو العام:منظمة الأمم المتحدة، جامعة الدول العربية، منظمة الوحدة الأفريقية.

ب -المنظمات المتخصصة:

وهى المنظمات التي يقتصر نشاطها على أحد أوجه العلاقات الدولية, أو التي يقتصر- اختصاصها على جانب معين من جوانب الحياة الدولية[١] ، فمنها ما يهتم بأحوال العمال وظروف العمل (منظمة العمل الدولية), ومنها ما يهتم بتشريعات

(١) د. وائل علام، مرجع سبق ذكره، ص ٣٨.

الطيران المدنى (منظمة الطيران المدنى الدولية), ومنها ما يهتم بالفصل في المنازعات الدولية طبقًا لأحكام القانون الدولى (محكمة العدل الدولية, والمحكمة الأوروبية لحقوق الإنسان), ومنها ما يهتم بالصحة (منظمة الصحة العالمية)، ومنها ما يهتم بالعلوم والثقافة كمنظمة اليونسكو(التربية والعلوم والثقافة), ومنها ما يهتم بالزراعة والغذاء (منظمة الأمم المتحدة للأغذية والزراعة), ومنها ما يهتم بالنقل والمواصلات (المنظمة الاستشارية للملاحة البحرية), ومنها ما يهتم بالنقود والمال (البنك الدولى للإنشاء والتعمير, وصندوق النقد الدولى), ومنها ما يهتم بالنظم الدفاعية والعسكرية مثل حلف شمال الأطلنطى وحلف وارسو . إلخ[(١)].

٢-أما من حيث العضوية:

يمكن تقسيم المنظمات العامة الدولية من حيث العضوية إلى:منظمات عالمية ومنظمات إقليمية.

أ - المنظمات العالمية:

هي المنظمات التي تكون عضويتها مفتوحة لجميع دول العالم، فيمكن لأية دولة أن تنضم إليها, متى توافرت الشروط التي تنص عليها الوثيقة المنشئة للمنظمة, ومن أمثلة ذلك الأمم المتحدة، والمنظمات المتخصصة مثل منظمة الصحة العالمية.

ب- المنظمات الإقليمية:

هى المنظمات الإقليمية التي تقتصر عضويتها على مجموعة من الدول, وترتبط ببعضها البعض عن طريق روابط جغرافية, أو سياسية, أو دينية, مثل الاتحاد الأوروبي ، ومنظمة الدول الأمريكية, وجامعة الدول العربية.[(٢)]

---

(١) د. مصطفى سيد عبد الرحمن, **قانون التنظيم الدولى**, الطبعة الأولى, القاهرة, دارالنهضة العربية, طبعة ١٩٩٠, ص ص٦٣ , ٦٤.

(٢) د. وائل علام، مرجع سبق ذكره، ص ٣٨.

رابعًا: وظائف وأهداف المنظمات العامة الدولية

تسعى المنظمات العامة الدولية إلى تحقيق أغراض وأهداف عامة, أنشئت من أجلها, سواء كانت سياسية، أو اقتصادية, أو اجتماعية، أو ثقافية .

ومن أهم الأهداف السياسية للمنظمات العامة الدولية :

١-حفظ السلم والأمن الدوليين

تبذل المنظمات العامة الدولية خاصة الأمم المتحدة, جهودًا من أجل إيجاد الحلول السلمية للمنازعات بين الدول، تجنبًا لحدوث الحروب بينها، ولإيجاد مجال مشترك لتحقيق التعاون البناء في علاقاتها بعضها ببعض, وفي صدد تقييم مهمة الأمم المتحدة في حفظ السلام، كان ثمة أثر سلبي يحد من فاعلية نشاط الأمم المتحدة نتيجة الحرب الباردة التي حدثت بين المعسكر الشرقي والمعسكرالغربي, والتي استمرت قرابة الأربعين عامًا، وقد أدى ذلك, في بعض الحالات, إلى تجميد النشاط السياسي للأمم المتحدة وقيامها بدورها في حفظ السلام في أضيق نطاق, ومع انتهاء الحرب الباردة منحت الدول الأعضاء سلطات محدودة للأمم المتحدة, لتحقيق جزء من مهامها فهي تستطيع إرسال قوتها من أجل صيانة السلام، دون أن تكون مزودة بما يلزمها من أدوات لفرض السلام.(١)

٢-إنماء العلاقات الودية بين الدول

تهدف المنظمات الدولية العامة إلى محاولة إنماء العلاقات الودية بين الأمم, على أساس احترام المبدأ, الذي يقر بالتسوية في الحقوق بين الشعوب, وبأن يكون لكل منها حق تقرير مصيرها.(٢)

وقد تولت الأمم المتحدة منذ إنشائها, إصدار العديد من الاتفاقيات والإعلانات الدولية في مجال حقوق الإنسان. وقد أسفر عمل لجنة حقوق الإنسان

---

(١) د. حسين عمر، **دليل المنظمات الدولية** (القاهرة: دار الفكر العربي ،٢٠٠٠), ص ص ٢٣-٢٤.
(٢) د. على يوسف الشكري، **المنظمات الدولية والإقليمية والمتخصصة** (القاهرة: إيتراك للطباعة والنشر، ٢٠٠٣), ص ٧٤.

التابعة للأمم المتحدة عن قائمة دولية للحقوق والحريات الأساسية للإنسان عرفت بـ "الإعلان العالمى لحقوق الإنسان "، وقد صدر بقرار من الجمعية العامة للأمم المتحدة رقم ٧١٣ بتاريخ ١٩٤٨/١٠/٣ و "ميثاق الحقوق المدنية والسياسية", والبروتوكول الاختيارى الملحق به، وقد أقرتهما الجمعية العامة للأمم المتحدة في دور انعقادها العادى بتاريخ ١٢/١٦/ ١٩٦٦, ودخلا حيز التنفيذ في ١٩٧٦/٣/٢٣[(١)].

٣-نزع السلاح

لقد حثت الجمعية العامة للأمم المتحدة في عامى ١٩٦٥ و ١٩٦٦ على التوالى، على إبرام معاهدة لنشر الأسلحة النووية، كما اهتمت الجمعية العامة بوقف تجارب الأسلحة النووية.

أما عن الأهداف الاقتصادية للمنظمات العامة الدولية :

تعمل المنظمات العامة الدولية على تحقيق أهداف اقتصادية للدول الأعضاء فيها, وذلك عن طريق عدة وسائل تنتهجها لتحقيق هذه الأهداف, وتتمثل تلك الوسائل في :

- استخدام التجارة الدولية كأداة لتحقيق التنمية.

وذلك عن طريق العمل الجماعي نحو إزالة العراقيل التي تحول دون تحقيق أهداف التنمية الاقتصادية, مثال ذلك: تخفيف القيود الكمية التي تفرضها الدول الصناعية الكبرى, على صادرات الدول النامية من المواد الأولية, والسلع المصنعة.

- تشجيع التنمية الصناعية وهى في سبيل تحقيق ذلك, أنشأت الأمم المتحدة, وكالة الأمم المتحدة للتنمية الصناعية, كدعامة رئيسية لإنعاش اقتصاديات الدول الفقيرة.

- تسهيل عمليات تمويل التنمية وذلك بهدف سد النقص في تدفق رأس المال

---

(١) د .أحمد محمد رفعت, **القانون الدولى العام** (القاهرة, دار النهضة العربية ٢٠٠٣), ص ٢٥٠.

من الدول المتقدمة إلى الدول النامية, مثل البنك الدولي للتعمير والتنمية, ومؤسسة التمويل الدولية.

وأما الأهداف والوظائف الاجتماعية للمنظمات العامة الدولية : تعمل المنظمات العامة الدولية على تحقيق الأهداف الاجتماعية, والمتمثلة فيما يلى :

(أ) الحقل الصحي:

ويتم ذلك من خلال منظمة الصحة العالمية, التي تقوم بحملات دولية, للوقاية من الأمراض ومكافحتها.

(ب) الحقل التعليمي:

ويتم ذلك من خلال القضاء على الأمية, ونشر التعليم في الدول النامية, وتوفير وسائل التكنولوجيا الحديثة في الدول الفقيرة, ومدها وتزويدها بالمعلومات اللازمة في العملية التعليمية، وتوفير المناخات العلمية في مجال البعثات العلمية؛ لأن تقدم الأمم يكون في القضاء على الأمية, وتقدر مكانة الدول بالحالة العلمية فيها.

(ج) الحقل التدريبي:

ويتم ذلك من خلال برنامج الأمم المتحدة الإنمائي UNDP , الذي يهدف إلى تدريب الأفراد، لتمكينهم من الاشتراك بصورة أكثر فاعلية في التنمية الاقتصادية والاجتماعية في بلادهم.(١)

(د) التقارب الاجتماعي: تعمل منظومة التقارب الاجتماعي على مستويين :

المستوى الأول :

يقوم عملاء وعناصر التقارب الاجتماعي, بالتعاون سويًا عبر الحدود, ليفرزوا أفرادًا وجماعات متعاونة في عدد من الدول, وبين أوساط المنظمات العامة الدولية, فإن الجماعة الأوروبية على الأرجح هي التي تتمتع بأقوى آليات التقارب الاجتماعي. ومن خلال مؤسسات الجماعة الأوروبية, مثل المفوضية الأوروبية, واللجنة الاقتصادية والاجتماعية, يصبح ممكنًا النهوض بالروح الجماعية بين

---

(١) د. حسين عمر، مرجع سبق ذكره، ص ص ٢٦ - ٢٩.

جماعات المصالح المختلفة. وليست هذه المؤسسات بأي حال من الأحوال على الدرجة نفسها من القوة التي تكون عليها المؤسسات القومية, كما أنها ليست كيانات متنافسة من أجل الحصول على ولاء المواطنين, ولا تزال الفكرة قائمة, وتلقى قبولًا من أن الفرد بإمكانه أن يصبح عضوًا ومواطنًا في المجتمع الدولي, وهو مواطن صالح في بلده.

المستوى الثانى :

هى أن عملية التقارب الاجتماعي, يمكن أن تحدث بين الدول التي تعمل على المستوى الدولي وبين ممثليها. وبعبارة أخرى في خلال فترة من الزمن تستطيع حكومات الدول, أن تصبح متقاربة اجتماعيًا بحيث تتصرف على نحو معين مقبول لدى باقي المجتمع الدولي, أو لتبني نظام قيم مشتركة معينة.

والمثال الكلاسيكي على ذلك, هو الحكومة البلشفية الروسية الجديدة, وهي التي بعد أن تخلت عن دبلوماسية البرجوازية عام ١٩١٧, وجدت نفسها منبوذة في المجتمع الدولي, واضطرت في النهاية إلى معاودة تبنى دبلوماسية تحظى بقبول أوسع, حتى تستطيع الحصول على مزايا التجارة الدولية, والأمن الذي ستوفره لها المعاهدات الثنائية وفي النهاية عضوية عصبة الأمم.(١)

وبناء على ما سبق ونظرا للدور المهم والرئيس الذي تلعبه المنظمات العامة الدولية في تحقيق السلام العالمي والتنمية الاقتصادية والاجتماعية، كان لابد من استخدامها لمؤشرات حديثة, وهي مؤشرات الأداء المؤسسي, التي تجمع بين المؤشرات الكمية والنوعية, وذلك لكى يمكن الحكم على أدائها, الذي ينعكس على أهداف المجتمع الدولي ككل.

* * *

(١) Archer, Clive., **International Organizations** (New York: Routledge, Second edition, 1992) pp. 168-169.

المبحث الثاني

بيئة المنظمات والعوامل المؤثرة في أداء المنظمات العامة الدولية

كما سبق, وأن تم بيانه آنفًا, أن الأداء المؤسسي, هو المنظومة المتكاملة لنتاج أعمال المنظمة, في ضوء تفاعلها مع عناصر بيئتها الداخلية والخارجية؛ لذا لابد من الإشارة إلى البيئة الخارجية, والداخلية للمنظمات العامة الدولية.

وفى هذا المجال، نود أن نوضح أن للمنظمات العامة الدولية بيئتين مختلفتين، هما:

أولًا: بيئة المنظمات العامة الدولية

١- البيئة الخارجية:

وهي البيئة التي توجد بها إحدى المنظمات الدولية, والتي تقدم لها السياق الواسع الذي تتخذ من خلاله القرارات. ويلاحظ أن السياق الدولي, الذي تعمل في نطاقه المنظمات العامة الدولية, قد تغير بصورة هائلة, وذلك خلال العقود الفعلية الماضية. فبالنسبة لمعظم الفترات الأولى من القرن العشرين, كان النظام الدولي في معظمه يقوم على نظام الدولة, ويعتمد على (معايير الدولة الداخلية والخارجية) نفسها, ولكن أثناء القرن العشرين بدأت تكتمل معالم معيار جديد يتحدى مبدأ سيادة الدولة.

وقد تم الإسراع في وتيرة ذلك, من خلال الاعتراف, بما يسمى جرائم ضد الإنسانية, وحقوق الإنسان, وإدانة التفرقة العنصرية. هذا النظام الفكرى العالمى الذي تحدى الرأى الذاهب إلى أن المجتمع الدولي لا يصح أن يتدخل في الشئون الداخلية للدول, بدأت تتضح معالمه بصورة تدريجية. وذلك كما هو واضح الآن على الساحة الدولية في الوقت الراهن .

٢- البيئة الداخلية: ويمكن هنا التمييز بين منظورين مختلفين فيما يخص

تطور المنظمة العامة الدولية:

المنظور الأول: يتمثل في النظرية التقليدية، وتقترح تلك النظرية أن المصلحة اللصيقة لأي منظمة, والتي يتعين عليها أن تحيا في معارك دولية، تكمن في توسعة ميزانيتها ومهامها وعدد الموظفين التي تستخدمهم. وبتوسع تلك المنظمة, واقتحامها عدد جديد من الأنشطة, فسوف يجري إعادة تعريف لأهدافها المعلنة, سواء تم ذلك بشكل رسمي أم ضمني.

أما المنظور الثاني: فهو المتمثل في النظرية الحديثة, وتقترح تلك النظرية أن مصالح المنظمة العامة الدولية, تتفاوت وتتوقف على التفاعل بين العاملين بها, وبين البيئة. ويتطلب ذلك إحداث تغيير في القناعة الذاهبة, إلى أن أي منظمة هي لاعب منفرد. إذ إنه في داخل المنظمات العامة الدولية, والتي يتم النظر إليها كنظم سياسية, تضم لاعبين متعددين ذوي تفضيلات متباينة، ومصالح مختلفة.(١)

ثانيًا: العوامل المؤثرة على أداء المنظمات العامة الدولية:

تعتبر العوامل البيئية, هي جوهر الأداء المؤسسي- فلا يمكن الحكم على أداء المنظمات العامة الدولية, بدون النظر, إلى العوامل الداخلية والخارجية, التي تؤثر على أدائها, وفعاليتها سواء بالإيجاب أو السلب. كما أن المنظمات العامة الدولية تعمل في إطار بيئي، يختلف عن المنظمات العامة على المستوى الوطني, لذلك كان على الباحثة دراسة العوامل التي تؤثر في الأداء المؤسسي للمنظمات العامة الدولية. وتكمن هذه العوامل في الآتى :

١- العوامل السياسية.

٢- العوامل القانونية .

٣- العوامل التكنولوجية.

---

(١) Reinalda; Bob and Verbeek Bertjan., **Decision Making within International Organizations** (London: Routledge Press, 2004) pp.124 -126 .

٤- العوامل التنافسية .

٥- العوامل الإدارية.

٦- العوامل الثقافية.

ونتناول هذه العوامل بشيء من الإيضاح والتفصيل على النحو الآتي:

١-العوامل السياسية:

تتمثل العوامل السياسية التي تؤثر في أداء وعمل المنظمات العامة الدولية فيما يلى:

أ - سلطة تعيين الموظفين الدوليين.

ب- شروط التعيين في الوظائف العامة الدولية.

ج - طريقة تعيين الموظفين الدوليين.

د - الانسحاب من المنظمات العامة الدولية.

هـ- استخدام حق الفيتو.

و - التضارب بين المصالح الوطنية والدولية.

ز - الولاء للدولة القومية أو الأم .

ح - ازدياد حدة المنازعات.

وسوف نتناول هذه العوامل بالتفصيل على النحو التالى :

أ-سلطة تعيين الموظفين الدوليين:

يلاحظ أن المنافسة شديدة بين الدول, في تمكين رعاياها من الوصول إلى المناصب العليا, في الإدارة الدولية الرئيسية, خاصة في الأمانات العامة للمنظمات الدولية, ومن الواضح والبين, أن الأعمال التحضيرية لميثاق الأمم المتحدة, شهدت نوعًا من المواجهة, بين الدول الكبرى والصغرى, حيث إن الدول الصغرى تهدف, إلى أن يكون تعيين مساعدى الأمين العام من سلطة الرئيس الإدارى الأعلى للمنظمة, أي الأمين العام, وكان السبب وراء ذلك, أنه إذا كان هذا الرئيس لا

يملك تعيين هؤلاء الموظفين, فإنه لن يستطيع أن يوجه هذه الإدارة الدولية لمصلحة المجتمع الدولي. حيث يكون ولاؤهم للسلطة التي عينتهم, حتى ولو كان على حساب مصلحة الجماعة الدولية.

ولقد قبلت الدول الكبرى هذا الحل, ولكن حقائق الأمور تسير في الواقع على خلاف ذلك, حيث نشأ نوع من الاتفاق بينها, أدى إلى قصر هذه الوظائف الرئيسية على مواطني الدول الكبرى الخمس, بحيث أصبح دور السكرتير العام قاصرًا على الجوانب الشكلية فقط, وهو إصدار قرارات التعيين.

والأكثر من ذلك وهو واضح بجلاء, أنه قد تمارس الدول الأعضاء الضغوط على المنظمة, لمنع تعيين رعاياها بدون الحصول على موافقتها, من خلال إصدار التشريعات الوطنية التي تمنع رعاياها من العمل تحت سلطة المنظمة الدولية, دون الحصول على موافقتها.

وقد تلجأ الدول الكبرى وخاصة التي لها ثقلها السياسي في المنظمة أحيانًا, إلى الضغط على الجهة الإدارية, لتعيين بعض رعاياها, أو لاستبعادهم إذا كانت غير راغبة, في أن يلتحقوا في الوظيفة الدولية[1]. مما يؤثر ذلك على كفاءة الجهاز الإداري للمنظمة الدولية؛ لأنه من الممكن أن يكون من بين المستبعدين أفراد أكفاء, يمكن أن يخدموا المجتمع الدولي, بكفاءة وفعالية, وبالتالي يؤثر ذلك على الأداء المؤسسي للمنظمة الدولية, حيث إن الموارد البشرية أحد عناصر الأداء المؤسسي.

وعلى سبيل المثال, ما قامت به الولايات المتحدة الأمريكية سنة ١٩٥٢, باستبعاد رعاياها من الالتحاق في وظائف بالأمم المتحدة, واستجاب الأمين العام للأمم المتحدة في ذلك الوقت "تريجفي لي" لهذه الضغوط, وأصدر قرارًا في ديسمبر من عام ١٩٥٢, بفصل أحد عشر موظفًا, من موظفي الأمم المتحدة, الذي يحملون الجنسية الأمريكية؛ لأنه قد ثارت حولهم الشكوك باعتناقهم الماركسية.

بل الأكثر من ذلك, قامت الولايات المتحدة الأمريكية, بالضغط على الأمم

---

(١) د. علي الشكري، مرجع سبق ذكره، ص ٥٣.

المتحدة, لاستبعاد رعايا بعض الدول كلية في المنظمة, أو لاستبعادهم من شغل الوظائف العليا، حيث عارضت إعادة تعيين الدكتور "يوسف بطرس غالي"، أمينًا عاما للأمم المتحدة لولاية ثانية، بالرغم من أن، مجلس الأمن رشح الدكتور غالي لولاية ثانية بأغلبية (١٤ صوت). وهددت الولايات المتحدة الأمريكية باستخدام حق الفيتو، مما أدى إلى ترشيح السيد "كوفي عنان" بـدلًا منه لشغل هذا المنصب.[١]

ب-شروط التعيين في الوظائف العامة الدولية

يعد اختيار الموظفين الدوليين في المنظمة العامة الدولية, مشكلة هامة, يتطلب حلهـا توافر عنصر الاستقلال والحيدة لهذا الموظف، وبالتالي تؤثر في فعالية الأداء المؤسسي للمنظمات العامة الدولية. وهذه المشكلة التي تبدو في ظاهرها مشكلة إدارية، تخفـي في داخلها مشكلة سياسية تتعلق بالوظيفة العامة الدولية؛ لأنه بالإضافة إلى الشروط الفنية التي تحكم تعيين الموظفين الدوليين، والتي تختلف من وظيفة لأخرى, توجد أيضًا الشروط السياسية, والتي قـد تأخذ صورة التوزيع الجغرافي، كشرط يحكم تعيين الموظفين الدوليين الذي تتوافر فيهم مجموعة من الشروط الفنية.

وإذا أسيء استخدام هذا العامل الجغرافي، فقد يؤدي إلى تعيين موظفين دوليين, لا تتوافر فيهم الكفاءة العلمية والفنية, التي تؤهلهم لشغل هذه الوظائف، ومن ثم يؤثر بصورة واضحة في مدى فعالية الجهاز.[٢]

ولكن إذا أحسن استخدامه سيؤثر بالإيجاب على فعالية الجهاز؛ لأن مـن منفعـة المجتمـع الدولي أن تتمثل في منظماته ومن خلال أجهزته الوظيفية، جنسيات متعددة حتى يكون قريبًا من الواقع، وأكثر تفهما لأوضاع من يكونون وحداته.[٣]

---

(١) المرجع السابق، ص ص ٥٣-٥٤.
(٢) د. عبد العزيز سرحان، مرجع سبق ذكره، ص ص ١٣٦-١٤٢.
(٣) د. جعفر عبد السلام، مرجع سبق ذكره، ص ٧٥.

ج -طريقة تعيين الموظفين الدوليين

يوجد في المنظمات الدولية العامة أكثر من طريقة لتعيين الموظفين الدوليين لديها. وفيما يلي نتناول أهم هذه الطرق:

الطريقة الأولى: التعيين عن طريق الانتخاب: مثال ذلك انتخاب قضاة المحاكم الدولية الدائمة, ويؤخذ كذلك بالانتخاب بالنسبة لرؤساء الإدارات الدولية, خاصة الأمناء العامون للمنظمات الدولية(١).

الطريقة الثانية: التعيين بعد النجاح في مسابقة تنظمها الإدارة الدولية: وهي طريقة متبعة عادة عند تعيين طائفة من الموظفين الفنيين, مثل المترجمين, والعاملين على الآلة الكاتبة...إلخ

الطريقة الثالثة: التعيين على أساس الدرجات العلمية: يتم الاختيار فيها على أساس موضوعي، ولكن قد تقلل من فعاليته, اختلاف المستويات العلمية للدرجات المشابهة من دولة لأخرى طبقًا للمستوى العام للتعليم فيها.

الطريقة الرابعة : التعيين بناء على توصية : وهي طريقة قد لا تحقق العدالة, إذا لم يوضع في الاعتبار الشخص الذي يعطي التوصية الصالح العام.(٢)

الطريقة الخامسة : التعيين عن طريق الإعلان : تقوم المنظمات العامة الدولية أحيانًا بنشر إعلانات, مبنية على حاجتها إلى بعض الوظائف, وموضح بها الشروط اللازم توافرها, فيمن يتقدم لشغل الوظيفة, ويمكن الموافقة على الشخص الذي يستوفي الشروط المطلوبة دون الحصول على موافقة من دولته التي يحمل جنسيتها.(٣)

الطريقة السادسة: التعيين بعد اجتياز الامتحان(٤): قد يتم التعيين بعد اجتياز امتحان وإجراء مقابلة تتم بين المتقدم للوظيفة ورئيس الإدارة الدولية التابعة لها .

---

(١) د. عبد العزيز محمد سرحان, مرجع سبق ذكره, ص١٥٢ .
(٢) المرجع السابق، ص ص ١٥٢-١٥٣.
(٣) د. على إبراهيم، مرجع سبق ذكره، ص ٤٨٥.
(٤) د. عبد العزيز سرحان, مرجع سبق ذكره, ص ١٥٣ .

الآثار السلبية التي تؤثر على فعالية الإدارة الدولية نتيجة نظم الإدارة في تعيين موظفيها :

ويمكن استعراض الآثار التي تسبب آثارًا سلبية على فعالية الإدارة الدولية نتيجة للنظم التي تسير عليها هذه الإدارات في اختيار موظفيها, وأهم هذه الآثار:

- نقل بعض العادات الإدارية الوطنية إلى الإدارات الدولية: من أهم الأمثلة على ذلك, ما يحدث في الجهاز الإداري لمنظمة الأمم المتحدة, نظرًا لتكدس أعداد ضخمة من العاملين,من أصل أمريكي ليسوا جميعًا من حيث الكفاءة, والاستعداد الذهني, وهذه الأزمة تواجه كثيراً من الإدارات الدولية في عدد كبير من المنظمات العامة الدولية, نتيجة لهيمنة دولة المقر, وما يترتب عليها من إعاقة انتظام العمل في هذه المنظمات, والانحراف بها أحيانًا عن الأهداف التي أُقيمَت من أجلها.

- وجود نوع من التكدس في الوظائف العليا بما لا يتفق مع المتطلبات الحقيقة لهذه الوظائف:

ويرجع هذا النوع من التكدس, وخاصة في الأمم المتحدة, إلى المنافسة الشديدة بين الدول للحصول على الوظائف الرئيسية، ومحاولة إرضاء الدول العظمى والموالية لها, على حساب الصالح العام الدولي, مما يؤثر بالسلب على حسن سير العمل في الإدارات الدولية. فنجد أن نسبة كبار الموظفين في منظمة الأمم المتحدة وصل إلى ٤٠% وهذه الظاهرة ينجم عنها آثارًا سلبية على النواحى المالية والإدارية للمنظمة الدولية. فقد عانت جامعة الدول العربية من هذه الظاهرة، كما أكتوت بها الأمم المتحدة مما جعلها على مشارف الإفلاس. وتأكيدًا لذلك, وجود شاهد عيان على هذه الظاهرة, حيث أعلن الأمين العام الحالي للأمم المتحدة في عام ١٩٩٩ عن تدهور الوضع المالي للمنظمة.

بالإضافة إلى قيام كبار الموظفين الدوليين بأعباء وظائف المستويات المتوسطة, أو التي تقل فعلًا, وينتج عن ذلك ضعف الأداء الوظيفي للموظف, حيث يقوم به شخص لا يتفق مستواه الوظيفي مع المتطلبات الفعلية للوظيفة.(١)

---

(١) د. عبد العزيز سرحان، مرجع سبق ذكره، ص ص ١٥٤ - ١٥٧.

وكما ذكرنا في الفصل الثاني أن هناك علاقة وثيقة, بين كفاءة الجهاز الإداري للمنظمة العامة من خلال أداء أفرادها, ونجاح تطبيق الأداء المؤسسي- فلن تنجح المنظمة العامة في تحقيق أهدافها, دون أن يكون لديها موظفين أكفاء, قادرين على إنجاز وظائفهم بدرجة عالية. حيث إن العوامل السياسية تؤثر بالسلب على كفاءة الجهاز الإداري, في المنظمات العامة الدولية، وبالتالي ستؤثر على تقييم الأداء المؤسسي لهذه المنظمات.

د-الانسحاب من المنظمات العامة الدولية:

قد تؤدى قوة بعض الدول, سواء من الناحية السياسية أو الاقتصادية أو العسكرية إلى تهديد بعض المنظمات من الخروج من عضويتها, أو الانسحاب منها تحقيقًا لرغبتها في فرض سيطرتها على تلك المنظمة, أو أنها ترى أن المنظمة قد لا تستجيب لمطالبها غير المشروعة, سواء في اتخاذ قرار معين لصالحها ضد دولة من الدول, أو فرض سيطرتها على المنظمة في ظل نظام القطب الواحد .

وهناك أمثلة عديدة, على انسحاب بعض الدول من المنظمات العامة الدولية. وتأتى خطورة الأمر من أن هذه الدول تمارس هذا الضغط من أجل القضاء نهائيًا على بعض المنظمات العامة الدولية, أو تقليص دورها, أو تهميش نشاطها على الساحة الدولية. وأبرز مثال على ذلك, ما تم من قيام الولايات المتحدة الأمريكية بالانسحاب من منظمة العمل الدولية, ومن منظمة اليونسكو, والوكالة الدولية للطاقة الذرية(١). مما أثر على موارد تلك المنظمات التي تعتمد على مساهمتها لتمويل برامجها التنفيذية(٢).

ونجد أن السبب الذي من أجله, انسحبت أمريكا من هذه المنظمات, يتعلق بعلاقتها مع إسرائيل. فقد قبلت منظمة العمل الدولية منظمة التحرير الفلسطينية,

---

(١) د. على إبراهيم، مرجع سبق ذكره، ص ٤٠٦.

(٢) De Cooker Chris,ed., **International Administration Law and Management Practices in International Organizations,** (Netherlands: United Nations Institute for training and Research, 1990)P.II.4/3.

كعضو مراقب في عام ١٩٧٧, ونتيجة لذلك قامت الولايات المتحدة الأمريكية بالانسحاب منها, احتجاجًا على قبول منظمة التحرير.

كما انسحبت أيضًا الولايات المتحدة الأمريكية من اليونسكو في يناير ١٩٨٥، احتجاجًا على سياسة المنظمة بالوقوف بجانب قضايا العالم الثالث، ومحاولتها إقامة نظام دولي جديد للمعلومات والاتصالات, للحد من نفوذ وكالات الأنباء الغربية, التي تروج إشاعات وأخبار كاذبة عن دول العالم الثالث. ولكن الأسباب الحقيقية وراء هذا الانسحاب, يرجع إلى موقف اليونسكو من سياسة إسرائيل في الأرض المحتلة.

أما انسحاب أمريكا من الوكالة الدولية للطاقة الذرية, فكان نتيجة لقيام الوكالة, بإيقاف عضوية إسرائيل عقب تدمير المفاعل الذري العراقي عام ١٩٨١. فقررت عقاب الوكالة بالانسحاب منها, وحرمانها من ٢٥% من ميزانيتها وهي قيمة المساهمة الأمريكية.[(١)]

كذلك يعتبر انسحاب الدول لأسباب أيدلوجية, مثلما حدث من دول المعسكر الشرقي أبان الحرب الباردة, أحد العوامل التي تضعف أداء تلك المنظمات, من خلال تفريغها من صفتها العالمية, وقدرتها على وضع برامج متكاملة؛ لرعاية سكان العالم كافة. كما أن أسلوب الضغط الذي تمارسه الولايات المتحدة الأمريكية على الأمم المتحدة,من خلال خفض مساهمتها في ميزانيتها, انعكس سلبًا على أداء العديد من المنظمات التابعة لها, وقدرتها على تنفيذ برامجها.[(٢)]

هـ- استخدام حق الفيتو: أو حق الاعتراض

يعد استخدام حق الفيتو من قبل الدول الكبرى, الأعضاء الدائمين في مجلس الأمن, من أهم الأسباب التي قضت على فعالية الجهاز, و الموكول إليه حفظ السلام, والأمن داخل منظمة الأمم المتحدة.

---

(١) د. على إبراهيم، مرجع سبق ذكره، ص ص ٤٠٧-٤٠٩.

(٢) De Cooker, Op.Cit., pp.II.4/3.

كما كان أحد العقبات الرئيسية التي تحول دون قيام مجلس الأمن بالوظائف والمهام الملقاة على عاتقه, وذلك في ظل السيطرة والهيمنة الأمريكية على مجلس الأمن, ومن ثم فقد ضعفت شخصية الأمم المتحدة, في ظل الهيمنة الأمريكية, ومحاولتها تسيير المنظمة وفقًا لآرائها وقراراتها, دون معارضة لما تطلبه منها .

ومن أبرز الأمور التي سيطرت فيها الولايات المتحدة على المنظمة الدولية, هو قرار إعلان الحرب على العراق منفردة, ومعارضة الدول الأعضاء في اتخاذ أي قرار, يدين الأعمال الوحشية, والتدمير, والتهجير للشعب الفلسطيني, مجاملة لإسرائيل ومحاولة إرغام الدول كافة على إجراء التطبيع معها والاعتراف بشرعيتها .

الجدول رقم ٤

تطور استخدام حق الفيتو من ١٩٤٦ حتى ١٩٨٥

	١٩٤٦-١٩٥٥	١٩٥٦-١٩٦٥	١٩٦٦-١٩٧٥	١٩٧٦-١٩٨٥	المجموع
الصين	١		٢		٣
فرنسا	٢	٢	٢	٩	١٥
المملكة المتحدة		٣	٨	١١	٢٢
الولايات المتحدة			١٢	٣٤	٤٦
الاتحاد السوفيتي	٣٧	٢٦	٧	٦	١١٤
المجموع	٧٨	٣١	٣١	٦٠	٢٠٠

المصدر: د. حسن نافعة، دراسات في التنظيم العالمي من الحلف المقدس إلى الأمم المتحدة (جامعة حلوان، ١٩٩٦), ص ١٧٨.

ومن خلال الجدول السابق, يتبين لنا أن الاتحاد السوفيتي, كان أكثر الدول استخداما لحق الفيتو, مع الدول الدائمة الأخرى. و حتى منتصف الستينيات بدأ

المنحنى ينعكس تمامًا وأصبحت الدول الغربية, والولايات المتحدة الأمريكية بصفة خاصة, هي الأكثر استخداما لحق الفيتو منذ ذلك التاريخ.(١)

و- التضارب بين المصالح الوطنية والدولية:

يلاحظ أن أحد الأسباب الرئيسية, لتراجع جودة أداء المهام والوظائف بالمنظمات العامة الدولية, هي بالضرورة عوامل سياسية, فالدول التي نظرت لتلك المنظمات لبلوغ أو استكمال قدرتها القومية, ومواردها عسكريًا, أو اقتصاديًا, أو سياسيًا تصبح متخوفة من ضياع أو تراجع امتيازاتها والتي يستوجب العضوية في تلك المنظمات, وعلى وجه الخصوص أثناء فترة الأزمات الاقتصادية.

وتفضل الحكومات الحلول القومية بالنسبة للمشكلات الاقتصادية, والتي غالبًا, ما تحمل معها تبعات سياسية داخلية في الأغلب, بالنسبة للقيادات الحكومية. فكثير من الحكومات خاصة في العالم الثالث تميل للبحث عن منفذ قصير الأمد, وتستطيع أن ترى من خلاله مزايا فورية تعود على دولها, بدلًا من الحلول طويلة الأمد, والتي قد يتم التوصل إليها من خلال المنظمات العامة الدولية التي تعود بالفائدة على جميع الدول.(٢)

أيضًا, فهناك نقطة هامة في هذه المسألة, تتمثل في الانطباعات لدى حكومات الدول الأعضاء, عن مدى مضاهاة السياسات التي وضعتها المنظمة العامة الدولية للمصالح القومية المناظرة, ولذلك فإن الحكومات التابعة للدول الأعضاء, قد تشجع أو تحبط وضع سياسات بواسطة المنظمات العامة الدولية, وفقا للأحكام الصادرة عن تلك الحكومات, فيما يتعلق بمدى المزايا, والتكاليف على المستوى القومي.(٣)

---

(١) د. حسن نافعة، دراسات في التنظيم العالمي من الحلف المقدس إلى الأمم المتحدة (جامعة حلوان، ١٩٩٦), ص ص ١٧٨-١٧٩.

(٢) Werner Feld and Robert Jordan, **International Organizations A Comparative Approach** (New York, Praeger, Second Edition, 1988) p 280.

(٣) Jordan, Robert and others, **International Organizations Approach to the Management of Cooperation** (Westport, Praeger, 2001)p 37.

ز-الولاء للدولة القومية:

يقصد بالدولة القومية، الدولة التي ينتمى إليها الشخص بجنسيته, فيكون حاملًا لجنسيتها, و يتأثر أداء المنظمات العامة الدولية سلبيًا بسبب الولاء للدولة القومية, على حساب التنظيم العالمي.[١]

وذلك لأن الموظفين في أي منظمة عامة دولية, إنما هم في الأصل, مواطنون تم اجتذابهم من الدول الأعضاء في المنظمة العامة, فهناك احتمال قائم باستمرار فيما يخص صراع الولاء, والضغوط السياسية. إضافة لذلك, فإن الدول الأعضاء غالبًا, ما تمارس ضغوطًا على مواطنيها في تلك المنظمات, ممن يكون بعضهم مؤهلًا, والبعض الآخر غير مؤهل, والنتيجة هي تراجع في جودة مهمة المنظمة من حيث الأداء.

وعلى ذلك فإن الأيدلوجية التنظيمية القوية,ضرورة لمواجهة الولاء القومي, والمشاعر لدولة الجنسية, ويمثل هذا الموقف تحديًا متواصلًا بالنسبة للرئيس التنفيذي للمنظمة, والذي بلا شك يرغب في وجود التزام صارم من الموظفين تجاه الأيديولوجية التنظيمية حتى يضمن أداء عالي الجودة للمهام الموكولة.[٢]

ح -ازدياد حدة المنازعات:

تؤدى الصراعات والمنازعات بين الدول الأعضاء في المنظمات العامة الدولية إلى التأثير على عمل وأداء المنظمة, حيث إن هذه الصراعات بين الدول الأعضاء يجعلها في حالة اختلاف دائم بينها, وقد لا تصدر قرارات من المنظمة بخصوص هذه النزاعات لحلها بالطرق السلمية, وبالسرعة اللازمة لحل هذه المنازعات, طبقًا لميثاقها, وقد يعيق ذلك عمل المنظمة ويجعلها في موقف سلبى عندما يكون أحد الأطراف من القوى السياسية العظمى, أو أحد الدول الموالين لها

.

وذلك كما هو واضح اليوم, في علاقة الولايات المتحدة الأمريكية بإسرائيل, وفى تدخل الأمم المتحدة في حرب أمريكا على العراق, فلم تستطع المنظمة اتخاذ أي

---

(١) Werner, Feld, Op. Cit, p. 282.

(٢) Jordan, Robert. Op. Cit., p. 74.

إجراء ضد الولايات المتحدة, أو أن تتخذ قرارًا في غير صالحها, وذلك بسبب التأثير الأمريكى على الأمم المتحدة, ومن ثم فقد عاق عمل المنظمة في تحقيق أهدافها المرجوة منها في حفظ السلم والأمن الدوليين.

ويمكن لأى منظمة دولية أن تتحول إلى قوة مهددة للاستقرار عندما تؤدي ازدياد حدة المنازعات. فبدلًا من أن تعمل كآليات لحل الصراع, فإن المنظمات العامة الدولية في الكثير من الأحيان, تستخدم التأجيج أو تضخيم الصراع.

فعلى سبيل المثال، سعت الولايات المتحدة الأمريكية, والاتحاد السوفيتي, أثناء الحرب بينهما, إلى استقطاب التحالفات للتصويت لمصلحتها ضد الطرف الآخر. وقد أوضح " كلود " نقطة مهمة, وذلك عندما أشار إلى أن القوى العظمى, تنافست من أجل السيطرة على منظمة الأمم المتحدة, ونظرت إليها باعتبارها الحليف النهائي في الحرب الباردة.

بينما أوضح "روجيه" أن الروس, اعتبروا المنظمة العامة الدولية كآلية لخلع الشرعية, عن النظام الدولي, عقب الحرب العالمية الثانية, والتي سعت الدول الرأسمالية لإنشائه. وبالتالي فإن ازدياد حدة المنازعات يؤثر على فعالية وأداء المنظمات العامة الدولية.[١]

٢- العوامل القانونية:

هناك بعض العوامل القانونية, التي تؤثر في عمل وأداء المنظمات الدولية, يمكن إجمالها وبيانها كما يلى :

أ - مبدأ المساواة والسيادة.

ب- نظام التصويت.

ج - تمتع المنظمة الدولية بالشخصية القانونية.

د - حصانات وامتيازات المنظمة الدولية.

هـ- النظام القانوني للموظفين الدوليين.

---

(١) Liza, Martin and Simmons, Beth., **International Institutions** (London: The MIT press, 2001) p. 386.

أ - مبدأ المساواة والسيادة:

يجب إعمال مبدأ المساواة في السيادة بين الدول الأعضاء, في المنظمات الدولية الإقليمية, والمتخصصة في كافة الأجهزة الحكومية الأساسية التابعة لهذه المنظمات، حيث تختلف هذه المنظمات عن المنظمات العالمية شاملة الاختصاص, والمتخصصة, في أن المنظمات الشاملة العالمية, والمتخصصة, تأخذ " بالأسلوب الأوليجارشى" في توزيع المقاعد داخل الجهاز التنفيذى, على أساس التوزيع الجغرافي العادل, أو بحسب مدى أهمية الدولة، بينما المنظمات الإقليمية والمتخصصة تأخذ بالأسلوب الديمقراطي.

وفي الحقيقة، إن أسلوب التمييز الذي تأخذ به الأجهزة التنفيذية للمنظمات العالمية. يساعد على ضمان فعالية الجهاز التنفيذي ذاته, وسرعة أدائه للمهام العاملة, والهامة الموكولة إليه.

لا يؤدي هذا الأمر إلى صعوبات عملية في المنظمات الإقليمية إذ إن العضوية بطبيعتها محدودة. ولذلك فمن الملاحظ أن جميع الدول الأعضاء في تلك المنظمات, تمثل على أساس من المساواة في السيادة, داخل جميع الأجهزة الحكومية. ولكن التمثيل الجماعي في المنظمات العالمية المتخصصة, قد يكون من شأنه أن يعيق الفاعلية التي من المفترض أن تميز تلك الأجهزة.

وقد أعيدت صياغة المساواة في السيادة بين الدول الأعضاء, في بعض المنظمات العالمية المتخصصة, على نحو يساعد على تأدية أعمالها, دون التأثير على فاعلية الجهاز التنفيذي ذاته. وذلك عن طريق تشكيل الجهاز التنفيذي من أعضاء مؤقتين, يتم استبدالهم بصفة دورية, على أساس من التوزيع الجغرافي العادل بين الدول الأعضاء, كما هو الحال في مجلس منظمة الصحة العالمية، ومجلس المنظمة الدولية للأغذية والزراعة، ومجلس منظمة اليونسكو. فمعيار التوزيع الجغرافي العادل في تشكيل الأجهزة التنفيذية للمنظمات العالمية المتخصصة, لا يمثل هنا إلا الاستثناء.

إذ القاعدة العامة في تلك المنظمات هي الجمع بين هذا المعيار, وآخر تمييزي

حسب أهمية وفاعلية الدور الذي تقوم به الدولة في أعمال أنشطة المنظمة.[1]

ب-نظام التصويت:

يقتضي إعمال مبدأ المساواة في السيادة بين الدول, داخل المنظمات الدولية, الإقليمية, والمتخصصة, الأخذ بنظام " الإجماع عند التصويت ", مع مراعاة المساواة بين الدول الأعضاء في عدد الأصوات المكفول لكل منها. وعلى ذلك فلكل دولة صوت واحد في الجهاز العام, مهما كان حجم الدولة من الناحية السياسية, أو الاقتصادية, أو العسكرية. وقد نصت المادة (١/١٨) من ميثاق الأمم المتحدة على هذا الحكم بصراحة.[2]

ومن ثَم, فإن الجمع بين نظامي الإجماع والمساواة في عدد الأصوات بين الدول, يعوق المنظمات العامة الدولية عن تحقيق أهدافها.

ويثبت الوضع الراهن ذلك حيث إن أمامنا في الوطن العربي, مثل لذلك ,وهو جامعة الدول العربية ,التي كان لنظام الإجماع فيها الدور الرئيسي- وراء فشلها في تحقيق كثير من أهدافها، ونظرًا لما يؤديه نظام الإجماع من شل المنظمات العامة الدولية، فقد تطلب الأمر, إلى إعادة صياغة المساواة بين الدول على النحو الذي يؤدي إلى تحقيق أعمالها, دون أي تأثير على فعالية المنظمة.

وقد تم ذلك عن طريق الأخذ بنظام الأغلبية عند التصويت على قرارات المنظمة العامة الدولية مع مراعاة المساواة في عدد الأصوات المكفولة لكل عضو[3] .

ويقصد بمبدأ الأغلبية المقصود, في هذا الصدد هو, صدور قرارات وتوجيهات الجهاز العام, بمجرد الحصول على عدد معين من الأصوات, وتصبح ملزمة للجميع حتى ولو بعض الدول لم توافق على القرار. وتنقسم الأغلبية إلى

---

(١) د. حازم عتلم، **المنظمات الدولية الإقليمية والمتخصصة** (القاهرة: دار النهضة العربية، ٢٠٠١), ص ص ٥٠ - ٥١.

(٢) د. رجب عبد الحميد، مرجع سبق ذكره ، ص ٣٣.

(٣) د. حازم عتلم، مرجع سبق ذكره ، ص ص ٥٢ - ٥٣.

قسمين:

الأغلبية العادية (البسيطة), وتتحقق هذه الأغلبية عندما يوافق نصف عدد الأعضاء زيادة عليهم واحد فقط, من الأعضاء الحاضرين على مشروع القرار.

بينما الأغلبية المطلقة تتطلب موافقة ثلثي, أو ثلاثة أرباع الأعضاء الحاضرين.[١]

وأخيرًا, يمكن الإشارة, إلى أن بعض المنظمات الدولية الإقليمية والمتخصصة, تتخلى عن قاعدة المساواة بين الدول في عدد الاصوات المكفولة لكل منها. تلك هي المنظمات التي تأخذ بنظام " وزن الأصوات",مثل البنك الدولي، وصندوق النقد الدولي, ومجلس الاتحاد الأوروبي, وهذه السلطة غير المتساوية في التصويت, تعطي الحق لكل دولة عضو في التأثير على صنع القرار.

ومع ذلك يوجد اختلاف هام, بين قاعدة التصويت حسب الثقل, الموجودة في المنظمات الدولية المالية, كالبنك الدولي, وصندوق النقد الدولي, وبين النظام الموجود في مجلس الاتحاد الأوروبي. فالمنظمات الدولية المالية يتم فيها حساب ثقل الأصوات عادة, على حساب إسهامات الدولة العضو في المنظمة.[٢]

فعلى سبيل المثال: في البنك الدولي، كل دولة تتمتع بـ ٢٥٠ صوتًا يضاف إليهم صوت واحد, عن كل سهم من أسهم رأس المال (السهم = ١٠٠٠٠٠ دولار أمريكي), الذي تساهم به الدولة, ويطبق هذا النظام كما هو في صندوق النقد الدولي.[٣]

أما في مجلس الاتحاد الأوروبي, فبينما يتم حساب ثقل التصويت أساسًا, على حسب حجم السكان بالدولة العضو, فإن العوامل السياسية, والتاريخية, والاقتصادية, أيضًا تؤثر في تخصيص الأصوات.

(١) د. رجب عبد الحميد، مرجع سبق ذكره ، ص ٣٤.

(٢) Efrain, Athena Debbie, Sovereign Inequality in International Organizations, PHD thesis, Montreal University, Faculty of Law, the Hague, Boston: Martinus Nijhaff Publishers, 2000. (Published), p. 281.

(٣) د. حازم عتلم، مرجع سبق ذكره، ص ٥٤.

ونظام التصويت على حساب الثقل, والذي يمنح بعض الدول نفوذًا أكبر في عمليات صنع القرار بدرجة تفوق ما يمنحه للدول الأعضاء الأخرى، يشكل في الواقع انتهاكًا لمبدأ المساواة في السيادة.[1]

ويؤثر هذا النظام على فاعلية الأداء المؤسسي للمنظمات العامة الدولية, وعلى تحقيق أهدافها لأن الدول الكبرى ستتحكم في قرارات المنظمة, وستهتم بتحقيق مصالحها على حساب مصالح المجتمع الدولي.

ج - تمتع المنظمة الدولية بالشخصية القانونية الدولية:

تنص المادة (١٠٤) ميثاق الأمم المتحدة على أن:" تتمتع الهيئة في بلاد كل عضو من أعضائها بالأهلية القانونية حتى تستطيع القيام بوظائفها وتحقيق مقاصدها" . كما تنص المادة (١٠٥) من الميثاق على أن: "تحظى الهيئة في أرض كل عضو من أعضائها بالمزايا والإعفاءات التي يتطلبها تحقيق مقاصده".

وكذلك يتمتع المندوبون عن أعضاء الأمم المتحدة وموظفو هذه الهيئة بالمزايا والإعفاءات التي يتطلبها استقلالهم في القيام بمهام وظائفهم المتعلقة بالهيئة.[2]

ويترتب على الاعتراف للمنظمة بالشخصية القانونية عدة نتائج قانونية أهمها :

* حق المنظمة في التمتع بالمزايا والحصانات الدبلوماسية التي يقررها القانون الدولى لأشخاصه, ومن أهمها الحصانة الدبلوماسية لمقر المنظمة والحصانات التي يتمتع بها موظفوها, ويتم تحديد هذه الحصانات والامتيازات في اتفاقيات تبرم مع دولة المقر ومع الدول الأعضاء في المنظمة, والدول الأخرى التي تمارس المنظمة نشاطها فيها .

* حق المنظمة في إبرام المعاهدات مع الدول الأعضاء فيها ومع الدول غير الأعضاء, ومع المنظمات الدولية الأخرى وذلك في الحدود التي يبدو فيها ذلك ضروريًا لتحقيق أهدافها .

---

(١) Efrain, Athena Debbie, Op.Cit., p. 282.

(٢) وائل علام، مرجع سبق ذكره، ص ٨٢.

* حق تحريك دعوى المسئولية الدولية لحماية موظفيها والمطالبة بتعويض عن الأضرار التي التى تصيبهم أثناء تأدية وظائفهم في خدمتها, مع جواز مساءلة المنظمة عن الأضرار التي تصيب الغير نتيجة ممارسة أعمالها .

* حق إنشاء علاقات دبلوماسية خارجية مع الدول الأعضاء وغير الأعضاء ومع المنظمات الدولية الأخرى .

* حق التعاقد مع غيرها من المنظمات والدول لشراء أو بيع أو استئجار عقارات أو منقولات خاصة بنشاطها ولتيسير قيامها بعملها, ومن ثم حقها في التملك للعقارات والمنقولات.

* حق التقاضى أمام القضاء الدولى, وذلك ما لم يكن هناك نص صريح في نظام المحكمة الدولية يمنع المنظمات الدولية من ذلك, كما هو الحال في النظام الأساسى لمحكمة العدل الدولية.

* حق الاشتراك في إنشاء قواعد القانون الدولى, وذلك عن طريق إبرام المعاهدات أو بالمساهمة في خلق القواعد العرفية .

* حق إنشاء أجهزة في داخلها وفى الدول الأعضاء وفى تسيير السفن والطائرات التي ترفع علمها[1].

د-حصانات وامتيازات المنظمة الدولية:

تتمثل هذه الحصانات والامتيازات في عدم خضوع المنظمة الدولية للقوانين الداخلية للدول, وبصفة خاصة لقوانين دولة المقر. وذلك لأن الخضوع للقوانين الداخلية يعوق قيام المنظمة بمباشرة المهمة المنوطة بها على وجه كامل، مما يؤثر على فاعليتها، ويؤدي أيضًا إلى الإخلال بقاعدة المساواة بين الدول الأعضاء, إذ إن في خضوع المنظمة لقوانين دولة المقر فيه نوع من التمييز لصالح هذه الدولة عن بقية الدول الأعضاء في المنظمة.[2]

أما بالنسبة للحصانات والامتيازات التي يتمتع بها الموظف بموجب تلك

---

(١) د.أحمد محمد رفعت, مرجع سبق ذكره, ص ٢٠٦.
(٢) د.وائل علام، مرجع سبق ذكره، ص ص ٨٢ - ٨٣.

الاتفاقات، فهى متعلقة بالوظيفة التي يشغلها الموظف، لذلك فهي تختلف من موظف إلى آخر تبعًا للمسئولية التي يضطلع بها الموظف في وظيفته. هذه المزايا تتمثل في حرمة مسكنه، حرية الاتصال، ومنحه الإعفاءات المالية من الضرائب والرسوم وتمتعه بالحصانة القضائية. [١]

وأن المبرر القانوني لحصانات وامتيازات المنظمة الدولية هو حتى تستطيع المنظمة أن تقوم بوظائفها بكفاءة وفعالية، وهذا ما نصت عليه أغلب الوثائق المنشئة للمنظمات الدولية. [٢]

حيث تمثل الامتيازات والحصانات الممنوحة لموظفي المنظمات الدولية وسيلة قانونية أصيلة مرتبطة ارتباطا وثيقًا بنظام المنظمة الدولية. وهى تتعلق بنشاط يمارس في خدمة الجماعة الدولية فوق أراضى دولة ما، ويجب بالتالى ألا يخضع لسلطتها .

هـ-النظام القانوني للموظفين الدوليين:

هناك ثلاثة مبادئ رئيسية تحكم الوضع القانوني للموظفين الدوليين حتى يكونوا أكثر كفاءة في تأدية وظائفهم:

أ-   الاستقلال عن دولة الجنسية فلا يجوز للموظف الدولي أن يتلقى أية تعليمات أو توجيهات من حكومة الدولة التي يحمل جنسيتها أو مراعاة مصالحها السياسية أو الاقتصادية أو الأدبية.

ب-الحيادة بين الدول الأعضاء فلا يجوز للعامل الدولي تفضيل إحداهما على الأخرى أو التمييز بينهما في المعاملة.

ج- الولاء للمنظمة الدولية، فيلتزم العامل بخدمة المنظمة وفقا لما يصدر له من تعليمات من أجهزتها المختصة، أو من رؤسائه من العاملين الآخرين، وأن يقوم بتغليب المصلحة الدولية على المصلحة الفردية لسائر الدول بما في ذلك دولة جنسيته ذاتها. [٣]

---

(١) د. صالح عرفة، مرجع سبق ذكره، ص ١٠٠.
(٢) د. وائل علام، مرجع سبق ذكره، ص ٨٣.
(٣) د. محمد سامي عبد الحميد، **الجماعة الدولية، دراسة للمجتمع الدولي**(الإسكندرية: منشأة المعارف، ٢٠٠٤) ، ص ص ٣٠١-٣٠٢.

كان يمكن للقواعد القانونية السابق ذكرها أن تؤثر بشكل أكثر فعالية على أداء المنظمات العامة الدولية، وعلى كفاءة أجهزتها الإدارية، وعلى نجاح تطبيق الأداء المؤسسي، إلا إن العوامل السياسية التي أشرنا إليها من قبل كسلطة تعيين الموظفين الدوليين وشروط التعيين قد أثرت بالفعل على الأنظمة القانونية التي تحكم الموظفين الدوليين.

٣- العوامل التكنولوجية

تقوم المنظمات العامة الدولية باستخدام تكنولوجيا المعلومات الحديثة، وبالتالي سيؤثر ذلك بالإيجاب على الأداء المؤسسي لهذه المنظمات، حيث إن تكنولوجيا المعلومات، كما ذكرنا في الفصل الثاني تساعد على توفير وسائل تدفق المعلومات بين المستويات المختلفة، داخل المنظمة العامة الدولية وخارجها، وتتيح الاستفادة من مؤشرات الأداء المؤسسي على جميع المستويات في المنظمات العامة الدولية.

فقد قامت الأمم المتحدة بتحديث نظام البنية التحتية لتكنولوجيا المعلومات، واستخدام نظم اتصال حديثة بالأقمار الصناعية وتم استبدال على ما يزيد من ٤٠٠٠ من أجهزة الكمبيوتر الشخصي- و قامت الأمم المتحدة باستخدام أحدث وسائل وعلوم التكنولوجيا، لنظام ومعلومات الإدارة المتكامل في جميع محطات الخدمة.

كما أن المسائل المتعلقة بالأفراد واحتياجات الإدارة المالية على مستوى القيادة، يتم الوفاء بها من خلال هذا النظام، وسوف تسمح الإنجازات التكنولوجية الجديدة لأولئك العاملين في المنظمة في المواقع المختلفة، بالدخول عن بعد، للاستفادة من نظام الإدارة المتكامل.

إضافة إلى ما تقدم، تقوم إدارة المعلومات العامة في الأمم المتحدة بتنفيذ إستراتيجية، تتعلق بقدرة المنظمة في المشاركة مع المنظمات في المجتمع المدني في جميع أنحاء العالم، وإلقاء الضوء على ما تحققه من نجاحات. ولدعم هذا الهدف فقد عملت الإدارة على تشجيع الانفتاح بدرجة أكبر، والشفافية بجعل المزيد من المعلومات أكثر توافرًا على نطاق أوسع وتحسين الاتصال بين الأمم المتحدة

والإعلام العالمي، واستخدام " شبكة الويب " التي سوف تستخدم البريد الإلكتروني لتلبية الصحفيين بالأخبار الهامة.[1]

٤ - العوامل التنافسية

يجب على المنظمة العامة الدولية أن تحدد مكانها بالنسبة للمنافسين, وأن تقوم بتحديد الخدمات المطلوب توصيلها, من ناحية الميزة النسبية. فالقدرة على تقييم المنتج والخدمات التي توفرها المنظمة العامة الدولية، وتحديد المكانة التنافسية بالنسبة للمنافسين أمر هام في عملية تقييم الأداء المؤسسي للمنظمات العامة الدولية.وسيتم دراسة هذا العنصر ـ التنافسي ـ من خلال:

أ - القطاع العام الدولي.

ب- الموارد المالية .

ج - الشراكة.

و نتناول هذه العوامل كالآتي :

أ-القطاع العام الدولى :

يتكون القطاع العام الدولي من مؤسسات أعلى, وتتجاوز مستوى الدولة القومية, وهو ليس حكومة عالمية, ولكنه يتمتع بالعديد من خصائص الدولة من حيث إنواع الخدمات التي يقدمها, ولذا يمكن أن نطلق عليه(دولة عظمى "Supra State").

وأى قطاع عام دولي أو دولة كبرى تختلف عن الدول في ناحية جوهرية، فالقطاع العام الدولي يفتقر للسيادة, وهي الخاصية الرئيسية للدولة القومية. حيث لا توجد منظمة عامة دولية, جرى منحها خاصية السيادة, مما يجعل الخدمات العامة تقدم على نحو غير مباشر, وبالتفويض. ومن حيث المبدأ، فإن هذه الخدمات تقدم إلى أو من خلال الدول، ولذلك فإن آلية تقديم الخدمات غير محسوسة بسهولة

---

(١) تقرير السكرتير العام عن عمل المنظمة .

Report of the Secretary – General on the work of the organization in 1999, Fifty-fourth session in:
www.un.org/docs/sg/report99/admin.htm.

بواسطة الجماهير. كما أن القائمين على تقديم الخدمات الدولية غير مرئيين. ولذلك فالطبيعة المفتقدة للسيادة التي عليها القطاع العام الدولي تؤدي إلى مشكلتين أساسيتين لابد من تناولهما:

المشكلة الأولى: هي كيف يمكن للخدمات التي يتعين توصيلها بواسطة المنظمات الدولية أن تخضع للتعريف من ناحية الميزة النسبية ؟

والمشكلة الثانية: هى كيف يمكن ضمان مساءلة بيروقراطية القطاع العام الدولي عن استخدامها للموارد؟

هاتان المسألتان مرتبطتان على نحو وثيق. فالخدمات العامة يجب أن تكون فعالة والفاعلية معيار رئيسي للمساءلة. تثور المعضلة في السيطرة العامة على القطاع العام الدولي خلافًا للدولة, في أنه على المستوى القومي يتم معاقبة عدم كفاية توصيل الخدمات من خلال العملية الانتخابية أو من خلال السوق. بينما يتمتع القطاع العام الدولي بغياب آليات المساءلة التي تعيق عملية الإصلاح.[١]

ب -الموارد المالية:

لاتختلف ميزانية المنظمة الدولية عن ميزانية أي وحدة تتمتع باستقلال مالى, فهى مجموع الموارد والنفقات المؤقتة عن فترة زمنية معينة[٢].

والموارد المالية هي أمر هام في زيادة القدرة التنافسية للمنظمة العامة الدولية, وبدون هذه الموارد لن تستطيع المنظمة العامة الدولية تقديم خدماتها بكفاءة وفاعلية (البعد الاقتصادي للأداء المؤسسي), ومن المشاكل التي تواجه المنظمات العامة الدولية, وخاصة الأمم المتحدة, اعتمادها بدرجة كبيرة على الدول الأعضاء, التي كثيراً ما تتأخر في دفع الحصص المفروضة عليها أو تهدد بالانسحاب من المنظمة إذا

---

(١) Mathiason R. John. Who Controls the Machine,Revisited: Command and Control in the United Nations Reform Effort, **Public Administration and Development**, vol 17, 1997 pp. 387-397.

(٢) د. مصطفى أحمد فؤاد, **النظرية العامة لقانون التنظيم الدولى وقواعد المنظمات الدولية**، (الإسكندرية: منشأة المعارف، ١٩٨٦)، ص٢١٧ .

لم تتفق قراراتها مع أهداف ومصالح تلك الدول.

لذلك من المقترحات الهامة التي يمكن إدراجها في هذا السياق, تمكين المنظمات العامة من تمويل أنشطتها بصورة ذاتية, وذلك من خلال حصيلة الضرائب المباشرة وغير المباشرة على بعض الأنشطة الدولية: مثل الطيران الدولي ومبيعات السلاح.[1] وفيما يلي شرح لأهم مصادر المنظمات العامة الدولية:

تعتمد إيرادات المنظمة الدولية على الاشتراكات، على المساهمات الاختيارية وبعض الموارد الأخرى، بينما لا يقوم نظام تمويل هذه الإيرادات في المنظمات الدولية على سلطة الفرض المأخوذ بها في الأنظمة القانونية الداخلية كفرض الضرائب والرسوم إلا في حالات استثنائية جدًا.

مصادر تمويل المنظمات العامة الدولية: تتمثل مصادر تمويل المنظمات الدولية في الآتى :

المصدر الأول : اشتركات الدول الأعضاء:

تمثل هذه الاشتراكات المصدر الأصلي لتمويل إيرادات المنظمة العامة, ويتم تقدير قيمة هذه الاشتراكات طبقا للمقدرة المالية لكل دولة, كما تحرص المنظمات الدولية على وضع حد أعلى لمساهمة الدول في مالية المنظمة العامة الدولية, لأنه في حالة تعدى دولة معينة لحد معين قد يؤدي إلى إكساب تلك الدولة سلطة كبيرة, وجعل المنظمة العامة تحت نفوذ تلك الدولة, ولعل ذلك كان هو السبب وراء قرار الجمعية العامة للأمم المتحدة في ١٨ نوفمبر ١٩٨٤, بعدم السماح بزيادة مساهمة أي من الدول الأعضاء على ثلثي مجموع ما يدفعه أعضاء المنظمة كافة.[٢]

ولكن بالرغم من ذلك قد تأثرت الأمم المتحدة كثيرًا والمنظمات التابعة, لها من جراء انسحاب الولايات المتحدة من اليونسكو, ومن بعض المنظمات الدولية

---

(١) د.حسن نافعة، **الأمم المتحدة في خمسين عامًا** (القاهرة: مركز الدراسات الإستراتيجية والسياسية، ١٩٩٦), ص ٥٦.

(٢) د. رجب عبد الحميد، مرجع سبق ذكره، ص ٥٩.

الأخرى التابعة لها, مما أثر بالسلب على تمويل برامجها الهامة.

المصدر الثاني: المساهمات الاختيارية:

قد تتمثل هذه المساهمات فيما تعطيه الدول الأعضاء من أموال, لتمويل نشاطات أجهزة ثانوية للمنظمة. وتحدد كل دولة مقدار ما تساهم به بحرية. والمثال على ذلك هو تمويل بعض المشاريع التي تنفذها الأمم المتحدة (صندوق الطفولة، واللاجئين وعمليات حفظ السلام والأمن الدوليين). وقد تتمثل هذه المساهمات في هبات أو معونات تقدمها الدول أو هيئات حكومية أو غير حكومية, ويتوقف قبولها على موافقة الجهاز العام أو التنفيذي للمنظمة.

وقد تكون هذه المساهمات الاختيارية من جانب بعض الحكومات, أو الهيئات غير الحكومية أو حتى الأفراد لتمويل نشاط بعض الأجهزة الفرعية لبعض المنظمات الدولية ,مثال ذلك, ما تحصل عليه بعض البرامج التي ينفذها صندوق الأمم المتحدة للطفولة, ووكالة الأمم المتحدة لغوث وتشغيل اللاجئين الفلسطينيين, وبرامج التنمية والمساعدة الفنية[(١)].

المصدر الثالث: الموارد الأخرى (الموارد الاستثنائية)

تتمثل في القروض أو الضرائب التي قد تتقاضاها المنظمة العامة الدولية، أو أثمان الخدمات التي تقدمها للدول. وتتصف هذه الموارد بأنها استثنائية, سواء من حيث الالتجاء إليها أو من حيث الأهمية بالنسبة للموارد الأخرى.[(٢)]

فمن جهة أولى, تلجأ المنظمات الدولية أحيانًا إلى الحصول على قروض قصيرة الأجل لمواجهة نفقات ملحة في حالة عجز الموارد الأخرى, فعل سبيل المثال لجأت الأمم المتحدة إلى الاقتراض لإقامة مقرها الدائم في نيويورك عام ١٩٤٨, واقترضت كذلك لإجراء أعمال الصيانة لمقرها الأوروبي في جنيف, وكذلك لتمويل المحافظة على السلام في الكونغو سنة ١٩٦٠ .

---

(١) د. إبراهيم العنانى, **التنظيم الدولى**, (القاهرة: دار الفكر العربى , ١٩٨٢), ص ١٤٣ .
(٢) د. رجب عبد الحميد، مرجع سبق ذكره، ص ٥٩.

ومن جهة ثانية, يمكن للمنظمات الدولية التي تباشر مشروعات تنفيذية مثل المؤسسات المالية الدولية أن تحصل على فائدة أو ثمن مقابل الخدمات , كما يمكن لبعضها فرض طوابع لزيادة موارده [١].

وأخيرًا, فإن منظمة دولية واحدة هي اللجان الأوروبية للفحم والصلب تختص طبقًا للمادة (٤٩) من اتفاقية إنشائها بفرض ضريبة تتمثل في استقطاع نسبة معينة من موارد المشروعات التي تعمل في إنتاج الفحم والصلب [٢].

ولذلك, فإنه يجب لزيادة القدرة التنافسية للمنظمة العامة الدولية عليها الاعتماد على الموارد الذاتية والإقلال من المصادر الأخرى الخارجية.

ج - الشراكة:

الشراكة هي أحد العناصر التي تساعد على زيادة القدرة التنافسية للمنظمة العامة الدولية وزيادة فعاليتها.

ووفقًا لتعريف البنك الدولي فإن الشراكة هي: "اتفاق على العمل سويًا لتحقيق أهداف مشتركة, حيث يقوم جميع الأطراف بتسخير الموارد (المالية أوالفنية أو الأفراد) لأنشطة متفق عليها مع التقسيم بصورة واضحة للمسئوليات والمسائلة بصورة واضحة عن تحقيق هذه الأهداف" [٣].

ويؤكد البنك الدولي على أن الشراكات هي أنشطة متعددة لأصحاب المصلحة, تضم الحكومة ولاعبون من المجتمع المدني, وحتى يكتب لها النجاح. فإن الشراكة لابد أن تتميز بشفافية, وبتوافر المعلومات من جانب جميع المشاركين.

وقد اقترح اثنان من الخبراء في مجال الشراكة تعريفًا يبدو محكم الصياغة ويركز على المكونات الرئيسية, والثغرات المحتملة في صورة الشراكة, وقد عرفا الشراكة

(١) د. إبراهيم العناني، مرجع سبق ذكره، ص١٤٤.
(٢) د. محمد سعيد الدقاق, التنظيم الدولى, (الإسكندرية: دار المطبوعات الجامعية, ١٩٨٦), ص ص ١٩٧-١٩٨.
(٣) Tsner, Sandrine., **The United Nations and Business** (USA: Macmillan Press, 2000), P. 71.

على أنها: " أفراد ومنظمات من خليط من الجماهير وأنشطة الأعمال والدوائر المدنية التي تضم أصحاب المصلحة ممن يشتركون في علاقة تطوعية تعود بالنفع المتبادل على الأطراف المشاركة, وهي علاقة مبتكرة, لتناول أهداف اجتماعية مشتركة من خلال دمج مواردهم وكفاياتهم". وهذا التعريف يؤكد على الجوانب الرئيسية في الشراكات الناجحة والتي بدونها فإن أي شراكة خاصة عامة سوف يحيق بها الفشل لا محالة.(١) ويسيطر منطق المشاركة في المهام على نظرية الميزة النسبية في الاقتصاد الدولي.(٢)

إيجابيات الشراكة :

* تبادل الخبرات بين المنظمات العامة : تساعد الشراكة على تبادل الخبرات بين المنظمات العامة الدولية وغيرها من المنظمات. ويؤدى تبادل الخبرات, إلى النهوض بأعمال المنظمات, وزيادة الخبرات الثقافية بينها, مما يكون له بالغ الأثر في أعمالها.

* تقديم الخدمات للدول الأعضاء فيها : تساعد في تقديم الخدمات للدول الأعضاء بكفاءة عالية. ويترتب على ذلك زيادة ثقة الدول الأعضاء في المنظمات فيها.

* مصدر هام لتوجيه النصح الإدارى: و تكون الشراكة في غالبية الأحوال مصدرًا لتوجيه النصح الإدارى بين المنظمات الدولية وغيرها من المنظمات الأخرى.

وعلى سبيل المثال, فإن منظمة الصحة العالمية تؤكد على أن الشراكة تساهم في حصول مكاسب صحية واضحة, وتؤدى إلى تحسين دور منظمة الصحة العالمية, وصورتها باعتبارها السلطة الدولية, صاحبة الريادة في مجال الصحة العامة, وينص برنامج التنمية للأمم المتحدة (UNDP) على أن الشراكة قادرة على إضافة القيمة من خلال إشراك أصحاب المصلحة الأساسيين في حوار سياسى, مع صناع السياسة المحلية والسلطات العامة وتبادل الخبرة والتكنولوجيا وإعارة الموظفين. وتساعد الشراكة على تمويل بعض البرامج الخاصة بالمنظمات العامة .

---

(١) Tsner, Sandrine.,Op.Cit., p.71.

(٢) Robert Jordan, Op.Cit., p. 37.

ومن سلبيات الشراكة :

* **صراع المصالح :** بالرغم من أن صراع المصالح, هو هاجس يراود جميع العمليات بالأمم المتحدة, الذين يسعون للدخول في شراكة أعمال تابعة للأمم المتحدة, فإن التوجهات الصادرة عن هذه الأخيرة لم تهتم كثيرًا بكيفية حل هذه المشكلة. وبالفعل و باستثناء منظمة الصحة العالمية فلم تقم أي هيئة تابعة للأمم المتحدة بتناول هذه المخاوف على نحو مباشر. وتقديم الحلول للمسائل المتعلقة بصراع المصالح, تكمن في الإفصاح بلا تحفظ والشفافية والتنافس. ولكون منظمة الأمم المتحدة والمنظمات المتخصصة التابعة لها, تتأثر بالعوامل السياسية إلى حد كبير, فإن الشفافية ليست من صلب ثقافتها, وهو ما قد يفسر جزئيًا شعورها بالقلق تجاه صراع المصالح.[1]

٥ - العوامل الإدارية

يعتمد نجاح أية منظمة بغض النظر, عن طبيعتها, أو نوعها, بصورة أساسية على مـدى كفاءة العنصر البشري الذي يتولى إدارتها، وإذا كان ذلك ينطبـق عـلى المنظمـات العامـة عـلى المستوى الوطني، فإنه أكثر انطباقًا على المنظمات العامة الدولية، حيث إنها تعمل في بيئـة أكـثر تعقيدًا ومن أهم العوامل المؤثرة على أداء كفاءة الجهاز الإداري في المنظمات العامة الدولية:

أ - بيئة وثقافة الإدارة.

ب- إدارة الموارد البشرية.

ج - الافتقار إلى أدوات الإدارة.

د - الخلل في توزيع الوظائف والصلاحيات.

هـ- حدود عمل المنظمات الدولية.

و - القيادة.

---

(١)   Tsner, Sandrine, Op. Cit., pp. 78-83.

العوامل المؤثرة في أداء المنظمات العامة الدولية

ونتناول هذه العوامل التي تؤثر على أداء كفاءة الجهاز الإدارى للمنظمات العامة الدولية على النحو التالى :

أ - بيئة وثقافة الإدارة:

غالبًا ما يتحلى كبار موظفي المنظمات العامة الدولية, وخاصة الأمم المتحـدة بالخلفيـة الدبلوماسية, والخبرة المحدودة للغاية في إدارة المشكلات المعقدة, أو العمليـات ذات الميزانيـات الضخمة.

ب - إدارة الموارد البشرية:

يكاد يكون من أكبر أوجـه القصـور, في إدارة الأفـراد بـالأمم المتحـدة, الـنقص الواضـح في اختصاصيين الموارد البشرية, من أصـحاب الخـبرة والتـدريب عـلى نحـو مناسـب, ممـن يتولـون المناصب العليا. كما أن كبار المسئولين في مكتب إدارة الموارد البشرية يخدمون لفترات قصيرة (٣ سنوات أو أقل), وهى فترة غير كافية ولا يتم الاستفادة من خبراتهم على النحو المطلوب. وأيضا يفتقر العاملون باستمرار للخلفية الأكاديمية, أو التدريب المناسب في مجال إدارة الأفراد.[١]

وبما أن الأداء المؤسسي يعتمد بصورة رئيسة على كفاءة الموارد البشرية، فلن ينجح تطبيـق الأداء المؤسسي بدون أن نرفع من كفاءة العاملين. وذلك لأن العـاملين لهـم دور هـام في تطبيـق الأداء المؤسسي, سواء بإعداد نظام قياس وتقييم الأداء المؤسسي أو مساعدة المستشـار الخـارجي في الحصول على المعلومات, وعلى البيانات المطلوبة. بالإضافة إلى مشـاركتهم في إقـرار المقـاييس والمعـايير والعلامـات المرجعيـة, لضـمان تطـوير معـايير ومـؤشرات قيـاس واقعيـة تنطلـق مـن إمكانيات وقدرات المنظمات العامة الدولية والظروف المحيطة بها.

---

(١) Klee, Josef and Gurstein, Michael., Towards a Management Renewal of the United Nations. Part II, **Public Administration and Development**, vol 16, 1996, pp 112-113.

ج- الافتقار إلى أدوات الإدارة:

يوجد بالأمم المتحدة نظام بالغ التعقيد في إصدار التقارير, والذي يضم أربع آليات رئيسية: خطة متوسطة الأجل, وميزانية البرامج، وتقارير الأداء, ثم التقييم. وكل من الدول الأعضاء ومديري الأمم المتحدة, يتفقان على أن نظام التقارير الحالي (Reporting System) معقد للغاية, ويفتقد إلى التنسيق, ومكلف, ومتعب في تشغيله, ويفتقر إلى الكفاءة من حيث أغراض المراقبة والإدارة.[1]

هذا العامل عنصر هام في التأثير على الأداء المؤسسي للمنظمات العامة الدولية, لأن بعد انتهاء فريق العمل من قياس وتقييم أداء المنظمة العامة الدولية، تجمع تقارير المجموعات المكونة لفريق العمل, ويتم دراستها, وتعديل وتكييف المعايير ومؤشرات الأداء المطلوب تغييرها, ليتم إعادة تعديل النظام بما يتفق وينسجم مع تطبيقه على أرض الواقع.

لذلك من المهم في هذه المنظمات العامة, أن يكون نظام التقارير سهل, وواضح حتى ينجح المسئولون في المنظمة العامة الدولية من الاستفادة من تقييم الأداء المؤسسي.

د- الخلل في توزيع الوظائف والصلاحيات:

يقصد بذلك الخلل القائم في توزيع الوظائف والصلاحيات والسلطات بين أجهزة الأمم المتحدة, وفروعها الرئيسية ووجود مظاهر عديدة للخلل في آليات صنع القرار سواء داخل الجهاز المنوط به حفظ السلام والأمن (مجلس الأمن), أو داخل الأجهزة المسئولة عن الوظائف الأخرى, وخاصة المجلس الاقتصادي والاجتماعي.[2]

ومن ذلك أيضًا الخلل القائم في مجلس الاتحاد الأوروبي, ففي دراسة متأنية للجنة الاتحاد الأوروبي توصلت إلى أن تضاعف وتمايز الوحدات الإدارية

---

(١) Ibid. 112.

(٢) د. حسن نافعة وآخرون، مرجع سبق ذكره ص ص ٥٣-٥٤.

الأساسية, أسهم في تعدد السياسات وجعل التنسيق المطلوب أمرًا أكثر تعددًا وباهظًا في التكلفة. والنتيجة المترتبة على النمط التنظيمي الناتج لهذه اللجنة المذكورة, كان الانقسام للمنظمة من الداخل إلى بضعة نظم فرعية منفصلة, كل واحد منها يعمل لحسابه, ويدافع عن مصالحه.(١)

هذا الخلل يعوق عملية الأداء المؤسسي, حيث إن أسلوب بناء تقييم الأداء المؤسسي- يمر بعدة مراحل, من أهمها تحديد الهدف العام المطلوب تحقيقه من قبل المنظمة العامة الدولية, ثم تحديد الأنشطة المطلوب تنفيذها من كل جهاز، وذلك من خلال التركيز على تحديد العمليات والخدمات الأساسية, التي من المفروض أن يقوم بها كل جهاز داخل المنظمة العامة الدولية. لذلك يجب توضيح الاختصاصات المنوطة بكل جهاز داخل المنظمة العامة الدولية, حتى يتم الاستفادة من تطبيق قياس الأداء المؤسسي, وبالتالي يؤثر بالإيجاب على أداء المنظمات العامة الدولية.

هـ- حدود عمل المنظمات الدولية:

إن إدارة النظم في المنظمات الدولية معقدة ومتشابكة، وغالبًا ما تحاول المنظمات الدولية إدارة نظم تتبع في حل مشكلاتها وهذا ما أشار إليه "تشارلز بيرو" "الطبيعة المعقدة بالغة التشابك للعلاقات الدولية". فإن تأثيرات التغذية العكسية لنظم العلاقات الدولية معقدة ويصعب التنبؤ بها في معظم الأحوال.(٢)

مما يؤثر ذلك على تطبيق الأداء المؤسسي في المنظمات العامة الدولية, حيث إن أسلوب بناء تقييم الأداء المؤسسي يعتمد بصورة أساسية, على التغذية العكسية من خلال مراجعة الأهداف التي تم تنفيذها أو تعديلها حسب الحاجة .

وقد ذهب "بيرو" إلى أ ن تعقيد النظم المتشابكة بإحكام يجعل من المستحيل إدارة تلك النظم بطريقة يمكن بها تجنب حدوث الأزمات التي تطرأ بصورة دورية.

وعلى سبيل المثال,فإن معاهدة اللوفر التي جرى توقيعها في غضون شهر فبراير

(١) Jordan Robert. Op. Cit., pp. 77-87.

(٢) Martin, Lisa and Simmons, Beth. Op. Cit., p. 375.

من عام ١٩٨٧, جرى التفاوض بشأنها وإقرارها بواسطة مجموعة من الدول بغرض تقوية الدولار في أعقاب تراجعه طوال سنتين متتاليتين. وقد انتهى الأمر بحدوث نتيجة عكسية تمامًا على الأمد القصير; لأنه جرى النظر لتلك المحاولة من جانب السوق على أنها إشادة تعكس ضعف الدولار, وليس قوته. وبالتالي فإن الطبيعة المعقدة البالغة التشابك في العلاقات الدولية تؤثر على أداء وفا علية المنظمات العامة الدولية. [١]

و - القيادة:

تعد القيادة عنصرًا مهمًا في التأثير على أداء المنظمات, خاصة المنظمات العامة الدولية, حيث إن المنظمات العامة الدولية تعمل في إطار بيئي يتصف بالتعقيد, وذلك لأن المنظمة العامة الدولية عرضة لأزمات متلاحقة, مثل الأزمة المالية التي تتعرض لها الأمم المتحدة بصورة مستمرة. فالقائد في المنظمة الدولية سواء السكرتير العام أو المدير العام أو المدير التنفيذي يمكن أن يكون حيوي في تحويل إحدى المنظمات العامة الدولية من مجرد أداة للدبلوماسية الدولية إلى منظمة تتمتع باستقلالية بيروقراطية متزايدة.

ومع ذلك توجد قيود بالغة التعقيد تعترض قدرة الرئيس التنفيذي أو السكرتير العام في تحقيق تلك الغاية. وتتمثل في أنماط الصراع, وتكتلات السلطة الوطنية بين الدول الأعضاء. وأهم شيء بمقدور القائد يمكنه فعله لتحسين أداء المهام, هو محاولة التنسيق بين سياسات الدول الأعضاء, وبين القرارات والمصالح التي تسعى منظمته الدولية لتحقيقها [٢].

ولكي يتحقق ذلك فلابد أن يتمتع مثل هذا القائد بالمهارات التالية حتى يرفع من كفاءة الأداء المؤسسي في المنظمات العامة الدولية:

* **العمق الموضوعى للمعرفة** : (المعرفة المتخصصة أو الفنية) وهى والتي

(١) Ibid., pp. 376-377.

(٢) Jordan, Robert. Op. Cit., p. 77.

ترتبط بأنشطة الأعمال التي تقوم بها المنظمة.

* **الفهم الدولي الإستراتيجي:** من المهم بالنسبة للقادة الدوليين أن يتحلوا برؤية إستراتيجية للموضوع الذي تتجه إليه المنظمة, لوضعها في سياق عالمي.

* **الخبرة بالثقافات المتباينة:** يستحيل على السكرتير العام أو التنفيذى لأى منظمة عامة دولية, اكتساب الحساسية الدولية من خلال التعليم الأكاديمي فحسب. فالجهود لتعلم لغه أجنبية ثانية وثالثة تشكل الأرضية لفهم الثقافات المختلفة, ولكنها ليست البديل للخبرة العالمية الفعلية.(١)

* **التفويض للسلطة:** يعني بذلك إعطاء العاملين السلطة لجمع المعلومات واتخاذ القرارات. وكذلك تفويضهم في تناول بعض المشكلات وعلاجها دون اللجوء إليه حسب أهمية هذه المشكلات, والتفويض هنا ليس التفويض في ممارسة اختصاصاته الجوهرية وهى قيادة المنظمة وإدارتها بالأسلوب المتفق عليه في ميثاقها وحل المشكلات, بل هو إنابة لبعض العاملين في المنظمة لمعالجة بعض المشكلات, حتى لا يتم تركيز السلطات كافة في يده ,وإعطائهم الفرصة لحل هذه المشكلات في ظل السبل والظروف المتاحة, ومن ثم تكون هناك سهولة في إدارة المنظمة حتى تتحقق الغاية المرجوة منها .

* **تنفيذ الخطط ومراقبة النتائج:** ويتضمن هذا المبدأ :

-ترجمة الخطط إلى نشاط قابل للتوجيه.

-التعديل وإعادة التفاوض حول الخطط كلما جرت تغييرات, أو وقعت مشكلات تستوجب إعادة النظر في الأوضاع.(٢)

* القدرة الإدارية: يجب على الرئيس الإدارى للمنظمة وهو يباشر مهامه الرئيسية, استغلال الفرص البيئية المتاحة, فذلك يكسب القائد الإداري الدولي

---

(١) Bikson, Tora and others, "**New Challenges for International Leadership**", USA, Pittsburg, Rand Publications, 2003, p. (XV).

(٢) January, 1995 United Nations Performance Appraisal System, (www.unep.org/restrict/webpas/pasguide.htm).

احترام وثقة من يعملون تحت إمرته.[١]

كذلك المبادرة والمساهمة النشطة في تحليل التغيرات البيئية (السياسية، الاجتماعية، والمادية ..) التي قد تؤثر على المنظمة العامة الدولية. أيضًا جعل المنظمة العامة الدولية أكثر استجابة لعملائها وهم الدول الأعضاء.[٢].

أهم محاولات الأمم المتحدة لرفع كفاءة الجهاز الإدارى:

فقد صادف الجهاز الإدارى للأمم المتحدة عبر مسيرته الطويلة مشكلات كثيرة أدى تراكمها إلى إصابة هذا الجهاز بأمراض مزمنة. فقد ازداد عدد العاملين زيادة ضخمة. وهو شأنه شأن أي جهاز إدارى محلى يمكن أن يواجه مشكلات فنية عديدة تؤثر على كفاءته مثل المشكلات المتعلقة بالأجور والمكافآت والمرتبات ...إلخ. وقد احتلت هذه المشكلات اهتماما كبيرًا جدًا طوال العقود الماضية وقدمت لجان كثيرة مقترحات متعددة لحل هذه المشكلات .ومن هذه القضايا الأكثر أهمية تلك المتعلقة بتنظيم السكرتارية على النحو الذي يمكنها من أداء الوظائف الملقاة على عاتقها في المرحلة المقبلة.

وقد تركزت مقترحات الإصلاح المتعلقة بها حول محورين:

الأول : يتصل بقمة الهرم التنظيمى للسكرتارية. حيث تميزت هذه القمة بوجود عدد كبير من مساعدى الأمين العام يتولى كل منهم قيادة إدارة أو مجموعة من الإدارات ويمارس عمله في استقلال شبه تام .

الثانى : يتعلق بقاعدة الهرم حيث لوحظ وجود إدارات في قطاعات مختلفة تمارس وظائف أو مهام متشابهة ووجود خبرات تمارس أعمالًا متكاملة ولكنها موزعة على إدارات مستقلة ..إلخ.[٣]

وتسعى الأمم المتحدة من خلال لجنة الخدمة المدنية (Internationa

(١) Bikson, Tora, Op. Cit., p. (XV).

(٢) United Nations Performance Appraisal System, Op. Cit., p. 23.

(٣) لمزيد من التفاصيل حول مقترحات الإصلاح. يراجع د.حسن نافعة، دراسات في التنظيم العالمى من الحلف المقدس إلى الأمم المتحدة, مرجع سبق ذكره, ص ص ٤٠٩ ,٤١٠ .

(I Civil Service Commission) , بـدور رئيسي في إدارة المـوارد البشرية في الأمـم المتحـدة, والتي من أولى مهامها التعرف على مشكلات الأفراد, ومحاولة التوصل إلى علاج لها, لكى تحظـى بالقبول لدى الدول الأعضاء وممثلي العاملين. وقد تم إنشاء هذه اللجنة في عام ١٩٧٥ وحققـت قدرًا كبيرًا من النجاح في النهوض بترشيد المسائل (الخاصة بالمرتبات، التصنيف الوظيفي, ونظـام تقييم أداء العاملين ,إضافة إلى نظام إدارة موارد بشرية متكامل).

وقد عملت هذه اللجنة كرقيب على أي انحرافات تخـص تقيـيم أداء العـاملين في منظمـة الأمم المتحدة. وبالرغم من هذه النجاحات, فقد تم توجيـه انتقـادات لهـا مـن جانـب ممثـلي العاملين, بأنها لم تعد قادرة على الوفاء بدورها كهيئة فنية مستقلة ونزيهة.

وفي شهر مايو من عام ١٩٨٨, قررت كل مـن اتحـاد رابطـة العـاملين (Staff Association Federation) , ولجنة التنسيق لاتحادات العمال المستقلين, تعليـق مشـاركتها في أنشـطة اللجنـة والمطالبة بجعل شروط التوظيف في الأمم المتحدة لا يتم تحديدها بشكل أحادي الجانـب, بـل تكون هذه الشروط خاضعة لمفاوضات بين ممثلي العاملين والقائمين بالتعيين.[(١)]

كما قررت الجمعية العامة للأمم المتحدة في أعوام ١٩٩٤، ١٩٩٦ , ١٩٩٨ الأخذ بما يسـمى " تفويض الإدارة" وتمكين وتحديد مسئولية العاملين في المنظمة. وقد أصبح الآن في منظمة الأمم المتحدة نظام لتقييم أداء العاملين فيها، و يتم الدخول إليه إلكترونيًا وهو نظـام يسـعى لتقيـيم أداء العاملين من خلال تحقيق النتائج وأهداف المنظمة. كما أنه يتعرف على الاحتياجـات التـي يجب توافرها لتنمية العاملين. وقد أضاف ذلـك بعـدًا جديـدًا لتخطـيط المـوارد البشرـية ورفـع كفاءة العاملين في المنظمة الدوليـة, وبالتـالي سـيؤثر ذلـك بالإيجـاب عـلى عمليـة تقيـيم الأداء المؤسسي في هذه المنظمة الدولية الهامة.[(٢)]

---

(١) De Cooker, Chris, Op. Cit., pp. II.4-11/11-II.4/12.

(٢) تقرير السكرتارية العامة للأمم المتحدة.
Report of the secretary-General on the work of the organization, Op.Cit.

٦-العوامل الثقافية:

من الثابت والملاحظ أنه,من العوامل التي تؤثر على فعالية الأداء المؤسسي للمنظمات العامة الدولية, غياب الثقافة السياسية المشتركة، بينما تعمل الخدمة المدنية الوطنية من خلال إطار به إجماع على وظائف الحكومة ووسائل اتخاذ القرارات السياسية، وكذلك على حدود السلطة الحكومية الشرعية. فالخدمة المدنية الدولية تعمل بدون ثقافة سياسية مشتركة, مما يجعلها تفتقد كلاً من التوجيهات والإرشادات التي تيسر اختيارها للقرارات, وأيضًا قد تفتقد في بعض الأحيان للشرعية التي تجعل مهامها مقبولة لدى مجموعة من العملاء. كما أن موظفين بعض الدول قد يتأثرون سلبيًا نظرًا لكون ثقافتهم الوطنية بدائية أو تختلف إلى حد كبير عن ثقافة الأغلبية.(١)

ولحل مشكلة غياب الثقافة المشتركة, قام البنك الدولي بتدريب موظفيه تدريبًا عاليًا من الاقتصاديين والمهندسين. لذلك فإن الأفراد الذين يتقلدون الوظائف المتخصصة في البنك الدولي يتصرفون على نحو مشابه للغاية سواء كانوا هنودًا أم إنجليزًا أم أرجنتينيين أم كنديين. إذًا فالواضح, أن الخلفية التعليمية المشتركة كما يبدو تؤدي إلى زيادة اكتساب الطابع الدولي في أوساط الموظفين الدوليين ونسيانهم الثقافة الوطنية البدائية.(٢)

* * *

(١) نهال فؤاد فهمي: **مشكلات الإدارة العامة الدولية: دراسة تطبيقية على الأمانة العامة للأمم المتحدة، رسالة دكتوراه في الإدارة العامة**، جامعة القاهرة - كلية الاقتصاد والعلوم السياسية قسم الإدارة العامة، رسالة غير منشورة، عام ٢٠٠٠, ص٢٧.

(٢) Mouritzen , Hans., **The International Civil Service, a Study of Bureaucracy** (Great Britain: Darmouth, 1990) pp.50-51.

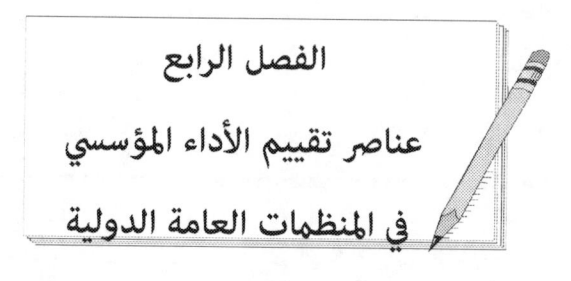

الفصل الرابع

عناصر تقييم الأداء المؤسسي في المنظمات العامة الدولية

تمهيد وتقسيم

تتعرض المنظمات العامة الدولية لتحديات متمثلة في التوقعات لدى المجتمع الدولي الذي يود رؤية هذا النظام في تحسن مستمر, وتقديم أفضل الخدمات للدول الأعضاء. ومثل هذه الضغوط الخارجية يضاف إليها التراجع الحاصل في التمويل, وهو أهم القوى المحركة وراء الإصلاح المؤسسي.

ولمواجهة أجندة تنموية متزايدة مع ندرة في الموارد[1] فقد قامت المنظمات العامة الدولية باستخدام مؤشرات الأداء المؤسسي، وبإدخال عدة مداخل جديدة لتقييم الأداء المؤسسي, سبق الإشارة إليها آنفًا في الفصول الأولى من هذه الدراسة.

وينقسم الفصل الرابع إلى مبحثين هما:

المبحث الأول: آليات الأداء المؤسسي في المنظمات العامة الدولية.

المبحث الثاني: مداخل وصعوبات تقييم الأداء المؤسسي في المنظمات العامة الدولية.

* * *

(١) Bech, Suzanne and Norgbey Segbedzi., Indicators for Evaluation of Environmental Impact: Approaches to Indicators Development in an International Organization, Evaluation and Oversight Unit, UNEP, p.2. foundin: www.europeanevaluation.org/docs/bech.pdf=search=performance%2.0indicators%20%of%20international%20organizations

المبحث الأول

آليات الأداء المؤسسي في المنظمات العامة الدولية

أولًا : آليات ومؤشرات تقييم الأداء المؤسسي في المنظمات العامة الدولية

هناك اتجاهات ووسائل مستحدثة في ذلك المجال: فقد استخدمت المنظمات العامة الدولية مقاييسًا غير مالية للحكم على أدائها, وتحديد الأسباب لفشل عمليات صنع القرار, وتنفيذ السياسات. وقد قسمت المقاييس إلى عدة مجموعات, نتناول هذه المجموعات على النحو الآتي:

المجموعة الأولى: وهى تتعلق بجوانب هيكل المنظمة العامة الدولية سواء من ناحية:

(١) طبيعة الهيكل السياسي .

(٢) الثقافة السياسية.

الخصائص الاقتصادية للدول الأعضاء.

وتتعلق هذه المقاييس بمدى معاونة الدول الأعضاء لمواقف الجماعات المستهدفة المختلفة في الدول الأعضاء بالنسبة لأهداف معينة بالمنظمة العامة الدولية وبرامجها.

أما بالنسبة للخصائص الاقتصادية, فإن معدلات التضخم والبطالة في الدول الأعضاء المختلفة من المحتمل أن تؤثر على فعالية عمليات التنفيذ.

المجموعة الثانية:

وهى التي تركز على الخصائص البيروقراطية داخل المنظمة العامة الدولية, مثل ما مدى قوة التزام المنظمة العامة الدولية تجاه الهدف أو البرنامج ؟

وما هي درجة الأولوية العالية التي تعطيها الهيئة للدولة القائمة بالتنفيذ لتحقيق قرارات صادرة عن المنظمة العامة الدولية وسياستها؟

وإلى أي حد جرى تمويل السياسات المعنية للمنظمة العامة الدولية والتي يجري تقويم تنفيذها, مقارنة بالسياسات والبرامج القومية الأخرى؟

وما هي مستويات الخبرة بالبيروقراطية والخبرات المرتبطة عن الخدمة المدنية بالمنظمة العامة الدولية المشاركة في التنفيذ؟

المجموعة الثالثة:

تتناول تلك المجموعة المشكلات العملية, وذلك لأن العديد من قرارات وبرامج المنظمة العامة الدولية تؤثر على مجموعات مختلفة في الدول الأعضاء. فإنه تثور تساؤلات هامة عن درجة الدعم المقدم بواسطة هذه الجماعات, ورغبتها في المشاركة بالبرامج التي ترعاها المنظمة العامة الدولية. وقد تمثل مشاركة وتعاون أقسام فرعية إدارية محلية, ومنظمات تابعة للأحزاب السياسية، عنصرًا بارزًا بالنسبة لفاعلية البرنامج وتنفيذ السياسات(١).

من المؤشرات غير المالية المستخدمة بطاقة الأداء المتوازن:

فقد طبقت منظمة الأمم المتحدة للتنمية الصناعية أحد المنظمات المتخصصة التابعة للأمم المتحدة (UNIDO) بطاقة الأداء المتوازن Balanced Scorecard للحكم على أدائها. فهي تسعى إلى ربط إطار البرنامج المتوسط المدى عن عام ٢٠٠٤-٢٠٠٥, مع أنشطة العاملين على المستوى الفردى, وذلك من خلال التوصل إلى كروت الأداء على مستوى المنظمة والفرع والفرد وهو ما يبينه الشكل التوضيحي التالي:

---

(١) Jordan, Robert and others, Op. Cit., pp. 38-39.

الشكل رقم (٨)

كروت الأداء على مستوى المنظمة والفرع والفرد

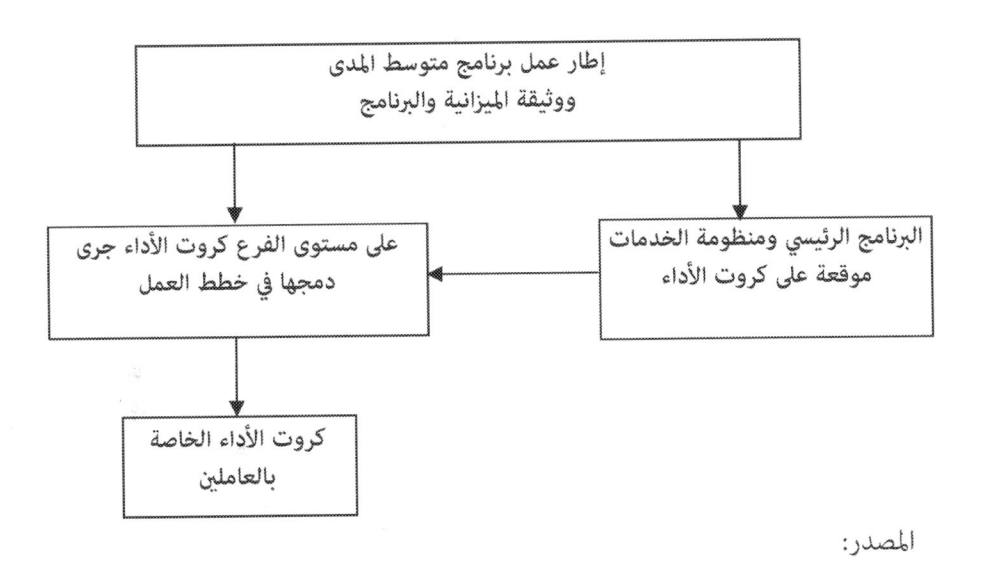

المصدر:

Ortiz, fontaine Even and others., "Managing Performance and Contracts part III series on Managing for Results in the United Nations System", Joint Inspection Unit, Geneva, 2004, p. 5.

من المهم أيضًا, ملاحظة أن تكون ملفات الوصل الأفقية تحظى بالاعتراف, وأن تقوم نظم إدارة الأداء المؤسسي بالتعرف على الوحدات, سواء داخل أو خارج المنظمة, والتي يكون تعاونها ضروريًا لتحقيق الالتزامات بالأداء على المستوى الفردى والجماعي. وقد أصبح الأخذ بهذا الأسلوب حتميًا منذ أن تزايدت أعداد الأنشطة أو المشروعات فيما بين الهيئات بشكل هائل في السنوات الأخيرة وعلى وجه الخصوص على المستوى الميداني.(١)

أما بالنسبة لمنظمة برنامج الأمم المتحدة للبيئة United nations Environmental Program (UNEP) وهي إحدى المنظمات الدولية المتخصصة في شئون البيئة والتابعة للأمم المتحدة , فقد استخدمت مؤشرات الأداء المؤسسي التالية للحكم على أدائها: وهي مؤشرات الملاءمة والارتباط، والفعالية، والكفاية، والاستمرارية، والتأثير.

---

(١) Ortiz, fontaine Even and others., "Managing Performance and Contracts part III series on Managing for Results in the United Nations System", Joint Inspection Unit, Geneva, 2004, pp. 5-6.

الجدول رقم (٥) مؤشرات تقييم الأداء المؤسسي المستخدمة

مؤشرات التقييم	النطاق	الجوانب
الملاءمة والارتباط	الحد الذي عنده يقدم البرنامج / المشروع الدعم لتحقيق مهمة المنظمة والأهداف والإستراتيجيات والأولويات	• توافر الميزانية، خطة العمل، برنامج العمل، الجدول الزمني. • متماشيًا مع برنامج العمل. • متماشيًا مع المستفيدين المستهدفين. • مرتبطًا بأهداف إقليمية أو قومية. • أنواع نقاط الارتباط. • الأسلوب والإستراتيجية الملائمة.
الفعالية والكفاية	تحددها الإدارة والنظم المالية التي أثرت على البرنامج الفرعي والقدرة على توصيل المشروعات	• المخرجات المتوقعة والنتائج التي تحققت كما كان مخططًا. • نطاق التعاون مع الشركاء الآخرين. • حد كفاية الهيكل ودعم الإدارة للتنفيذ. • فعالية الاستخدام المالي.
الاستمرارية	القيمة الحقيقية لاستثمار منظمة برنامج الأمم المتحدة للبيئة من حيث إن البرنامج المشروع سوف يستمر في الحصول على الأهداف في البيئة المستهدفة وراء حياة المشروع	تقدم قياسات الاستمرارية بيئة التمكين: • وجود هيئة صنع القرار. • وجود سياسة قومية داعمة. • درجة الدعم المقدمة. • وجود خطة أو برنامج بيئي إقليمي أو قومي. • وجود إطار لائحي وقانوني أو اتفاق إقليمي. • وجود حوار سياسي مفتوح وصياغة القدرة المؤسساتية. • وجود نظم مؤسساتية مستمرة. • وجود خطة إستراتيجية.

مؤشرات التقييم	النطاق	الجوانب
		● وجود نظام لإعداد خطط عملياتية سنوية. ● وجود نظام مراقبة وتقييم.
التأثير	الحد الذي عنده يحدث تنفيذ البرنامج أوالمشروع التغيير في البيئة	● في دور منظمة برنامج الأمم المتحدة لشئون البيئة. ● في الحكومات والمؤسسات القومية. ● في هيئات نظام الأمم المتحدة وغيرها من المنظمات. ● في التمويل للمشروعات والبرامج البيئية والدول المتبرعة والمنظمات الدولية المتبرعة.

المصدر: تقرير برنامج الأمم المتحدة لشئون البيئة لعام ٢٠٠٠.

Source UNEP (2000) c, pp. 13189-131100.

كما قامت منظمة الاتحاد الأوروبي بالأخذ بمجموعة من ثمانية مؤشرات للأداء المؤسسي للحكم على جودة برامجها, وقد استخدمت مقاييس مالية وغير مالية وتتمثل مؤشرات الأداء المؤسسي في التالي:

١- مستويات استخدام الميزانية بالبرنامج:

تخطي المخصصات بالميزانية أو عدم استغلالها, يمكن النظر إليها على أنها مؤشر على الإدارة السيئة, ويفترض المجلس الأوروبي للمراجعين أن الإنفاق الفعلي الأكثر قربًا من المخصصات الأولية يعكس أداءً أفضل, وفي معظم الأحوال يتم التأثير على تخطي تلك المخصصات أو عدم استغلالها بعلامة سالبة.

٢- حفظ جداول البرنامج والمشروعات والأدلة على حدوث تأخيرات:

وهذا المؤشر مهم على وجه الخصوص في المشروعات التنموية والبحثية. وبالرغم من وجود قصور في الأداء حتميًا في بداية أي دورة برامجية جديدة, فإن المسألة الرئيسية هي ما إذا كان هناك أي تغيير كلي بين إحدى الدورات ودورة أخرى مع الإبقاء على باقي العوامل ثابتة.

٣- جودة وتغطية معلومات الإدارة ونظم المعلومات: ويتضمن ذلك توفير معلومات إدارية كافية للمديرين والمراجعين داخل نطاق إطار مسميات مفهومة بوضوح[١].

٤- مستوى السيطرة والفحص والمراجعة كأنشطة مرتبطة: والأدلة على ضعف السيطرة قد تتضمن غياب نشاط المراقبة الدوري ووجود ضوابط جرى تصميمها بشكل يفتقر للفعالية.

٥- التنسيق فيما بين الهيئات :والأمثلة قد تتضمن تبادل المعلومات والإنسجام بين النظم والضوابط والمراجعات المشتركة.

٦- درجة التخطيط والاستهداف: وهى تشير إلى وجود / غياب التخطيط للأهداف.

٧- درجة التقييم للتأثيرات الحاصلة على البيئة: وذلك من جراء البرامج المنفذة والتقويم للبرامج. والأدلة على هذه الأنشطة تؤكد على وجود حلقة التغذية العكسية وهى التي تدور خلال الضوابط والمراجعات والتي تؤدي إلى الجولة التالية من صنع القرار وتعديل البرامج المرتبط مع جميع المستويات.[٢]

ومن خلال المؤشرات السابقة يتبين لنا مدى اهتمام المنظمات العامة الدولية بالبيئة المحيطة بها، (البعد الاقتصادي للأداء المؤسسي الذي يضم النتائج العامة للمنظمة الدولية ومدى نجاحها في تحقيق أهدفها وسياستها في إطار الاقتصاد العام للدول الأعضاء).

---

(١) Dr . Kathryn. E. Newcomer ,What are the Consequences of Programmatic Performance Measurement and Reporting for the Exercise of Accountability in The U.S. Federal Government?Cairo, Faculty of Economics &Political Science,. 13-14 Jan- 2002.

(٢) Levey, Roger., EU Programme Management 1977-96. A performance Indicators Analysis, **Public Administration**, vol. 79, no. 2, 2001, p. 427.

ثانيًا: الشروط التي يجب توافرها عند استخدام مؤشرات الأداء المؤسسي- في المنظمات العامة الدولية:

ونتناول تلك الشروط على النحو الآتى بيانه :

ضمان أن تتصف المؤشرات بالموضوعية: لا يمكن أن تكون المؤشرات بمثابة مخرجات للمشروع أو البرنامج بل من المفروض أن تصف تأثيرات وأيضًا جميع الجوانب الهامة في الأهداف المطلوب تحقيقها.

أن تقوم المؤشرات المستخدمة بقياس التغيير.

اختيار مؤشرات محددة :وذلك من حيث الكم والكيف والوقت والموقع والجماعة المستهدفة.

عدم تحديد مؤشرات عديدة : أو مؤشرات دون مصادر بيانات يسهل الدخول عليها.(١)

استخدام مؤشرات وسيطة عند الضرورة:

قد تحول التكلفة, ودرجة التعقيد, وحسن توقيت جمع البيانات, دون قياس إحدى النتائج على نحو مباشر. وفي مثل هذه الحالة فإن المؤشرات الوسيطة قد تكشف توجهات الأداء المؤسسي, وتجعل المديرين على دراية بالمشكلات المحتملة أو مجالات النجاح. فعلى سبيل المثال, في برنامج لحماية البيئة حيث إن النتيجة المستهدفة, هي إحداث التحسين في بعض البحيرات. ومن ثم فإن مستوى السميات في بيض البط قد يكون هو المؤشر الوسيط على حدوث مثل هذا التحسن.

استخدام بيانات غير مجمعة:

تستند المؤشرات الجيدة فيها إلى بيانات أساسية متفرقة تحدد الموقع والجنس ومستوى الدخل والجماعة الاجتماعية.

إشراك أصحاب المصلحة:

يحتم الأمر في أغلب الحالات تشجيع المشاركة في اختيار كل من مؤشرات

(١) Bech, Suganne, Op. Cit., p. 14.

المخرجات والنتائج. وأن توجهات المشاركة تميل إلى تشجيع الإحساس بالمسئولية عن النتائج المخططة والاتفاق على إنجازها. ومن اللازم حتمًا أن يتفق الشركاء على أي المؤشرات سيتم استخدامها للمراقبة, ثم تحديد المسئوليات عن جمع البيانات وتحليلها.

تحديد بيانات نقطة الابتداء والهدف (baseline data and target):

يلاحظ أن أي مؤشر للنتائج به مكونان، المكون الأول: نقطة الابتداء، والمكون الثانى: هو الهدف. فبالنسبة لنقطة الابتداء: فهي عبارة عن الموقف قبل بدء البرنامج أو النشاط، فهي نقطة الابتداء بالنسبة لمراقبة النتائج.

أما الهدف: فهو عبارة عما سيئوول إليه الموقف بصورة متوقعة في نهاية البرنامج أو النشاط، فلو كان زيادة إيصال خدمة التعليم لأكبر عدد من المواطنين هو النتيجة المستهدفة على سبيل المثال, فنجد أن الأعداد المسجلة بالمدارس قد توفر مؤشرًا جيدًا وقد تبدأ فيه النتائج بنقطة بدء مقدارها ٥٥% أعداد طلاب مسجلة عام ١٩٧٧, وهدف هو الوصول إلى ٩٠% نسبة التسجيل للطلاب بحلول عام ٢٠٠٢.

التمييز بين المؤشرات الكمية والنوعية:

يجب اختيار كلًا من المؤشرات الكمية والنوعية بناءً على طبيعة الجوانب المعنية للنتيجة المستهدفة. فالكفاية تندرج ضمن المؤشرات الكمية، بينما قياس الاستمرارية يستوجب التقويم النوعي للمواقف والسلوكيات, لأنه يتضمن درجة تأقلم الأشخاص لبيئة متغيرة.[(١)]

ويبين الجدول التالي كيف يمكن التوصل إلى مؤشرات جيدة تتوافر فيها الشروط السابق ذكرها، وقد تم إعداد هذه المؤشرات بواسطة برنامج الأمم المتحدة الإنمائي في مالي (UNDP, Mali).

(١) Handbook on Monitoring and Evaluating for Results, UNDP, United Nations Development Programme, Evaluation office, pp 67-68

http://stone.undp.org/undpweb/eo/evalnet/docstore3/yellowbook/documents/

الجدول رقم (٦)

مؤشرات برنامج الأمم المتحدة الإنمائي

النتائج المستهدفة	مؤشرات الأداء	تصنيف المؤشرات						الدرجة الكلية	ما تم اختياره
		أ	ب	ج	د	هـ	و		
التأثير									
النتيجة (١)	مؤشر ١ مؤشر ٢								
المخرجات (١)	مؤشر ١ مؤشر ٢								اختيار ٢ إلى ٣ مؤشرات ذات أفضل درجة

المصدر:

Handbook on Monitoring and Evaluating for Results, UNDP, United Nations Development Programme, Evaluation office, pp 67-68 http://stone.undp.org/undpweb/eo/evalnet/docstore3/yellowbook/documents.

أ- واضح وضوح المؤشر.

ب- البيانات متاحة بسهولة.

ج- الجهد الساعي لجميع البيانات واقع في نطاق قدرة الإدارة ولا يستلزم خبراء لإجراء التحليل.

د- المؤشر يمثل على نحو كافٍ إجمالي النتائج المستهدفة.

هـ - المؤشر ملموس ويمكن ملاحظته.

و- المؤشر يصعب التوصل إليه ولكنه مهم للغاية, لدرجة أنه لابد من وضعه في الاعتبار (مؤشر وسيط)[1].

(١) Handbook on Monitoring and Evaluating for Results, Ibid., p. 68.

المبحث الثانى

مداخل وصعوبات تقييم الأداء المؤسسي

للمنظمات العامة الدولية

تتمثل مداخل تقييم الأداء المؤسسي للمنظمات العامة الدولية في أربعة عناصر الوارد بيانها على الوجه الآتى :

١ - قياس الإنتاجية.

٢- المراجعة الإدارية.

٣ - موازنة النتائج.

٤- الإدارة المعتمدة على النتائج .

ونتناول كل مدخل من هذه المداخل بشىء من الإيضاح, وذلك على السرد الوارد بيانه :

أولًا: مداخل تقييم الأداء المؤسسي للمنظمات العامة الدولية

١-مدخل قياس الإنتاجية :

يعرف خبراء منظمة التعاون الاقتصادي والتنمية (OECD) مدخل قياس الإنتاجية بأنه "(كمية إنتاج المخرجات منسوبة إلى كل عنصر من عناصر الإنتاج)".

ويشير هذا التعريف إلى علاقة الإنتاج بعنصر واحد من عناصر الإنتاج, أو مجموعة العناصر التي تستخدم في تحقيقه "المدخلات". وتقاس الإنتاجية وفقًا لهذا التعريف من خلال نسبة حسابية بين كمية المخرجات من السلع والخدمات, وكمية المدخلات من الموارد المستخدمة في تحقيق ذلك المستوى من الإنتاج, من خلال وحدة زمنية محددة.

تعريف خبراء منظمة العمل الدولية (ILO):

ويؤكد على هذا المفهوم، خبراء منظمة العمل الدولية (ILO) فيتفقون مع

التعريف السابق بأن الإنتاج هو عبارة عن "حصيلة التكامل بين العناصر الرئيسية للإنتاج. الأرض، ورأس المال، والعمل والتنظيم، وتمثل النسبة بين الإنتاج وهذه العناصر مؤشرًا ومقياسًا للإنتاجية". بينما تطرح الوكالة الأوروبية للإنتاجية (EPA) مفهومًا يتركز في اتجاهين:

الاتجاه الأول: يشير إلى أن الإنتاجية تعبر عـن " درجـة فعاليـة استخدام كـل عنصر ـ مـن عناصر الإنتاج" .

والاتجاه الثاني: يعرف الإنتاجية بأنها "موقـف يقـوم عـلى البحـث الـدائم عـن التطـور والجودة. وأن أداء اليوم أفضل من الأمس، وأداء الغد أفضل من اليوم" [1].

وقد تثور أهداف الإنتاجية من خلال الأمور التالية:

- جودة المخرجات.

- كفاية وفعالية النظم العملياتية والإجراءات.

- تحسين ظروف العمل والروح المعنوية.

- العلاقات مع أصحاب المصلحة الرئيسيين.

- ازدياد الشعور بالرضاء لدى العملاء.

- تنفيذ التقويم والمراقبة, وغيرها من توصيات ذات توجه للتحسين, وهذا التركيـز عـلى الإنتاجية يتماشى مع النظام المعتمد على النتائج, والذي جرت صياغته حديثًا في الأمـم المتحـدة, والمنظمات الدولية المتخصصة التابعة لها, وقد أدى ذلك إلى تحول في تركيز أداء المنظمة العامـة الدولية من الأنشطة إلى النتائج. [2]

٢- المراجعة الإدارية:

عرف الباحثون كما ذكرت الباحثة في الفصل الثاني, مدخل المراجعة الإدارية بأنه " الدراسة الانتقادية للنشاط الإداري بأكمله في المنظمـة, بقصد الكشـف عـن نقـاط الضعف مـن أجـل إحداث التحسينات, وهو يختلف عن المراجعة المحاسبية

---

(١) د. محمد محمود المنصوري، مرجع سبق ذكره، ص ص ٣٣٠-٣٣١.

(٢) Bech, Suzanne, Op. Cit., p. 2 .

المقيدة بنشاط المحاسبة وتدقيق الحسابات".

وتعتبر المراجعة الإدارية أداة رقابية فعالة حيث تمتد الاستفادة بها إلى جهات كثيرة تعنيها أمور المشروع ونتيجة نشاطه ومركزه المالى وعوامل نجاحه أو فشله ومدى تنفيذه السياسات وتقييم إدارته وأجهزته[(١)].

وجدير بالإشارة أن جميع المنظمات الدولية, تتلقى تمويلها تقريبًا, من خلال المساهمات الإجبارية (بناء على تقويمات للحصص), ومن خلال المساهمات التطوعية. ويجري المراجعون الداخليون والخارجيون وهيئات المراقبة المستقلة, تقويمًا لفعالية الرقابة المالية والرقابة على الميزانية وكفاية عمليات الإدارة, وكفاية البرامج والتقويم. ويتلخص دورهم في التعرف على المشكلات (عدم التقيد بالقواعد والإجراءات والبرامج المصدق عليها), وإصدار تقارير عن تلك المشكلات للأمانة والهيئات المسئولة لاتخاذ إجراءات التصويت, وإصدار توصيات بالتحسينات المقترحة لتجنب حدوث أخطاء مستقبلًا أو الوقوع في إخفاقات مشابهة.[(٢)]

١-من يقوم بالمراجعة الإدارية:

أ - بالنسبة لمنظمة الأمم المتحدة:

مكتب خدمات المراقبة الداخلية:

يقوم مكتب خدمة المراقبة الداخلية بالمراجعة الإدارية في الأمم المتحدة, وقد جرى إنشاؤه بواسطة الجمعية العامة للأمم المتحدة عام ١٩٩٤؛ ليكون مكتبًا مستقلًا, يرفع تقاريره إلى السكرتير العام والجمعية العامة. و توفر المراجعة على مستوى العالم، التحقيق، التفتيش، مراقبة البرامج وخدمات التقويم .

وقد أسفرت جهود هذا المكتب عن الكشف لمخالفات تبديد، أو سوء إدارة،

---

(١) إبراهيم على عشماوى، مرجع سبق ذكره، ص ص ١٨-١٩ .

(٢) Beigbeder, Yves., Management Problems in United Nations Organizations Reform or Decline (New York, St Martin's Press,1987) p. 54.

أو تزوير وتمكن من التعرف على الوفورات المحتملة والتي بلغت حوالي ٢٩٠ مليون دولار من بينها حوالي ١٣٠ مليون دولار جرى استرجاعها وتوفيرها اعتبارا من عام ١٩٩٤.

كذلك قام المكتب بزيادة الدعم المقدم لإدارات الأمم المتحدة بحيث تتمكن من زيادة قدرتها على إجراء التقويم الذاتي والمراقبة وهو ما يضمن أن المنظمة سوف تصبح ذات توجه أكبر ناحية تحقيق النتائج.[١]

ب - بالنسبة لمنظمة الاتحاد الأوروبي:

المجلس الأوروبي للمراجعين (The European Court auditory): يقوم المجلس الأوروبي للمراجعين (The European Court auditory) بمسئولية المراجعة والتقويم, وهو هيئة مستقلة تمامًا عن مجلس الاتحاد الأوروبي. وقد جرى تأسيس هذا المجلس بموجب معاهدة الاتحاد الأوروبي, وهو يقوم بتوفير التعليقات التفصيلية والدورية عن حالة الإدارة المالية لبرامج الاتحاد الأوروبي. وسلطة هذا المجلس تتخطى المراجعة الفنية والقانونية (الالتزام بالإدارة المالية على النحو السليم)، بالتأثير على ممارسات الإدارة, ويجب على هيئات المراجعة على المستوى القومي أن تتعاون مع هذا المجلس.[٢]

٢-الأنشطة:

في البداية تم إنشاء هذه الوظيفة في الأمم المتحدة عام ١٩٦٨. وكانت تحت إشراف مساعد السكرتير العام للتنظيم والإدارة. وفي الوقت الذي بدأت فيه وظيفة المراجعة الداخلية بالأمم المتحدة منذ فترة طويلة إلا إن هذه الوظيفة لم تصبح مستقلة إلا عام ١٩٩٤ عندما تم إدماج هذه الوظيفة داخل صلب مكتب خدمات المراقبة الداخلية, وهذا المنصب يشرف على النواحي المالية، والأفراد ،والخدمات العامة وإدارة النواحي الإدارية، ومعالجة البيانات الإلكترونية ونظم المعلومات.

---

(١) Report of the United Nations, International Oversight, October 2003, found in:
www.un.org/deptsoios/documents/oios_booklet_e.

(٢) Levy, Roger, Op. Cit., p 425. United Nations International Oversight, Op. Cit, p. 5.

وبذلك يتضح أن منصب المراجعين الداخليين بالغ الأهمية لكون دورهم هو مراقبة، وانتقاد، وتوجيه النصح والمشورة فيما يتعلق بعمل المديرين وبرامج المنظمة.

ويستند المراجعون الداخليون في أدائهم لعملهم إلى العناصر التالية:

١- مدى تقيد المعاملات المالية بتوجيهات الجمعية العامة, واللوائح المالية واللوائح الخاصة والعاملين, والقواعد والتعليمات الإدارية.

٢- إجراء تقييم للكفاية العملياتية والاقتصادية التي يجري بها الاستفادة من الموارد البشرية والمادية والمالية.

٣- مراجعة للبرامج والأنشطة التي يتم تمويلها من موارد منتظمة وأخرى خارج الميزانية, لمقارنة تنفيذ المخرجات مع الميزانية المعتمدة لهذا البرنامج.[١]

٤- النهوض بتحسين الإدارة وترشيد التكاليف, من خلال الاستشارة والمعاونة المقدمة للمديرين.[٢]

٣ -مراحل المراجعة الإدارية:

يتضمن نشاط المراجعة الإدارية في الأغلب الأعم من الحالات أربعة مراحل متميزة:

المرحلة الأولى: وهى استخدام التخطيط لتحديد المخاطر وتقويم مدى كفاية وفعالية الضوابط, ووضع خطط تفصيلية للعمل الميداني.

المرحلة الثانية: القيام بالعمل الميداني لإجراء الفحوصات، الاختبارات والتحليلات المفصلة بغرض جمع البيانات الملائمة والكافية.

المرحلة الثالثة: عمل التقارير لتوصيل نتائج أنشطة المراجعة والتوصيات.

المرحلة الرابعة: المتابعة لتنفيذ المراجعة من خلال:

أ- المراقبة:

ويقصد بها مراقبة تنفيذ أحد البرامج قياسًا على الالتزامات في الخطط

---

(١) Beigbeder, Yves, Op. Cit., p. 54 .

(٢) Gurstein Michael, Op. Cit., p. 118.

والميزانيات. وتتضمن مراقبة الأداء الجمع المستمر للبيانات عند التنفيذ للبرنامج الجاري العمل بها. وترتكز المسئولية الأساسية للمراقبة على ما يقوم به رؤساء الإدارات والمكاتب. ويكون المطلوب من المديرين بذل مجهوداتهم للتعرف على المستخدمين الأساسيين لمخرجاتهم, وخدماتهم. ويساعد قسم المراجعة والتفتيش مديرى البرامج على تحسين ممارساتهم للمراقبة, وذلك من خلال إصدار تعليمات, وتوجيهات لعمل تقارير عن أداء البرامج, والتوصل إلى مؤشرات للأداء المؤسسي.

ب - **التشاور مع الإدارة:** يهدف التشاور مع الإدارة إلى التعرف على المواقف والفرص للتغيير.

- كما يعمل على خلق إستراتيجية اتصال فعالة.
- و تسهيل اللقاءات وفرق البناء.
- والاستمرار في التغيير وتقويم نجاح التنفيذ.
- التوجه والتركيز على النتائج .

يساعد مكتب المراقبة الداخلية على جعل المنظمات العامة الدولية مثل الأمم المتحدة أكثر توجهًا وتركيزًا على النتائج باستخدام قياسات كمية ونوعية لأداء البرامج. كما تؤدي أنشطة المراجعة إلى الحد من التزوير، والإهدار، وإساءة استغلال السلطة وتغرس إحساسًا أكبر بالمسئولية في جميع أرجاء المنظمة.

ج- التخفيف من المخاطر:

يطبق مكتب المراقبة الداخلية أسلوب إدارة المخاطر في التخطيط لمهام العمل, وذلك استنادًا إلى التحليل الدقيق, والمنهجي للمشكلات الرئيسية, وكذلك محاولة معرفة المخاطر التي تعترض أفراد, وأصول, وموارد الأمم المتحدة.

د- المعلومات:

يقوم مكتب المراقبة الداخلية, بتزويد الجمعية العامة بمعلومات ذات اعتمادية وموضوعية, لمساعدة هذه الأخيرة على الفهم بشكل أفضل للمخاطر والتحديات التي تعترض المنظمة العامة الدولية.(١)

---

(١) United Nations, Internal Oversight, Op. Cit.,PP.8-17.

٣-موازنة النتائج

تعتبر ميزانية المنظمات العامة الدولية, الأداة الأساسية لتحقيق التنمية الاقتصادية والاجتماعية للدول الأعضاء. كما تلعب دورًا مهمًا في توزيع الموارد المتاحة, لتحقيق أهداف التنمية, بما يحقق التوازن بين الموارد المحدودة, وبين الطلب المتزايد عليها.

١ - الميزانية:

تتمثل الميزانية في التعبير الرقمي للإيرادات والنفقات, ويتم تحضيرها بواسطة الجهاز التنفيذي, أو الإداري للمنظمة الدولية. و تخضع ميزانية المنظمة الدولية لنظام المحاسبة الذي يعتمد على الوثائق, التي تثبت حركة أصول وخصوم تلك المنظمة. والقواعد العامة تتطلب أن تكون ميزانية المنظمة الدولية سنوية؛ ولكن ليس هناك ما يمنع من أن تتجاوز مدة السنة. غير أن بعض المنظمات الدولية تضع ميزانيتها لفترة أطول كسنتين, مثل منظمة الأمم المتحدة للأغذية والزراعة, أو أربع سنوات مثل منظمة الأرصاد الجوية وذلك بقصد توفير النفقات التي تتحملها المنظمة بمناسبة إعداد مشروع الميزانية [١].

ويقوم الجهاز التنفيذى في بعض المنظمات الدولية, كمنظمة الطيران المدنى الدولية بإعداد مشروع الميزانية, إلا إن الغالب يتولى الجهاز الإدارى مهمة إعدادها, كما هو الحال في الأمم المتحدة وغالب المنظمات الدولية الأخرى، ثم تعرض الميزانية على الجهاز العام للموافقة عليها, وعند الموافقة على ميزانية المنظمة ينشأ على الدول الأعضاء التزام بدفع الحصص المالية المقررة لكل منهم [٢].

ويقوم الأمين العام للمنظمة الدولية بالإعداد لمشروع الميزانية. ولكن إقرارها والتصديق عليها فهو من شأن الجهاز الرئيس لتلك المنظمة، وتُقوم نفقات وإيرادات المنظمة الدولية بعملة دولة المقر وهي الدولار الأمريكي في حالة منظمة

---

(١) د. رجب عبد الحميد، مصدر سبق ذكره، ص ٦٠.
(٢) د. مصطفى سيد عبد الرحمن, مرجع سبق ذكره, ص ص٦٣ - ٦٤ .

الأمم المتحدة والمنظمات التابعة لها.

٢ - نفقات المنظمة:

يمكن تعريف نفقات المنظمة العامة الدولية بأنها: جميع الأموال التي تدفعها المنظمة لتغطية المصاريف المتعلقة بتنفيذ مقاصدها, بما في ذلك المقاصد السياسية, والاجتماعية, والاقتصادية, والإنسانية, وغيرها وفقًا لنشاط المنظمة.

(أ) النفقات العادية والإدارية: هي المسئولة عن تيسير الشئون الإدارية للمنظمة الدولية (مرتبات الموظفين ومكافآتهم ونفقات التأثيث والصيانة).

(ب) النفقات المتعلقة بنشاط المنظمة الدولية تنفيذًا لأهدافها:وهذه النفقات هي الأهم من الناحية الواقعية إذ هو الذي يؤكد وجودها ويساعد على تطوير نشاطها.[١]

٣-أساليب إعداد الموازنة في منظمة الأمم المتحدة والمنظمات الدولية المتخصصة التابعة لها:

لقد مرت الموازنة في منظمة الأمم المتحدة والمنظمات الدولية المتخصصة التابعة لها بمراحل متتابعة, تتمثل فيما يلى:

أ - موازنة البنود: والتي تقوم بتخصيص الموارد للمصروفات بالنسبة لبنود مثل الرواتب والسفر والمعدات المطلوبة لتنفيذ الأنشطة خلال فترة زمنية محددة.

ب - ميزانية البرامج:

وهى التي تقوم بتخصيص الموارد لبرامج معينة, وبرامج فرعية, و تعتمد بشكل عام على خطط عمل متميزة وبيان يحدد الأولويات.[٢]

فميزانية البرامج: ما هي إلا تبويب حديث لحسابات الميزانية يعطي الأهمية على برامج المنظمات العامة الدولية, وما تقوم به تلك المنظمات من أعمال, وليس ما

(١) د. رجب عبد الحميد، مرجع سبق ذكره، ص ص ٦٠-٦١.

(٢) Abraszewski, Andrzej T., **Results Based Budgeting: The Experience of United Nations System Organizations**, Geneva, Joint Inspection Unit, 1999, p 4 found in:

www.Unsystem..org/jiu/data/reports/1999/en99_03.pdf.

تشتريه من سلع وخدمات. أي إنها تهتم بالهدف ذاته وليس على وسائل تحقيق الهدف. ومعنى ذلك أن اهتمام موازنة البرامج يركز على قياس التكلفة الإجمالية لبرنامج معين, بدون النظر إلى الوحدات التي قامت بتنفيذ البرنامج.(١)

وفي عام ١٩٩٩م تعد أية منظمة بالأمم المتحدة, تستخدم أسلوب موازنة البنود. ويرجع التحول إلى أسلوب ميزانية أو موازنة البرامج, من جانب بعض المنظمات الدولية المتخصصة,مثل منظمة الصحة العالمية ومنظمة الفاو (الإغذية والزراعة)، إلى فترة الخمسينيات والستينيات, وهو ما يعني أن هناك بعض المنظمات العامة الدولية تتمتع بخبرات تصل إلى ١٥ سنة في موازنة البرامج عندما قامت الأمم المتحدة بتبنى هذه المنهجية في عام ١٩٧٤.(٢)

سلبيات موازنة البرامج والأداء:

تتمثل سلبيات موازنة البرامج والأداء, في أن هدفها الأساسي, هو تحقيق أقصى- كفاية ممكنة دون إعطاء أهمية وأولوية لما هو اكثر من ذلك, وهو مدى فعالية الأعمال المنفذة في تحقيق الأهداف العامة للمنظمة الدولية وأهداف الدول الأعضاء.

ج - الميزانية المعتمدة على النتائج

تعتبر الميزانية المعتمدة على النتائج هي النوعية الثالثة من أسلوب عمل الميزانية, الذي ظهر حديثًا. ووفقًا لتعريف السكرتير العام للأمم المتحدة فإن موازنة النتائج هي: عملية ميزانية برامج فيها:

* تدور صياغة البرامج حول مجموعة من الأهداف المعروفة سلفًا والنتائج المتوقعة.

* فيها نتائج متوقعة تبرر احتياجات الموارد, والتي جرى استخلاصها

(١) د. صلاح محمد محمود كامل، **موازنة البرامج والأداء كأداة لتقييم الأداء الحكومي**، بحث مقدم في ندوة الأساليب الحديثة في قياس الأداء الحكومي، القاهرة، يناير ، ٢٠٠٥، ص٢٥٠.

(٢) Abraszewski, Andrzej T, Op. Cit., p. 4.

وربطها بالمخرجات المطلوبة لتحقيق مثل هذه النتائج.

- الأداء الفعلي لتحقيق نتائج يجري قياسه بمؤشرات أداء مؤسسي، وتتضمن الميزانية المعتمدة على النتائج خلق إطار مكون من عناصر مثل: الأهداف والنتائج المتوقعة ومؤشرات الأداء المؤسسي.[1].

فقد أكد تقرير السكرتير العام للأمم المتحدة لسنة ٢٠٠١ "عن التقييم" المقدم للجمعية العامة على أهمية الميزنية المعتمدة على النتائج التي سوف تسهم وتعزز نظام تقييم الأداء المؤسسي. لأن من خلال ميزانية النتائج, سيتم رصد الأهداف بوضوح، والإنجازات المتوقعة، و مؤشرات الإنجاز في بداية دورة التخطيط البرامجي والتي تمكن من قياس الأداء المؤسسي بالنسبة لها.[2].

أهم مزايا ميزانية النتائج بالنسبة للمنظمات العامة الدولية: تتضمن ميزانية النتائج بالنسبة للمنظمات العامة الدولية عدة مزايا يمكن إجمالها فيما يلى:

١- تزود الدول الأعضاء بنتائج فعلية.

٢- تقدم أقصى استفادة ممكنة من الموارد النادرة.

٣-تضمن شفافية أكبر بالنسبة للدول الأعضاء في عملية صياغة الميزانية وتنفيذها.

٤-تعمل على تبادل الحوار مع الدول الأعضاء حول البرامج المقترحة والأنشطة التي تقوم بها المنظمة العامة الدولية.

٥-زيادة القدرة التنافسية في تقديم الخدمات للدول الأعضاء.

الإستراتيجيات المقترحة لنجاح تطبيق موازنة النتائج في المنظمات العامة الدولية: تتمثل تلك الإستراتيجيات في ضرورة توافر العوامل, والشروط الآتية, والتى نجملها فيما يلى:

١- لابد من وجود مناخ الثقة والتفاهم بين الدول الأعضاء: يستلزم نجاح

---

(١) Ibid., p. 3.
(٢) Bech Susanne, Op. Cit., p. 3.

تطبيق موازنة الأداء وجود مناخ الثقة, والتفاهم بين الدول الأعضاء, والأمانة والإجماع بين الدول الأعضاء.

٢- التعديل في اللوائح ونظم المعلومات : ينبغى على المنظمة أن تقوم بالتعديل في اللوائح والإجراءات ونظام معلومات الإدارة والتدريب, كما لابد من التعديل للميزانية الإدارية الداخلية وإجراءات البرمجة, بحيث تعكس ثقافة الإدارة الجديدة المعتمدة على الميزانية بالنتائج. بما في ذلك زيادة تفويض السلطة لمديري البرامج ومسئولياتهم عن إدارة وتقويم الأداء المؤسسي.

٣-عدم تركيز إدارة نظم المعلومات على المدخلات : يجب على إدارة نظم المعلومات عدم التركيز فقط على المدخلات, حتى تعطي الدعم الفعال للميزانية المعتمدة على النتائج. بما في ذلك إصدار التقارير الكافية للإدارة العليا, والدول الأعضاء عن الموارد التي يتم استهلاكها والنتائج التي تتحقق.

٤-تحقيق الشراكة مع أصحاب المصلحة:يجب أن تتوصل المنظمة العامة الدولية إلى شراكة مع أصحاب المصلحة بإشراكهم قدر الإمكان في صياغة مقترحات الميزانية, بحيث يتم تقليل تأثير تلك العوامل الخارجية المرتبطة بأصحاب المصلحة المختلفين.(١)

٥-إعادة النظر في دور مؤسسات السكرتارية: ففي الحكومات القومية, فإن عملية الميزانية هي الآلية الرئيسية لتحديد مدى فعالية البرامج. وعادة ما يجري وضع مكتب الميزانية في مكتب كبير التنفيذيين, بينما في الأمم المتحدة, فإن مكتب تخطيط البرامج والميزانية يخضع مباشرة للمراقب, ويكون داخل نطاق قسم الإدارة. ويؤدى ذلك إلى التركيز على حيز صغير من الصورة في تخطيط البرامج وهي عملية السيطرة والرقابة بدلًا من التركيز على توصيل الخدمات (وعلى المبالغ النقدية بدلًا من مقدار ما تم توصيله).

والبديل للهيكل الحالي هو وضع مكتب معني بالتخطيط الإستراتيجي للبرامج

(١) Abraszewski, AndrezejT, Op. Cit., pp. 6-13.

داخل صلب مكتب السكرتير العام, ووظيفة هذا المكتب ستكون من مهامه تقديم المشورة للسكرتير العام حول مخصصات الموارد داخل الأمانة العامة ككل.(١)

٦- تطوير مؤشرات أداء البرامج: وذلك تمشيًا مع تطبيق موازنة البرامج وموازنة النتائج في المنظمات العامة الدولية، وقد أصبح هناك حاجة لتطوير مؤشرات أداء البرامج, وذلك لنجاح تطبيق الأداء المؤسسي في تلك المنظمات. ويتطلب تطوير مؤشرات البرامج, ضرورة تحديد الأهداف وتخصيص التمويل بين العمليات, لتحقيق الأهداف على أفضل وجه ممكن. وهناك علاقة منطقية بين قرارات التخصيص والأهداف التي توصلت إليها المنظمات العامة الدولية .

وبالإمكان تصوير هذه العلاقة من أعلى لأسفل أو من أسفل لأعلى على النحو الذي يظهر من الشكل الموضح فيما يلي:

الشكل رقم (٩)، العلاقة بين قرارات التخصيص والأهداف

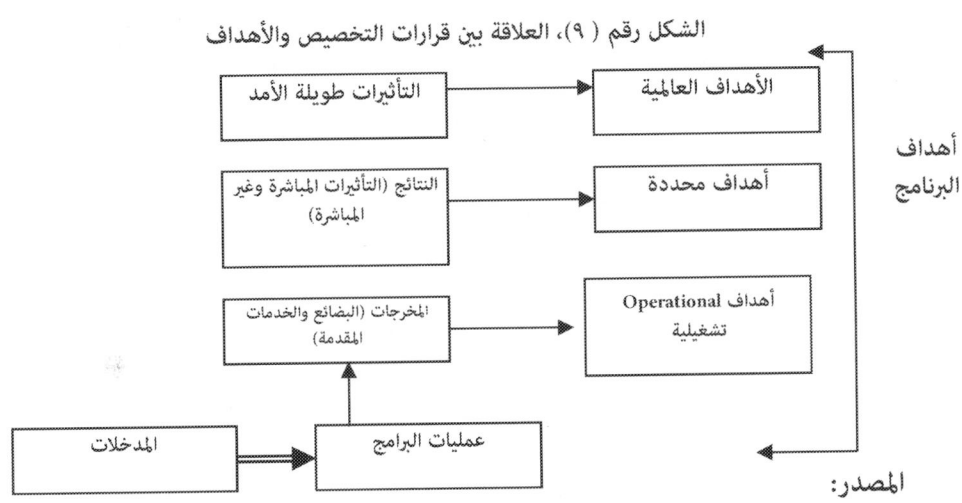

المصدر:

Misuraca Gianluca. Who Controls the Machine,Revisited: Command and Control in the United Nations Reform Effort, Public Administration and Development, vol 17, 1997.p.396.

النتائج: هي عبارة عن التأثيرات المباشرة على المستفيدين المباشرين من الإجراءات التي تم تمويلها.(أي تقليل مواعيد الرحلات، وتكاليف النقل, أوعدد المتدربين الناجحين).

---

(١) Mathiason, John R., Op. Cit., pp. 396-397.

الأهداف التشغيلية: وهى التي يجري التعبير عنها من ناحية المخرجات (أي توفير دورات التدريب للمتعطلين عن العمل على الأمد الطويل).

الأهداف المحددة: وهى التي يجري التعبير عنها من ناحية النتائج (أي التحسن الحاصل من خلال التدريب لفرص توظيف العاطلين على الأمد الطويل).

الأهداف العالمية: وهى التي يجري التعبير عنها من حيث التأثيرات الناتجة, أي التراجع الحاصل في البطالة, في أوساط جماعة المتعطلين على الأمد الطويل السابق الإشارة إليهم.(١)

فعندما يكون المتوافر موارد محدودة للغاية, فمن الضروري تحقيق أقصى- استفادة ممكنة من هذه الموارد. وهنا يصبح التقييم المبدأ الأساسي لضمان صنع القرار الجيد والإستغلال الجيد للموارد المتاحة.

تقييم البرنامج

هو المصطلح المرتبط بالتركيز على المخرجات لأحد البرامج، أو إجراء التقييم النوعي من خلال المراقبة أو الاستعراض بأثر رجعي لما جرى اتخاذه في السابق من خطوات.

والتركيز على المخرجات الكمية لأحد البرامج, يعني التركيز على حالة المشكلات الحالية والسابقة للوقوف على مدى فعالية الإجراءات المستخدمة بالقياس إلى المعايير والأهداف الموضوعية. والتركيز الكمي يشوبه عيب هام فقد يجذب الانتباه بعيدًا عن الإعداد والتنفيذ للبرامج, ومن ثم يجعل من الصعب تحديد لماذا كان البرنامج فعالًا أو غير فعال ؟ ولذلك فإن التقييم النوعي يساعد صانع القرار في التعرف على المشكلات والفرص, إضافة إلى المسارات, لإمكان تحسين البرامج والسياسات. ولذلك يجب استخدام كلتا الطريقتين عند تقييم أداء برامج المنظمات العامة الدولية.(٢)

---

(١) Misuraca Gianluca, "Managing Change, the Monitoring and Evaluation system of the European Structural Funds and the Role of ICTS as a tool for regional development, Gambia" 2003, pp. 16-17.
(Unpan 1un.org/intradoc/groups/public/documents/cafrad/unpan010062.pdf.

(٢) Dijkzeul and Beigbeder, Yves., **Rethinking International Organization, Pathology and Promise** (New York: Berghahn Books, 2003) p. 207.

مراحل عملية تقييم برامج المنظمات العامة الدولية:

تجرى عمليات التقييم طوال البرنامج للتحقق من أن القياسات تتم بسلاسة وإنها تفرز نتائج. أما التقييمات الإضافية, والتي تركز على مسائل محددة, فتحدث على الأمد المتوسط, وفي نهاية فترة البرنامج. والتقييم متوسط الأجل, هو في الأساس مسئولية الدول الأعضاء، ولابد من تنظيم التقييم بواسطة السلطة صاحبة الإدارة, ولكنه يتم تنفيذه بواسطة جهة تقييم مستقلة, ويتم تصميمه لبحث النتائج الأولية للبرنامج واستخدام الموارد المالية والقيام بالمراقبة والتنفيذ.

والتقويم النهائي (بعد انتهاء البرنامج), يجرى القيام به بمجرد أن يصل البرنامج إلى النهاية ويتم التقييم النهائي, بواسطة جهة تقييم خارجية مستقلة, والهدف منها هو تقييم استخدام الموارد وفعالية المساعدة المقدمة, وتأثيرها. وهي لذلك سوف تلقى الضوء على العوامل التي تساهم في نجاح أو فشل التنفيذ وجعله قادرًا على تعظيم المساعدة المقدمة مستقبلًا.

مؤشرات الأداء المؤسسي:

ولكي يتسنى مراقبة التنفيذ لأحد البرامج, والحكم على أدائه قياسًا مع الأهداف الموضوعة, فقد استخدمت المنظمات العامة الدولية مجموعة من مؤشرات الأداء المؤسسي.

- المؤشرات المالية.
- مؤشرات المخرجات .
- مؤشرات النتائج.
- مؤشرات التأثير.
- مؤشرات الارتباط .
- مؤشرات الكفاية.
- مؤشرات الفعالية.

• مؤشرات الاستمرارية[١].

وقد تم شرح هذه المؤشرات في الجزء الخاص بآليات ومؤشرات الأداء المؤسسي المستخدمة في المنظمات العامة الدولية.

٤- الإدارة المعتمدة على النتائج

١ - تعريف الإدارة المعتمدة على النتائج:

هي أسلوب في الإدارة يركز على تحقيق النتائج, وهي إستراتيجية إدارة موسعة تستهدف تغيير الطريقة التي تعمل بها المنظمات العامة الدولية مع جعل تحقيق النتائج هو التوجه الرئيسي[٢]. كما أنه نظام مصمم لضمان إلزام المديرين بأهداف المنظمة. ووفقًا له يتوقع من المديرين أن يتولوا تحديد أهدافهم على ضوء إستراتيجية المنظمة, وأن يعبر عن هذه الأهداف بصورة تكون قابلة للقياس حتى يتمكنوا من تقييم أدائهم[٣].

ويعتمد مدخل الإدارة بالنتائج والأهداف على أسلوب بناء تقييم الأداء المؤسسي- ويتضمن العناصر الآتية :

أ - صياغة الأهداف.

ب- اختيار المؤشرات لقياس التقدم الحاصل تجاه كل هدف على حدة.

ج- تحديد الأهداف الواضحة بالنسبة لكل مؤشر للحكم على الأداء المؤسسي.

د - جمع البيانات بصورة منظمة عن النتائج لمراقبة الأداء المؤسسي.

هـ- مراجعة وتحليل وإصدار تقارير عن النتائج الفعلية مقارنة بالأهداف الموضوعة, وتعديل الأداء.

و - دمج تقويمات الأداء المؤسسي لكي نتوصل إلى معلومات أداء مكتملة

---

(١) Misiraca , Gianluca, Op. Cit., pp. 18-20.

(٢) Organization of Economic Co-Operation (OECD), "RBM in the development cooperation agencies: a review of experience", Development Assistance Committee (DAC) paper, February 2000.

(٣) د. عفاف الباز، مرجع سبق ذكره، ص ١٤.

واستخدام الأداء المؤسسي لأغراض تحديد المسئولية وصنع القرار.[١]

و تستهدف كل من مراقبة النتائج وتقويم النتائج, تحليل المعلومات لمتابعة التغييرات من نقطة البداية, وصولًا إلى النتيجة المرجوة, ولفهم السبب الذي يجعل التغيير يحدث أو لا يحدث. وترتبط الوظيفتان على نحو وثيق مع عمليات صنع القرار على المستوى البرامجي وعلى مستوى السياسات, وكل من الوظيفتين يقدمان معلومات لتحسين الإستراتيجيات بالنسبة لمديرى البرامج والمشروعات وأصحاب المصلحة.

و باستطاعة الوظيفتين إظهار عنصر المسئولية , ومع ذلك فإنهما يختلفان في أهدافهما المحددة, والمنهجية المستخدمة ويوضح الجدول التالي الاختلافات بين مراقبة النتائج وتقويم النتائج, كما يراها خبراء البنك الدولي واليونسكو.[٢]

* * *

(١) OECD,. Op. Cit.

(٢) Handbook for Monitoring and Evaluation for Results, Op. Cit., p. 12.

الجدول رقم ٧

الاختلاف بين مراقبة النتائج وتقويم النتائج

	مراقبة النتائج	تقويم النتائج
الهدف	متابعة التغييرات بدءًا من نقطة البداية وصولًا إلى النتائج المطلوبة	للتحقيق من النتائج التي جرى إنجازها وكيف ولماذا أجرى تحقيقها وعدم تحقيقها؟
التركيز	التركيز على مخرجات المشروعات والبرامج والشراكات والأنشطة المعاونة وإسهامات ذلك في بلوغ النتائج	يقارن النتائج المخططة مع المستهدفة والتركيز على كيـف ولمـاذا أسـهمت المخرجـات والإستراتيجيات في إنجاز النتائج. تركز على مسائل الارتباط والفعالية والاستمرار والتغيير
المنهجية	تقويم الأداء (التقدم صوت النتائج) من خلال التحليل والمقارنة للمؤشرات بمرور الوقت.	تقويم تحقيق النتائج بمقارنة المؤشرات قبل وبعد التدخل. يعتمد على مراقبة البيانات عن المعلومات من مصادر خارجية.
إجرائه	يتم إجراؤه منهجيًا وعلى نحو مستمر بواسطة مدير البرامج ومديري المشروعات والشركاء الأساسيين	محدد بقيد زمني، دوري يتم إجراؤه بواسطة جهات تقويم خارجية وشركاء.
الاستخدام	تنبيه المديرين للمشكلات في الأداء ويوفر خيـارات لإجـراء التصـويب ويوضـح المسئولية	يـزود المديرين بالإستراتيجية ويـوفر الأسـاس للتعلم ويبين المسئولية.

المصدر:

Handbook on Monitoring and Evaluating for Results, UNDP, United Nations Development Programme, Evaluation office.

/http://stone.undp.org/undpweb/eo/evalnet/docstore3/yellowbook /documents

مدخل الإدارة بالأهداف أو النتائج:

تحتاج كلتا الوظيفتين لتحقيق النتائج المرجوة من هذا المدخل ولتحسين أداء المنظمات العامة الدولية لتكون أكثر تنافسية في تقديم خدماتها للدول الأعضاء.

ثانيًا: التحديات والصعوبات التي تواجه قياس الأداء المؤسسي في المنظمات العامة الدولية:

وبالتالي مدخل الإدارة بالأهداف أو النتائج حيث إن مدخل الإدارة بالأهداف يعتمد على أسلوب بناء تقييم الأداء المؤسسي كما تم توضيحه سابقا, وهي فيما يلي :

١- تكلفة جمع البيانات.

٢- التغيير الثقافي .

٣- صعوبة الاستخدام الفعال لنتائج تقييم الأداء المؤسسي.

٤- عدم دمج عمليات تقييم الأداء المؤسسي في الخطط متوسطة الأجل.

٥- توقعات الأداء الفردي والأهداف التنظيمية.

٦- عدم تحديد مسئوليات العاملين .

٧- تدريب الإدارة على ثقافة أداء العاملين.

١-تكلفة جمع البيانات:

تكلفة جمع البيانات عن مخرجات ونتائج البرامج ومحاولة متابعة التأثيرات التي أحدثتها إحدى البرامج, هي عملية باهظة التكلفة فضلًا عن إهدارها الكثير من الوقت. أيضًا ضمان أن البيانات التي جرى تحديثها يمكن أن تمثل تكلفة إضافية خاصة في المنظمات العامة الدولية محدودة الموارد, والتي تخصص جزءًا صغيرًا من ميزانيتها في عمليات التقييم مثل منظمة برنامج الأمم المتحدة للبيئة. وغالبًا ما ينظر مديرو المشروعات والبرامج في المنظمات العامة الدولية, لتلك الآليات الخاصة بالتقويم, على أنها إضافة أخرى لطبقة بيروقراطية لعملية صناعة القرار.[١]

---

(١) Bech, Suzanne, Op. Cit., p. 14

٢- التغيير الثقافـي:

نجد أنه في المنظمات العامة الدولية يكون هناك صعوبة في إحداث تغيير ثقافي ملموس, بالنسبة للعاملين على جميع المستويات لكي يصبحوا أكثر دراية, بمفاهيم ومصطلحات تقييم الأداء المؤسسي.

٣-صعوبة الاستخدام الفعال لنتائج تقييم الأداء المؤسسي- : وذلك من خلال تغذية عكسية وتقارير جيدة التوقيت: يهدف تقييم الأداء المؤسسي- إلى تحديد مدى الارتباط, والفعالية, وتأثير البرامج والأنشطة, من حيث علاقتها بالأهداف الموضوعة. ويحاول تقييم الأداء المؤسسي قياس الحد الذي تحقق عنده نجاح تحقيق الأهداف.[1] وغالبًا ما يجري التقييم في المنظمات العامة الدولية على ثلاثة مستويات:

المستوى الأول: المشروع .

المستوى الثانى: البرنامج.

المستوى الثالث: المستوى التنظيمي .

كما أن عملية تقييم الأداء المؤسسي يمكن أن تجرى بعدة طرق :

١- **التقييم الذاتى:** بواسطة أو تحت رعاية المديرين.

٢- **التقييم الداخلي:** بواسطة أو تحت رعاية خدمات المراقبة الداخلية بالمنظمة العامة الدولية .

٣- **التقييم الخارجى:** بواسطة الهيئات الخارجية للمراقبة بنظام المنظمات العامة الدولية أو بواسطة مستشارين خارجيين بناء على الطلب الصريح للهيئات الحكومية المختصة ويشار إليه (التقييم الخارجي).

وجدير بالذكر أن النهوض بالتقييم الذاتي, ثبت أنه تحدى رئيسى- بالنسبة لمعظم المنظمات العامة الدولية. ويرجع ذلك إلى نقص الموارد المتاحة والموضوعة

(١) Adapted from the Proposed Harmonized Terminology of the UNDG on RBM, June 2003. www.undg.org/documents/2485-results based_Management_terminology_final_version.doc

تحت تصرف مديري البرامج, لإجراء مثل هذه التقييمات من خلال مواردهم المحدودة. وقد لاحظ المفتشون والمراقبون, أنه غالبًا, لا يوجد ارتباط بين التخطيط, والبرمجة, والتمويل, والمراقبة, ودورة التقييم في العديد من المنظمات العامة الدولية، خاصة في المراحل الأخيرة للتقييم.

وقد بدأ عدد قليل من المنظمات العامة الدولية في اتباع أنظمة تقييم حديثة, تؤدَى خلال مراحل تنفيذ البرامج دون انتظار انتهاء البرنامج. كما كان يحدث آنفًا, وهذا يهدف إلى تصويب الأداء المؤسسي, من خلال الاستفادة من المعلومات المتاحة, خلال التنفيذ, والأهداف المرجوة، ويؤدى كذلك إلى تحسين مستوى العمليات الجارية والمستقبلية.[١]

و أيضًا من الصعوبات التي تواجه تطبيق تقييم أداء مؤسسي فعال في المنظمات العامة الدولية, هو استخدام نتائج تقييم الأداء المؤسسي, والاستفادة منها للتأثير على صنع القرار في المراحل القادمة. ويضاف إلى ذلك الدروس المستفادة من تقييم الأداء المؤسسي- والتي ينبغي تطبيقها في التخطيط المستقبلي للبرامج.

فقد ازداد قلق المفتشين من جراء انتهاء بعض البرامج, والبدء في برامج جديدة من قبل المنظمات العامة الدولية, بدون الانتهاء من عملية تقييم مؤسسي شامل, لإيضاح المشاكل التي واجهت التنفيذ, وأثرت على تحقيق الأهداف العامة المرجوة, حتى يمكن الاستفادة منها في البرامج القادمة؛ لذلك لابد من استخدام آليات للمراقبة, للتأكد من تحقيق الاستفادة من التقارير والنتائج الخاصة لتقييم الأداء المؤسسي للبرنامج.

ومما هو جدير بالذكر أن معظم برامج المنظمات العامة الدولية لا تولي الاهتمام الكافي لعملية التقييم الشامل للأداء المؤسسي من كتابة تقارير, وتوصيات, حتى يتم الاستفادة منها في المراحل القادمة في عملية صنع القرار.[٢]

---

(١) Real time evaluation was introduced by the world bank in 1996, UNHCR in 2000 and WFP in 2002 (WFP/EB.2/2004/2-B).

(٢) Strengthening the Role of Evaluation Fndings in Programme Design, Delivery and Policy Directives: note by the Secretary-General" (A/57/68,23 April 2002), para. 37.

٤- عدم دمج عمليات تقييم الأداء المؤسسي في الخطط متوسطة المدى:

بالرغم من أن الخطط متوسطة المدى هي السياسة الرئيسية للمنظمات العامة الدولية خاصة الأمم المتحدة. فإن اللجنة الاستشارية لمسائل الإدارة والميزانية لاحظت في عام ١٩٩٠ عدم دمج عمليات تقييم الأداء المؤسسي في الخطط متوسطة المدى.[١]

٥- توقعات الأداء الفردى والأهداف التنظيمية:

قد أظهرت المراجعة لتقرير الخدمة المدنية لإدارة أداء العاملين, أن تحديد الأهداف نادرًا ما يتم القيام به على نحو صحيح على المستوى الفردى. كما أن تقييم الأداء الفردى لا يبين في حد ذاته وبشكل مستمر كيف وإلى أي حد أسهم الفرد في بلوغ نتائج المنظمة. وليست هذه مشكلة قاصرة فقط على المنظمات العامة الدولية, ونظام الأمم المتحدة. وإنما على منظمات القطاع الخاص أيضًا. فالجهود التي بذلتها شركات القطاع الخاص للتوفيق بين أهدافها التنظيمية وتلك على مستوى الأقسام والموظفين قد حالف القليل منها النجاح.[٢]

٦- عدم تحديد مسئوليات العاملين:

إن عدم تحديد مسئوليات العاملين في المنظمات العامة الدولية, يؤثر بشكل قاطع على تطبيق أداء مؤسسي فعال, وعلى وجود نظام مساءلة كفء حيث سبق وأن أشرنا من قبل أن هناك علاقة سببية بين الأداء المؤسسي والأداء الفردى, وأنه في حالة توافر المناخ التنظيمي الكفء والفعال للأفراد, فإن أداءهم العالى ينعكس على الأداء.

(١) Othman Khalil Issa, "Towards A New System of Performance Appraisal in the United Nations Secretariat: Requirement for Successful Implementation", Joint Inspection Unit, Geneva, 1994. p. 25.

(٢) Ion, Gortia and Ortiz, even and vislykh, Victor, "Managing Performance and Contracts, Part III, Series on Managing for Results in the United Nation System", Joint Inspection Unit, Geneva, 2004. p.4.

٧-تدريب الإدارة على ثقافة أداء العاملين:

تتعرض المنظمات العامة الدولية, وخاصة الأمم المتحدة لقيود شديدة في هذا المجال, لكونها بدأت مؤخرًا ببرنامج تدريب الإدارة, وتعوق قلة الموارد السرعة التي يمكن أن تتسع لنطاق مثل هذا التدريب, بحيث يغطي جميع العاملين وليس المديرين وحدهم. وسوف يتطلب الأمر سنوات قبل أن يترسخ مفهوم تدريب الإدارة وبحيث يتمكن جميع العاملين من الفهم بوضوح والدعم لثقافة الأداء في الأمانة العامة.[١]

* * *

(١) Othman, Khalil Issa,Op.Cit., pp. 25-31.

قائمة المراجع

أولًا : باللغة العربية

١-الكتب:

١-   د. إبراهيم العناني، التنظيم الدولي (القاهرة: دار الفكر العربي، ١٩٨٢).

٢-   د. إبراهيم على عشماوى، أساسيات المراجعة والمراقبة الداخلية (القاهرة: مطابع أهرام الجيزة).

٣-   د. أحمد أبو الوفا، قانون العلاقات الدبلوماسية والقنصلية علما وعملا، مع إشارة خاصة لما هو مطبق في مصر (القاهرة: دار النهضة العربية، ٢٠٠٣).

٤-   د.أحمد أبو الوفا في الوسيط في قانون المنظمات الدولية، القاهرة، طبعة الأولى، ١٩٨٦.

٥-   د. أحمد رشيد، دليل تقييم كفاءة التنظيم في المنظمات العامة (القاهرة: مركز البحوث والدراسات السياسية، جامعة القاهرة، كلية الاقتصاد والعلوم السياسية،١٩٩٤).

٦-   د. أحمد سيد مصطفى، إدارة الإنتاج والعمليات في الصناعة والخدمات (القاهرة: دار النهضة العربية، الطبعة الثالثة، ١٩٩٨) .

٧-   د. أحمد محمد رفعت، القانون الدولي العام (القاهرة: دار النهضة العربية، ٢٠٠٣).

٨-   أمارتيا صن، التنمية حرية, مؤسسات حرة وإنسان متحرر من الجهل والمرض والفقر, ترجمة شوقى جلال (الكويت, سلسلة عالم المعرفة)، العدد ٣٠٣ مايو ٢٠٠٤.

٩-   أندرو أي شوارتر ، إدارة الأداء (الطبعة الأولى)، ترجمة مكتبة جرير، (الرياض: مكتبة جرير، ٢٠٠١) .

١٠- د. توفيق محمد عبد المحسن، تقييم الأداء، مداخل جديدة لعالم جديد (القاهرة: دار النهضة العربية، ١٩٩٩).

١١- -------------، قياس الجودة والقياس المقارن، أساليب حديثة في المعايرة والقياس (القاهرة: دار الفكر العربي، ٢٠٠٣-٢٠٠٤).

١٢- توم ستونير، ما بعد المعلومات، ترجمة مصطفى إبراهيم فهمي، طبعة المجلس الأعلى للثقافة بالتعاون مع المشروع القومي للترجمة، طبعة ٢٠٠٥.

١٣- د. جعفر عبد السلام، المنظمات الدولية (القاهرة: دار النهضة العربية، الطبعة السادسة، ١٩٩٠).

١٤- د. جميل جريسات، موازنة الأداء بين النظرية والتطبيق (القاهرة: المنظمة العربية للتنمية الإدارية، ١٩٩٥).

١٥- د. حازم عتلم، المنظمات الدولية الإقليمية والمتخصصة (القاهرة: دار النهضة العربية، ٢٠٠١).

١٦- د. حسن نافعة، دراسات في التنظيم العالمي من الحلف المقدس إلى الأمم المتحدة، (جامعة حلوان، ١٩٩٦).

١٧- -------------، الأمم المتحدة في خمسين عامًا (القاهرة: مركز الدراسات الإستراتيجية والسياسية،١٩٩٦).

١٨- د. حسين عمر، دليل المنظمات الدولية (القاهرة:دار الفكر العربي،٢٠٠٠).

١٩- د. رجب عبد الحميد، المنظمات الدولية بين النظرية والتطبيق (القاهرة: مطابع الطوبجي، ٢٠٠٢).

٢٠- د.سيد الهواري, الإدارة بالأهداف والنتائج أسلوب فعال للإدارة ومنهج للتطويرالتنظيمي, القاهرة, مكتبة عين شمس, ١٩٨٦.

٢١- د.صالح عرفة، المنظمات الدولية والإقليمية (ليبيا: الدار الجماهيرية للنشر والتوزيع، ١٩٩٩).

٢٢- د. عبد الحكم أحمد الخواص، إدارة الأداء وتكنولوجيا إدارة الأداء، (القاهرة: مكتبة ابن سينا ١٩٩٩) .

٢٣- عادل جودة، مقومات تطوير الكفاءة الإنتاجية, شئون الإدارة الحديثة, العدد ٢, تموز,١٩٨١.

٢٤- د. عادل زايد، الأداء التنظيمى المتميز: الطريق إلى منظمة المستقبل (القاهرة: المنظمة العربية للتنمية الإدارية،٢٠٠٣).

٢٥- د. عبد البارى درة، العامل البشرى والإنتاجية في المؤسسات العامة, كلية الاقتصاد والعلوم الإدارية, جامعة اليرموك, طبعة دار الفرقان عام ١٩٨٢.

٢٦- عبد الحكيم أحمد الخزامي، تقييم الأداء (القاهرة: مكتبة ابن سينا، ١٩٩٩).

٢٧- --------------، تحسين الأداء (القاهرة: مكتبة ابن سينا، ١٩٩٩).

٢٨- د. عبد العزيز سرحان، المنظمات الدولية (القاهرة: دار النهضة العربية، ١٩٩٠).

٢٩- د. عبد العزيز مخيمر وآخرون، قياس الأداء المؤسسي- للأجهزة الحكومية (القاهرة: المنظمة العربية للتنمية الإدارية،٢٠٠٠).

٣٠- عبد المنعم طلعت, إدارة المستقبل الترتيبات الآسيوية في النظام العالمى الجديد, القاهرة، الهيئة المصرية العامة للكتاب, طبعة ١٩٩٨.

٣١- د. على إبراهيم، المنظمات الدولية، النظرية العامة، الأمم المتحدة (القاهرة: دار النهضة العربية، ٢٠٠١).

٣٢- د.على السلمي، تطوير أداء وتجديد المنظمات (القاهرة:دار قباء للطباعة والنشر،١٩٩٨).

٣٣- د. على صادق أبو هيف, القانون الدولى العام (طبعة منشأة المعارف بالإسكندرية، د.ن).

٣٤- د. على يوسف الشكري، المنظمات الدولية والإقليمية والمتخصصة (القاهرة: إيتراك للطباعة والنشر، ٢٠٠٣).

٣٥- د. كمال المنوفي، أصول النظم السياسية المقارنة، (الكويت: شركة الربيعان للنشر والتوزيع ، ١٩٨٧).

٣٦- كريس اشتون، تقييم الأداء الإستراتيجي، المعرفة والأصول الفكرية،(الجزء الأول)، ترجمة علا أحمد (القاهرة: بميك، ٢٠٠١).

٣٧- ----------، تقييم الأداء الإستراتيجي، الممارسات الأفضل للجودة والعمل، (الجزء الثاني)، ترجمة علا احمد (القاهرة: بميك،٢٠٠١).

٣٨- لويس إيمري وآخرون، سباق مع الزمن، أفكار الأمم المتحدة في مواجهة التحديات العالمية (القاهرة: مركز الأهرام للترجمة والنشر، ٢٠٠٢).

٣٩- د. مأمون فندى, ضحايا الحداثة. أمريكا والعرب بعد ١١ سبتمبر (القاهرة: طبعة الهيئة المصرية العامة للكتاب، ٢٠٠٣).

٤٠- د. محمد السيد سعيد, مستقبل النظام العربي بعد أزمة الخليج (الكويت: سلسلة عالم المعرفة ١٩٩٢,).

٤١- د. محمد سامي عبد الحميد، الجماعة الدولية، دراسة للمجتمع الدولي (الإسكندرية: منشأة المعارف، ٢٠٠٤).

٤٢- د. محمد سعيد الدقاق، التنظيم الدولي (الإسكندرية: دار المطبوعات الجامعية، ١٩٨٦).

٤٣- د. محمد صالح الحناوي و د. إسماعيل السيد، قضايا إدارية معاصرة (الإسكندرية: دار الجامعة، ١٩٩٩).

٤٤- د. محمود محمد المنصوري، إدارة النظم والعمليات الإنتاجية (بنغازي: مركز بحوث العلوم الاقتصادية، الطبعة الثانية، ١٩٩٨).

٤٥- د. مصطفى أحمد فؤاد، النظرية العامة لقانون التنظيم الدولي وقواعد المنظمات الدولية (الإسكندرية: منشأة المعارف، ١٩٨٦).

٤٦- د. مصطفى سيد عبد الرحمن، قانون التنظيم الدولي (القاهرة، دار النهضة العربية، الطبعة الأولى، ١٩٩٠).

٤٧- د. مفيد محمود شهاب, **المنظمات الدولية**, القاهرة, الطبعة الرابعة,١٩٧٨.

٤٨- د. وائل أحمد علام، **المنظمات الدولية، النظرية العامة** (القاهرة: دار النهضة العربية، ١٩٩٥).

٢-الدوريات:

١- د. أحمد مدواس الياص، التقصي عن بعض المتغيرات المتوقع أن تؤثر على سلوك البحث عن تغذية عكسية عن الأداء: دراسة ميدانية، **مجلة الإدارة العامة**، المجلد الأربعون، العدد الرابع، يناير ٢٠٠١ .

٢- د. تحسين الطراونة، تقييم الأداء والوصف الوظيفي، **مجلة مؤتة للبحوث والدراسات**، العدد ٤، يونيو ١٩٩٢ .

٣- د. ثناء فؤاد عبد الله, في إشكاليات التفاعل والحوار الحضاري بين العرب والحضارة الغربية في إطار متغيرات العالم الجديد, مجلة المستقبل العربي, مركز دراسات الوحدة العربية بيروت، العدد ١٦٧، ١٩٩٣.

٤- حمد سالم العامي، تقييم إدارة العاملين بالجهاز الإداري في دولة الإمارات العربية المتحدة مع التطبيق على هيئة مياه وكهرباء أبو ظبي، **رسالة ماجستير في الإدارة العامة**، جامعة القاهرة، كلية الاقتصاد والعلوم السياسية، يناير ٢٠٠١.

٥- سعد صادق بحيري، د. عبد الرازق مجاهد، د. محمد أبو العلا، اتجاهات الرؤساء التنفيذيين نحو نظام تقويم أداء العاملين بالجهاز الحكومي بالمملكة العربية السعودية، **دورية الإدارة العامة** ، العدد ٧٠ ، أبريل ١٩٩١ .

٦- د. سهيل فهد سلامة، فعالية تقويم الأداء الوظيفي وتطبيقاته بالأجهزة الحكومية في المملكة العربية السعودية، دورية الإدارة العامة، العدد ٥٥ ، سبتمبر ١٩٨٧، ص١٥٢ .

٧- صلاح حسين الهتمي، أياد يوسف المعستره ، العلاقة بين إدارة الجودة الشاملة ومجالات الموارد البشرية وأثرها على الأداء، دراسة ميدانية في القطاع الهندسي الأردني، مجلة النهضة، جامعة القاهرة، كلية الاقتصاد والعلوم السياسية، العدد الثاني عشر، يوليو ٢٠٠٢ .

٨- د. فؤاد القاضى, **الكفاية الإنتاجية وأثرها على التنمية في البلاد العربية**, مجلـة البحـوث الاقتصادية والإدارية, عدد٥, سنة ٧ سبتمبر ١٩٧٩.

٩- د. عبد البارى درة, **الإدارة بالأهداف فلسفة ومـدخل فعـالان في الإدارة**, الإدارة العامـة, العدد ٩, مايو ١٩٨١.

١٠- د. نجيب عيسى، **تقرير عن مؤتمر التنمية البشرية في الوطن العربي - الواقع والمستقبل**, المستقبل العربي, مركز دراسات الوحدة العربية, العدد١٦٧ عام ١٩٩٣.

١١- د. وجيه عبد الرسول العلى ود. محمد فهمى حسـن, "**حـول مفهـوم الإنتاجيـة**", مجلة البحوث الاقتصادية والإدارية, عدد ٣, السنة ٣ (تشرين الثانى ١٩٧٨)

١٢- د. وجيـه عبـد الرسـول العـلى "**إنتاجيـة العمـل, مفهومهـا وطرق قياسها**" التنميـة الإدارية,عدد ٥ سنة ٣ نيسان, ١٩٧٦.

٣- الرسائل العلمية:

١- د. عايدة سيد على خطاب، **تقييم كفاءة الأداء بقطاع الخدمات**، رسالة دكتوراه، كلية التجارة، جامعة عين شمس، ١٩٧٩.

٢- د. نهال فؤاد فهمي: **مشكـلات الإدارة العامة الدولية: دراسة تطبيقية على الأمانة العامة للأمـم المتحـدة**، رسالة دكتوراه في الإدارة العامة، جامعة القاهرة - كلية الاقتصاد والعلوم السياسية قسم الإدارة العامة، رسالة غير منشورة، عام ٢٠٠٠.

٤-الأبحاث:

١- د. السيد عبد المطلب غانم، **اللامركزية والتنمية الإدارية**، بحث مقدم في منتدى السياسات العامة، الإصلاح المؤسسي بين المركزية واللامركزية، القاهرة، مارس ٢٠٠١.

٢- شريف مازن، **مؤشرات الأداء الأساسية**، بحث مقدم في ندوة **الأساليب الحديثة في قياس الأداء الحكومي**، القاهرة، المنظمة العربية للتنمية الإدارية، يناير ٢٠٠٥.

٣- د. صلاح الدين خضر محمد، **تطوير معايير المراجعة الداخلية ومعايير الجودة**، بحث مقدم في **ندوة تطوير الأداء في مؤسسات القطاع العام**، القاهرة، المنظمة العربية للتنمية الإدارية، ٢٠٠٥ ص ص ٨٦ - ٩٥.

٤- د. صلاح محمد محمود كامل، موازنة البرامج والأداء كأداة لتقييم الأداء الحكومي، بحث مقدم في ندوة الأساليب الحديثة في قياس الأداء الحكومي، القاهرة، يناير، ٢٠٠٥.

٥- د. عادل محمد زايد، **تقييم الأداء المتوازن**، بحث مقدم في ندوة **الأساليب الحديثة في قياس الأداء الحكومي**، القاهرة، المنظمة العربية للتنمية الإدارية, مارس،٢٠٠٤.

٦- د. عفاف محمد الباز، **تقييم الأداء المؤسسي للمنظمات الحكومية المصرية كمدخل للتطوير الإداري**، الدولة في عالم متغير، أوراق المكون الإدارى من المشروع البحثى المشترك، القاهرة، مركز دراسات واستشارات الإدارة العامة، ٢٠٠٤.

٧- د. فريد راغب النجار، **المراجعة الإدارة، أسلوب متكامل لمراجعة الإدارة**، برامج التنمية الإدارية، ندوة التخطيط والمتابعة، المركز العربي للتطوير الإداري. القاهرة ١٩٨٢ .

٨- د. محمد الطعامنة، **معايير قياس الأداء الحكومى وطرق استنباطها**، بحث مقدم في ندوة الأساليب الحديثة في قياس الأداء الحكومي القاهرة، المنظمة العربية للتنمية الإدارية ورشة عمل من ٩-١٣ يناير ٢٠٠٥.

٩- د. محمد العزازي، **دور أجهزة الرقابة الحكومية في تفعيل أساليب القياس**، بحث مقدم في ندوة أساليب حديثة لقياس الأداء الحكومي، القاهرة، المنظمة العربية للتنمية الإدارية، مارس ٢٠٠٤.

١٠- د. محمد المحمدي ماضي، **قياس الأداء من منظور القيمة في القطاع الحكومي**، بحث مقدم في ندوة الأساليب الحديثة في قياس الأداء الحكومي، القاهرة، المنظمة العربية للتنمية الإدارية، مارس ٢٠٠٤.

١١- د. همت مصطفى، **نموذج إستراتيجي للرقابة وتقييم الأداء في ظل المتغيرات البيئية المعاصرة**، بحث مقدم إلى مؤتمر المحاسبة عن الأداء في مواجهة التحديات المعاصرة، الجمعية العربية للتكاليف والمحاسبة الإدارية في المعهد المصري للمحاسبين والمراجعين ٦-٧ مايو ٢٠٠٠.

١٢- د. هيثم أحمد حسين عبد المنعم، **نموذج محاسبي لقياس وتقييم الأداء المؤسسي للمنظمات**، بحث مقدم في المؤتمر العربي الثاني في الإدارة، القيادة الإبداعية في مواجهة التحديات المعاصرة، القاهرة، ٦-٨ نوفمبر ٢٠٠١.

٥-مواقع على الشبكة الالكترونية:

١- هاني عبد الرحمن العمري، منهجية بطاقة القياس المتوازن للأداء في بناء الإستراتيجية القيادية، بحث منشور على موقع الأمم المتحدة، ٢٠٠٤.

2- unpan1.un.org/intradoc/groups/public/documents/ARADO/UNPAN006105.pdf.

3- www. emro . who . int /Arabic / emro info /country profiles.

4- Polio Eradication, World Health Organization, Office for the Eastern Mediterranean in www.emro.who.int/polio/

5- www.roolpack.Com/perfaumance.htm Tool pack censuring, Tools to turn Information onto action.

٦-تقارير:

١- تقرير عن التنمية في العالم "الدولة في عالم متغير" (البنك الدولي، واشنطن، الطبعة الأولى، ١٩٩٧) ، ص١.

ثانيًا: باللغة الإنجليزية

1-Books

1- -A Human resource Framework for the Australian Public Service, Element : Performance Appraisal (PSMPC) Publications.

2- Archer, Clive., **International Organizations** (New York: Routledge, Second edition, 1992).

3- Austin, Robert., **Measuring and Managing Performance in Organizations** (New York : Dorset House Publishing Co., 1996).

4- Bedian, Arthur& Zammuto, Raymond., **Organizations Theory and Design** (Chicago : The Dryden Press International, 1991).

5- Beigbeder, Yves., **Management Problems in United Nations Organizations Reform or Decline** (New York, St Martin's Press, 1987).

6- Boyne A. George., **Evaluating Public Management Reform** (Buckingham: Open University Press,2003).

7- Carter, Neil, and Klein Rudolf and Day Patricia., **How Organizations Measure Success, The Use of Performance Indicators in Government** (London: Routeldge Press, 1992)

8- Covey Stephen , **the Habits of highly Effectible people powerful lessons in personal change.** (fireside look, scion and Schuster, Newyork: 1990).

9- Czarniawska, Barbara., **Narrating the Organization** (Chicago : The University of Chicago Press,1997).

10- Donald E. klingner & john Nalbandian , **Public Personnel Mamagement : contexts and strategies** (New Jersey : Prentice Hall, 1993.

11- Dijkzeul and Beigbeder, Yves., **Rethinking International Organization, Pathology and Promise** (New York: Berghahn Books, 2003).

12- Edwin B. Flippo , **Principles of Personnel Management** (Mc Graw-Hill,1971).

13- Gany Dessler, **Hunan Resonance Management,** New Jersey: Person Prentice Hall, 2003).

14- Gerloff, Edwin A., **Organizational Theory and Design :A Strategic Approach for Management** (Newyork : Mc Graw – Hill,1985).

15- Golembiewski, Robert T., **Ironies in Organizational Development** (Newyork:Marcel Dekker,2003).

16- -Jay B. Barney & Ricky W.Griffin, **The Management of Organization :Strategies , structure, Behavior** (New Jersey:Houghton Mifflin Company, 1992.

17- Jordan, Robert and others, **International Organizations A Comparative Approach to the Management of Cooperation** (Westport, Praeger, 2001).

18- Jowett, Paul and Rothwell, Margaret., **Performance Indicators In The Public Sector** (London: Macmillan Press, 1988).

19- -Kevin R. Murphy & Jeanette N. Cleveland , **Understanding Performance Appraisal** (London : SAGE Publication,1995

20- Koteen, Jack., **Strategic Management in Public and Non Profit Organizations** (London: Praeger Publishing, second edition, 1997).

21- Klin gner, Donald E. and John Nollan dian , **Pullic Peusonnel management Contexts and shategies** (Prentice Hall, New Jersey : Third edition , 1993).

22- Lawton, Alan and Aidan Rose , **Organization and management in the public Section** (pitman Publishing, London: 1994).

23- Lee, William & Karlj Krayer, **Organizing Change, An Inclusive Systematic Approach to Maintain Productivity and Achieve Results** (USA: PfeifferPublisher, 2003).

24- Liza, Martin and Simmons, Beth., **International Institutions** (London: The MIT press, 2001).

25- Morrisey, George L., **Management by objectives and Results in the Public Sector** (Massachusetts: Addison – Wesley, 1976).

26- Mouritzen, Hans., **The International Civil Service, a Study of Bureaucracy**)Great Britain: Darmouth, 1990).

27- Murphy,Kevin R& Cleveland, Jeanette N., **Understanding Performance Appraisal** (London: Sage Publication, 1995).

28- Nadler, David and Tushman, Michael., **Strategic Organization Design: Concepts, Tools, &Processes** (Illinois: Scott, Foresman and Company, 1988).

29- Newcomer, Kathryn E (editor)., **Using Performance Measurement to Improve Public and Non Profit Programs** (San Francisco: Jossey Bass Publisher, No 75, 1997).

30- Pnide , Hughes , Kapoon, **Business,** (USA: Hoagton Mifflin Company , 2002).

31- Poister, Theodore., **Measuring Performance in Public and non Profit Organizations** (San Francisco : Jossey Bass Willey,2003).

32- Reinalda; Bob and Verbeek Bertjan., **Decision Making within International Organizations** (London: Routledge Press, 2004).

33- Smirch, Jan Mayo , **Achieving Improved Performance In Organizations** (Commerce press, 19986)

34- Swanson, Richard and Holton, Elwook., **Results: How to Assess Performance, Learning, and Perceptions in Organizations** (California: Benett – Koehler Publishers Inc., 1999).

35- Tsner, Sandrine., **The United Nations and Business** (USA: Macmillan Press, 2000).

36- Valerie Stewart & Andrew Stewart , **Practical Performance Appraisal** (Gower Press , 1997).

37- Valeue Slewant and Anohew Stewart, **Practical Performance Appnawsal** (Gowns Pness, 1997).

38- Werner Feld and Robert Jordan, **International Organizations A Comparative Approach** (New York, Praeger, Second Edition, 1988).

39- Wendell L. French , **The Personnel Management Process** (New Jersey : Houghton Mifflin company , 1982).

40- Wighr, Peta L. David S. Taylor, **Impound leadership performance** (united states: prentice Hall International, Inc , 1984).

41- William, Humble., **Management b Objectives** (London: Gower Press, 1985).

2- Periodicals:

1- Boyne, George., **Planning, Performance and Public Services**, Public Administration, Vol.79, No 1,2001, PP.73-88.

2- Daha, Jay & Boyne, George., **Executive Succession and the Performance of Public Organizations, Public Administration,** Vol.80, No.1,2002, PP.179-200.

3- -----------------., Dr. **Brundland is a former Prime Minister of Norway**, British Medical Journal, 1998.

4- John F. Milliman at all , " Companies Evaluate Employees From All Perspectives". **Personnel Journal**, November 1994, Vol.73, No.11.

5- Kaplan,R.S.&Norton,D.P., **Transforming the Balanced Scorecard From Performance Measurement to Strategic Management**, Accounting Horizons, Vol 15,No1, March 2001,P.91.

6- Klee, Josef and Gurstein, Michael., **Towards a Management Renewal of the United Nations**. Part II, Public Administration and Development, vol 16, 1996.

7- Levey, Roger., **EU Programme Management 1977-96. A performance Indicators Analysis**, Public Administration, vol. 79, no. 2, 2001.

8- Mathiason R. John. **Who Controls the Machine,Revisited: Command and Control in the United Nations Reform Effort**, PublicAdministration and Development, vol 17, 1997.

9- Robert. C.B., Benchmarking, **The Secret for Industry Best Practice that lead to superior performance** ASQC Quality progress, January 1989.

10- Saltmarshe, Douglas & Ireland, Mark,& McGregor, AllisterJ., **The Performance Framework : A System Approach to Understanding Performance**, Public Administration and Development, Vol 23, No 5, 2003, pp. 445-456.

11- Whipple, Thomas w, Edick, vickil "Continuous Quality Improvment of Emergency services", Journal of Health Care Marketing, Vol 3, No. 4, 1993.

3- Thesis:

1- Efrain, Athena Debbie, **Sovereign Inequality in International Organizations, PHD thesis, Montreal University**, Faculty of Law, the Hague, Boston: Martinus Nijhaff Publishers, 2000. (Published).

4- Research:

1- Abraszewski, Andrzej T., **Results Based Budgeting: The Experience of United Nations System Organizations**, Geneva, Joint Inspection Unit, 1999. found in:

www.Unsystem..org/jiu/data/reports/1999/en99_03.pdf.

2- Bech, Suzanne and Norgbey Segbedzi., **Indicators for Evaluation of Environmental Impact: Approaches to Indicators Development in an International Organization,** Evaluation and Oversight Unit, UNEP, p.2. found in:

www.europeanevaluation.org/docs/bech.pdf=search=performance

2.0% indicators 20% of 20% international 20% organizations

3- Bikson, Tora and others, **"New Challenges for International Leadership"**, USA, Pittsburg, Rand Publications, 2003.

4- De Cooker Chris,ed., **International Administration Law and Management Practices in International Organizations**, Netherlands: United Nations Institute for training and Research, 1990.

5- Ion, Gortia and Ortiz, even and vislykh, Victor, **"Managing Performance and Contracts**, Part III, Series on Managing for Results in the United Nation System", Joint Inspection Unit, Geneva, 2004.

6- Kathryn E. New comer, **What are the Consequences of Programmatic Performance Measurement Reporting for the exercise of Accountability in the U.S Federal Government** ? a paper discussed in the conference of Public Administration and the citizen in the 21st century, Cairo University, Faculty of Economic and Political Science, Public Administration Department, from 13-15 January in 2003.

7- Kuyama, Sumihiro and others, **Implementation of Results-based Management in the United Nations Organizations**, Joint Inspection Unit, Geneva, 2004.

www.unsystem.org/jiu/data/reports/2004/en2004_6.pdf .

8- Misuraca Gianluca, **"Managing Change, the Monitoring and Evaluation system of the European Structural Funds and the Role of ICTS as a tool for regional development,** Gambia" 2003.

9- Organization of Economic Co-Operation (OECD), "**RBM in the development cooperation agencies: a review of experience**", Development Assistance Committee (DAC) paper, February 2000.

10- Ortiz, fontaine Even and others., "**Managing Performance and Contracts part III series on Managing for Results in the United Nations System**", Joint Inspection Unit, Geneva, 2004.

11- Othman Khalil Issa, "**Towards A New System of Performance Appraisal in the United Nations Secretariat: Requirement for Successful Implementation**", Joint Inspection Unit, Geneva, 1994.

12- Vulcan , EH . **Conference on Civil Service systems in Comparative Perspective county sally , Egypt.**

5 -Reports:

1. **Adapted from the Proposed Harmonized Terminology of the UNDG on RBM, June 2003.**

   www.undg.org/documents/2485-results-based_Management_terminology_final_version.doc.

   Real=time evaluation was introduced by the world bank in 1996, UNHCR in 2000 and WFP in 2002 (WFP/EB.2/2004/2-B).

2. **Handbook on Monitoring and Evaluating for Results**, UNDP, United Nations Development Programme, Evaluation office.

   http://stone.undp.org/undpweb/eo/evalnet/docstore3/yellowbook /documents/

3. Report of the United Nations, International Oversight, October 2003, found in www.un.org/deptsoios/documents/oiosbooklete.

4. Report of the Secretary – General on the work of the organization in 1999, Fifty-fourth session in:

   www.un.org/docs/sg/report99/admin.htm.

5. Report of UNEP: Source UNEP (2000) c, pp. 13189-131100.

6. Report of United Nations Performance Appraisal System, January, 1995
   www.unep.org/restrict/webpas/pasguide.htm.

7. **Strengthening the Role of Evaluation Findings in Programme Design, Delivery and Policy Directives: note by the Secretary-General**" (A/57/68, 23 April 2002), para. 37.

Internet:

www.tool pack.com/performance.htm

tool pack consulting, tools to turn Information into action.

* * *

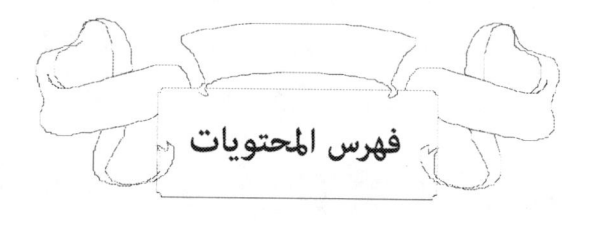

فهرس المحتويات

الموضوع	الصفحة

الفصل الثاني: العوامل البيئية التي تؤثر في تقييم الأداء المؤسسي

المبحث الأول: العوامل المؤثرة في تقييم الأداء المؤسسي ٦٠

المبحث الثاني: البعد الاقتصادي لتقييم الأداء المؤسسي ٦٣

١- تقييم الأداء العام ٦٩

٢- تقييم الأداء المؤسسي ٦٩

* * *

Printed in the United States
By Bookmasters